BusinessVillage

STEFANIE PUCKETT • RAINER M. NEUBAUER

AGILES FÜHREN

FÜHRUNGSKOMPETENZEN FÜR DIE AGILE TRANSFORMATION

BusinessVillage

Stefanie Puckett, Rainer M. Neubauer
Agiles Führen
Führungskompetenzen für die agile Transformation
1. Auflage 2018
© BusinessVillage GmbH, Göttingen

Bestellnummern
ISBN 978-3-86980-433-0 (Druckausgabe)
ISBN 978-3-86980-434-7 (E-Book, PDF)

Direktbezug www.BusinessVillage.de/bl/1053

Bezugs- und Verlagsanschrift
BusinessVillage GmbH
Reinhäuser Landstraße 22
37083 Göttingen
Telefon: +49 (0)5 51 20 99-1 00
Fax: +49 (0)5 51 20 99-1 05
E-Mail: info@businessvillage.de
Web: www.businessvillage.de

Layout und Satz
Sabine Kempke

Autorenfotos
Stefanie Puckett: STUDIOLINE PHOTOGRAPHY, Augsburg, www.studioline.de
Rainer Neubauer: Fotostudio Lichtschacht, www.lichtschacht.com
Monika Waber: Metamorphoto, www.metamorphoto.com
Mike Wade: Business School IMD

Druck und Bindung
www.booksfactory.de

Inhalt

Über die Autoren

 **Dr. Stefanie Puckett** verfügt über mehr als zehn Jahre internationale Erfahrung in den Bereichen Unternehmensberatung, Führungskräfteentwicklung, Talent Management und Assessment.

Dr. Stefanie Puckett studierte Psychologie in Mainz und arbeitete an einem klinischen Forschungsinstitut. Nach ihrem Diplom arbeitete sie als Unternehmensberaterin in Veränderungsprojekten, Trainings, Assessments und Coachings mit Führungskräften bis zur obersten Führungsebene. Sie agierte anschließend mehrere Jahre als Managerin im Talent Management und Leiterin des Center for Excellence für Assessments in einem globalen Schweizer Konzern. 2016 machte Sie sich in den USA als Unternehmensberaterin selbstständig. Nach ihrer Rückkehr nach Deutschland übernahm sie die Stelle als Direktorin bei metaBeratung.

Dr. Stefanie Puckett promovierte zum Thema Führungsdiagnostik in Mainz. Sie ist zertifizierter Executive Coach (CEC und CCE in den USA) und veröffentlichte mehrere Bücher.

Sie lebt mit ihrem Mann und zwei Kindern in Augsburg. In Ihrer Freizeit verfolgt Sie Trends in der klinischen Psychologie und macht Sport.

Kontakt
E-Mail: Stefanie.puckettsp@gmail.com
Web: www.metaberatung.com

Dr. **Rainer M. Neubauer** verfügt über dreißig Jahre Erfahrung in Change Management, Process Reengineering und Management Due Diligence sowie in der Beratung von kleinen und mittleren Unternehmen sowie Kanzleien in Assessment- und Entwicklungsprogrammen für Vorstände, Partner und Geschäftsführer.

Dr. Neubauer studierte Psychologie in Bonn, Kiel und der University of Tulsa (USA), wo er 1990 als Industrie- und Organisationspsychologe über Denken und Informationsverarbeitung promovierte. Nach seiner zwölfjährigen Laufbahn in einer der Big Five Beratungen gründete er 2003 eine eigene Managementberatung für Bewerberauswahl und Personalentwicklung. Er ist Unternehmensberater CMC/BDU sowie Autor und Interviewpartner zahlreicher Artikel über Persönlichkeit, Assessments und agile Führung.

Dr. Rainer M. Neubauer lebt mit seiner Frau und zwei Kindern in Düsseldorf und der Schweiz. Sport und klassische Musik sind seine Hobbys.

Kontakt
E-Mail: Neubauer@metaberatung.com
Web: www.metaberatung.com

Vorworte

Vorwort von Prof. Michael Wade, MD Business School

Mit der zunehmenden Geschwindigkeit disruptiver Veränderung um uns herum, wird eine Branche nach der anderen in das Zentrum des digitalen Malstroms gezogen und mit den Herausforderungen der digitalen Transformation konfrontiert. Für viele ist dies eine Bedrohung. Aber wo Disruption stattfindet, gibt es auch Chancen. Um diese Chancen erfolgreich wahrzunehmen und auf Bedrohungen reagieren zu können, müssen Organisationen die richtigen Ressourcen aufbauen. Und wichtiger noch, sie brauchen die richtigen Führungskräfte. Durch jahrzehntelange Forschung haben wir vieles über das Thema Führung gelernt und erkennen müssen, dass es im heutigen Klima zunehmender Disruption eine neue Herangehensweise in der Führung bedarf.

Aufbauend auf dem evidenzbasierten Modell, das metaBeratung und IMD in 2017 entwickelt haben, liefert dieses Buch einen praktischen Leitfaden, um agile Führung zu verstehen und sie umzusetzen. *Agiles Führen* zeigt auf, wie Führungskräfte neue, agile Führungskompetenzen aufbauen können. Für mich ist dieses Buch ein Must-have für alle bestehenden und zukünftigen Führungskräfte – es beschreibt nicht nur, was auf individueller Ebene gebraucht wird, sondern gibt viele Beispiele, wie Führende erfolgreich Veränderungen in traditionellen Unternehmen vorantreiben können. Mit vielen Beispielen und Praxiseinblicken zeigt das Buch auf, wie Führung im agilen Alltag oder in agilen Transformationen von Teams, Geschäftsfeldern und ganzen Organisationen angewendet wird.

Es gibt viele Bücher, die behaupten, einen Leitfaden für Führung im digitalen Zeitalter zu bieten. Die meisten wurden jedoch ohne ein konsequent methodisches Vorgehen oder ohne hinreichende empirische Validierung geschrieben. Dieses Buch basiert auf Wissenschaft und ist angereichert mit einer Vielzahl an Einblicken und Einsichten, wie agile Führung ihre maximale Wirkung entfalten kann.

Das Buch ist ein exzellentes und praxisorientiertes Handbuch, das Schritt für Schritt aufzeigt, wie wir alle unsere Stärken nutzen können um über Agilität erfolgreich Veränderung voranzutreiben.

 Prof. **Michael R. Wade** ist Professor für Innovation und Strategie bei der IMD Business School, Lausanne, Schweiz, und hält den Cisco Chair in Digital Business Transformation. Er ist Direktor des Global Center for Digital Business Transformation, einer IMD und Cisco Initiative.

Vorwort von Monika Waber, Swiss Re

Agile leadership oder agile Führung ist heute omnipräsent. Im Zuge der Digitalisierung suchen Organisationen nach neuen Ansätzen, wie sie ihre Mitarbeitenden – in einer Zeit der rapiden Veränderung – begeistern und mitnehmen können. Bei Swiss Re, einer der weltweit größten (Rück-)Versicherungsgesellschaften, ist das nicht anders. Was auffällt, ist, dass praktisch jeder eine andere Auffassung davon hat, was Agilität ist. Oft wird sie mit »schnell«, »weniger Regeln« oder »keine Bürokratie« gleichgesetzt. Provokativ könnte man sagen, dass Agilität als »wir machen halt einfach mal und schauen dann was das Resultat ist« definiert wird. Das eigentliche agile Konzept geht – wie in diesem hervorragenden Buch beschrieben – glücklicherweise viel tiefer. Endlich haben wir mit *Agiles Führen* etwas gefunden, dass agile Führung nicht nur ganz praktisch greifbar macht, sondern auch zur Reflexion anregt und die eigene Entwicklung inspiriert.

Wie unsere Führungskräfte den Weg zur Agilität gehen können, ohne dabei das Gesicht zu verlieren, und wie unsere Führungskräfte auf ihren Erfahrungen aufbauen und ihren individuellen agilen Führungsstil finden können, erklären Frau Dr. Puckett und Herr Dr. Neubauer Schritt für Schritt.

Mit diesem Buch haben wir eine Hilfe gefunden, die bestehende und werdende Führungskräfte dort abholt, wo sie heute stehen und bis hin zur agilen Transformation eines ganzen Unternehmens begleitet.

Das »HAVE-Model«, das den Kern des Buches bildet, stellt unser bisheriges Führungsverständnis auf den Kopf. Sehr inspirierend sind die definierten Charakteristiken der agilen Führungskraft, namentlich »bescheiden«, »anpassungsfähig«, »engagiert« und »visionär«. Das Buch zeigt klar auf, dass einige dieser Qualitäten tatsächlich neu und bisher kaum in Zusammenhang mit starken Führungskräften gebracht worden sind. Die Charakteristik »bescheiden« sticht hier heraus: sich selbst zurückzunehmen, anzuerkennen, dass andere etwas besser wissen als man selbst, sowie kontinuierlich auf der Suche nach Feedback zu sein, um daraus zu lernen. Dies sind kaum Verhaltensweisen, die wir spontan mit den Führungskräften der letzten Jahrzehnte in Verbindung bringen würden.

Im Gegenteil: Die aktuelle Vergangenheit ist geprägt von schillernden Führungskräften, die mit ihrem selbstsicheren Auftreten und ihrem Ego dominierten und häufig als charismatische Führungskraft bewundert wurden. Omnipräsenz und Allwissenheit waren ein Muss und die Aussage »Ich weiß es nicht, jemand in meinem Team weiß das besser« war kaum akzeptabel.

Diese Zeit scheint nun endlich vorbei: Führungskräfte müssen nicht mehr durch Allwissenheit brillieren, sondern können sich auf das Führen anhand einer Zukunftsvorstellung und Vision konzentrieren. Ohne leitenden Stern aber kann in unserer Zeit, in der sich ständig alles ändert, kein Mensch begeistert und dadurch geführt werden. Nur eine Vision zu entwickeln und dafür einzustehen, ist natürlich nicht ganz so einfach. Dieses Buch ist eine unverzichtbare Ressource für Führungskräfte, das erstaunlich einfach aufzeigt, wie visionäre Führung mit ein paar konkreten Maßnahmen gelingen kann.

Das Schöne und auch Herausfordernde ist, dass sich auf dem langen Weg zur Realisierung der Vision wohl vieles anders entwickeln wird, als erwartet. Die Führungskraft ist gefordert, anpassungsfähig zu sein, gängige Arbeitsmethoden und Prozesse zu hinterfragen, oder auch über Bord zu werfen. Auch Perfektion wird wohl ein Relikt der Vergangenheit sein, da es zu lange braucht, diese zu erreichen. Wie das Modell des »agile leader« so schön sagt, werden nicht die Besten und Stärksten erfolgreich sein, sondern die, die am anpassungsfähigsten sind. Dies ist nur ein weiteres Beispiel von einer Veränderung des Führungsbildes, die das vorliegende Buch herausstellt. Wie Führungskräfte mit diesem neuartigen Mindset zurechtkommen, alte Annahmen hinterfragen und zum Meister agiler Führung werden können, zeigen die Autoren in einer sehr motivierenden Weise auf.

Persönlich freue ich mich sehr, dass neue Führungsqualitäten und somit ganz andere Stile und Persönlichkeiten, die wir gängig nicht mit starken Leadern assoziiert hätten, in agilen Zeiten eine echte Chance auf dem Führungsparkett erhalten werden. Genau hier braucht es Unterstützung.

Die Unmengen von Literatur zum Thema sind aber meist wenig substanziell und nicht ausreichend umsetzungsorientiert. Das Buch von Frau Dr. Puckett und Herrn Dr. Neubauer ist hingegen ein echter Diamant. Die Autoren gehen das Thema gleichermaßen wissenschaftlich fundiert wie absolut praxistauglich an.

 **Monika Waber** ist Head of Organisational & People Development bei Swiss Re, einem weltweit führenden Anbieter von (Rück-)Versicherungen und anderen Formen des versicherungsbasierten Risikotransfers. In Ihrer Rolle begleitet sie die agile Transformation des Konzerns.

Vorwort der Autoren

Wenn Sie jetzt denken, das Buch wolle Sie umprogrammieren und Sie in eine Schablone der agilen Führungskraft pressen, dann liegen Sie falsch. Wir würden damit auch falsch liegen, denn Ihr Potenzial entfalten Sie nicht innerhalb einer Schablone. Und dann sollen Führungskräfte ja authentisch sein – das könnten Sie so vergessen.

Mit einem solchen Ansatz würden wir uns bloßstellen. Wenn wir eines gelernt haben, dann ist es, dass eine Anleitung nie die perfekte Lösung vorgibt. Hierfür sind Menschen zu komplex, Regionen und Geschäfte zu verschieden.

Eine Anleitung ist zudem immer nur maximal so gut, wie das Modell, das ihr zugrunde liegt. Wir sind Psychologen, die über zahlreiche Assessments und Coachings auf die Identifikation und Förderung individueller Potenziale sensibilisiert sind. Als solche dürfen wir mit Ihnen eine Psychologenweisheit teilen: Fokussieren Sie auf das, was Sie mitbringen – Ihre Persönlichkeit, Ihre Fähigkeiten, Ihr Wissen und Ihre Erfahrungen, Ihre Kompetenzen.

Entwickeln Sie mithilfe des Buches ein Verständnis davon, wie sich Führung in der digitalen Transformation verändert und entwickeln Sie ein Gespür dafür, wo Sie ihren alltäglichen Führungs- und Kommunikationsstil neu justieren können. Setzen Sie sich vor dem Hintergrund des agilen Führens neu mit Ihren Rollenerwartungen, Annahmen und Vorlieben auseinander. Entdecken Sie alte wie neue Stärken an sich und suchen Sie Ihre Potenziale, mit denen Sie die Anforderungen, die agile Führung an Sie stellt, nicht nur erfüllen, sondern sogar mit Freude übertreffen können.

1.
Wie beeinflusst die digitale Transformation die Arbeitswelt?

●●●●●●●●●●●●●●●●●●●●●

Der CEO eines des größten deutschen Automobilherstellers sieht seine Konkurrenz im Internet. Er sieht sie in Google, in Uber und Tesla. Zwei dieser drei Konkurrenten stellen keine Fahrzeuge her. Tesla hat den Fokus auf Energie. Moderne Ökonomen sehen die Welt heute in Ökosystemen, die sich gegenseitig befruchten. Die Grenzen der Branchen verschwimmen. Die Automobil-Industrie ändert ihren Fokus von Mobilitäts- zu Energie- und Sharing-Themen. Outsider können heute über Social Media mit Botschaften oder auch Werbung eine große Reichweite erlangen. Technologien überholen sich selbst und keiner weiß, welche tatsächlich in ein paar Jahren den Ton angibt.

Eine nie gekannte Geschwindigkeit und Komplexität führen zu Verwirrung. Gleisen wir daher das Ganze auf.

Lesen Sie zunächst, was Digitalisierung überhaupt ist. Woher kommt sie? Wie passiert sie? Interessant für Sie als Führungskraft ist dann, wie sich das Ganze konkret auf die Arbeitswelt auswirkt.

1.1 Digitalisierung – Woher kommt sie? Was ist neu?

Die Medien berichten tagtäglich von der Digitalisierung und ihren Auswirkungen. Alles ist neu und verändert sich zunehmend. So zumindest der Eindruck, der vermittelt wird. Bei genauerem Hinsehen wird aber deutlich, dass die Digitalisierung nicht erst gestern begann. Und doch ist heute einiges anders.

Historischer Kontext

Ist die Digitalisierung wirklich so neu? Eigentlich nicht. Synonym verwendet man in Deutschland den Begriff Industrie 4.0. Dieser Begriff schließt sich an die drei industriellen Revolutionen der Technikgeschichte an, die helfen, die Digitalisierung einzuordnen.

Die erste Revolution passierte durch die Automatisierung im 19. Jahrhundert durch den Übergang vom Manufakturwesen zu der mechanisierten Produktion. Damals gab es Proteste gegen Maschinen, da Hand- und Heimarbeit mehr und mehr wegfielen. Die Agrargesellschaft wurde zur Industriegesellschaft.

Im frühen 20. Jahrhundert kamen – wieder durch Automatisierung – Fließbandarbeit und Taylorismus auf. Durch den technischen Fortschritt und die Neuorganisation der Arbeit begann die Massenproduktion. Während der Mensch zu einem Teil der Fließbandkette wurde, begann der Trend zur Konsumgesellschaft durch die erhöhte Verfügbarkeit von Produkten.

Die dritte industrielle Revolution begann in den 1970er-Jahren, mit dem Digitalwerden der Maschinen – industrielle Maschinen konnten von Computern gesteuert werden. Durch die hiermit einhergehende Automatisierung sank und sinkt der Anteil der Menschen, die in der Industrie arbeiten; so wurden wir zu einer Dienstleistungsgesellschaft und erlebten den eigentlichen Beginn der Digitalisierung.

Eine wesentliche Rolle spielte und spielt dabei der Computer. Digital stammt von dem lateinischen Wort »digitus« ab und bedeutet Finger. Der Begriff digital, wie wir ihn verwenden, kam in Zusammenhang mit den ersten Computern auf, die digital rechnen konnten (mit dem Binärsystem 1 und 0). Diese entstanden Ende der 1930er-Jahre und waren erstmals frei programmierbar. Durch die immer geringere Größe eines solchen Computers zog der Fortschritt dann in den 1950er-Jahren deutlich an. Seitdem gilt das Moore's Law: Die Geschwindigkeit des Computers verdoppelt sich alle zwei Jahre. Außerdem kam das Internet, seit 1991 als World Wide Web.

Deutsche Medien bezeichnen die Digitalisierung, die wir heute erleben als vierte Revolution – Industrie 4.0. Ob die heutige Entwicklung den Namen verdient, wird die Zukunft zeigen. Der Begriff der Revolution und die Präsenz des Themas der Digitalisierung in den Medien hat etwas mit der Geschwindigkeit des Fortschritts zu tun. In den letzten fünf Jahren scheint es mehr Fortschritte gegeben zu haben, als in den letzten dreißig Jahren – zumindest erscheint dies so.

Die unbestreitbare Geschwindigkeit des Wandels hat hauptsächlich mit zwei neuen Faktoren zu tun. Der eine Faktor ist die Rechenleistung von Computersystemen. Computersysteme werden verbunden und wurden um neue Leistungen ergänzt. Die Brainpower, die wir so erhalten, ist enorm. Der zweite Faktor betrifft die Verfügbarkeit von Daten und Informationen durch das Internet. Laut Professor Richard David Precht (2017) kann die vierte industrielle Revolution als die größte seit der ersten mit der Einführung der Dampfmaschine gelten.

Die Digitalisierung lässt neue Arbeitsperspektiven und Geschäftsmodelle entstehen und ermöglicht eine Massenproduktion, die individuelle Kundenwünsche berücksichtigen kann. Neue Digitaltechnologien lassen neue Wertschöpfungsketten entstehen und ermöglichen durch intelligente Prozesse Selbstorganisation und -optimierung. Ein verändertes Konsum- und Arbeitsverhalten geht einher. Wir werden zur Informations- und Wissensgesellschaft. Beispiele solcher Neuheiten sind: Cloud, Big Data und das Internet der Dinge, die künstliche Intelligenz, aber auch Neuheiten wie zum Beispiel virtuelle Realität oder moderne Roboter.

Digitalisierung – die vierte Revolution?
Viele dieser Digitaltechnologien sind nicht brandneu, sie bestehen teilweise schon seit Jahrzehnten, so das Internet, wie wir es kennen, wie erwähnt, besteht seit 1991. Die Cloud zum Beispiel seit 1999, breit verwendet aber erst seit fünf bis sieben Jahren, der erste 3-D-Drucker, eine der zukünftigen Schlüsseltechnologien, entstand in den 1990er-Jahren. Es sind viele teils voneinander unabhängige, teils verknüpfte Entwicklungen, die zwar nicht erst gestern begannen, sich jedoch verdichten und im Alltag immer spürbarer werden. Es handelt sich also nicht um eine Neuerung, die über Nacht alles veränderte, vielleicht sollte doch nicht von einer Revolu-

tion die Rede sein. Außerhalb der deutschsprachigen Regionen spricht man auch nicht von einer Revolution (also Industrie 4.0), sondern von einer Evolution. Es ist eine schleichende Entwicklung, durch die die Digitalisierung mehr und mehr Einzug in unseren Alltag nimmt und unser Konsum-, Arbeits- und soziales Verhalten verändert.

Da sind wir also: Unter Digitalisierung versteht man heute den weitgreifenden Einsatz von Digitaltechnologien in unserem Alltag. Digitalisierung beschreibt einen gesellschaftlichen Prozess, der zu einer Veränderung der Funktionsweise der Wirtschaft, der Arbeit und unserer Gesellschaft beiträgt.

Die Veränderung ist heute tatsächlich sichtbarer denn je, da sie uns alle betrifft. Nicht nur bei der Arbeit – worauf im nächsten Kapitel eingegangen wird. Auch nicht nur in der Wirtschaft. Nehmen Sie Amazon, Google oder Apple, Uber oder Airbnb, Alibaba oder Tencent. Werfen Sie einen Blick auf die Start-up-Szene.

Die Veränderung betrifft uns alle, da sie nicht nur die Arbeit betrifft, sondern unser Privatleben. Wir sind nicht nur ständig erreichbar durch Handys, sondern auch ständig mit unseren Netzwerken und Informationskanälen verknüpft. Alles wird mobiler, Smartphones ermöglichen uns die Erledigung von mehr und mehr Angelegenheiten, sogar in Form eines sprechenden digitalen Assistenten (zum Beispiel Alexa oder Siri). Internet und die sozialen Netzwerke verändern nicht nur, was wir wann tun, sondern auch, wie wir unser Sozialleben gestalten. Übrigens haben 92 Prozent der amerikanischen Kinder bis zum zweiten Lebensjahr eine Onlinepräsenz (McLeod/Scott/Fisch 2018). Einige kritische Stimmen warnen davor, wie Smartphones und soziale Netzwerke sozial inkompetente und isolierte Kinder erziehen. Auch können wir virtuell unser Ego bis zum Zerplatzen aufpumpen. Facebook, Instagram, YouTube – um eine Auswahl zu nennen – bieten uns immer und überall eine Bühne. Uns oder unserer virtuellen Neuerschaffung. Die Möglichkeiten der Kommunikation im Internet sind heute fast unbegrenzt. Doch wie Richard David Precht in seinem neuen Buch (Jäger/Hirten/Kritiker 2018: 63) herausstellt: »Auf das Versprechen der ungehinderten Kommunikation im Internet folgte jedenfalls kein Frühling der Freiheit, sondern der lange Winter der totalen Überwachung.« Und die Individualität, die wir glauben im Internet auszuleben? Precht hat auch hier eine Antwort (ebenda: 38): »Was soll Individualität – also wörtlich »Unteilbarkeit« – sein, wenn der Mensch in Millionen Daten zerlegt und als so gewonnenes Profil eingetütet und an die Meistbietenden verkauft wird, um ihn zu manipulieren, käufliche Dinge zu begehren?«

Digitale Transformation

Digitalisierung dürfte nun ein Begriff sein. Was bezeichnet jetzt digitale Transformation? Digitale Transformation ist ein Teil und eine Konsequenz der Digitalisierung.

Mit einem Modell von Lankshear und Knobel lässt sich der Begriff einordnen. Nach dem Modell gibt es drei Ebenen des digitalen Wandels. Auf der ersten Ebene steht die digitale Kompetenz. Über Kurse, Online-Videos, intuitive Menüführung oder Manuals erarbeiten sich Mitarbeiter digitale Kenntnisse, mit deren Hilfe sie digitale Tools nutzen können. Über die Nutzung digitaler Tools, beispielsweise um Mitarbeitergespräche digital zu dokumentieren, kommen wir auf die zweite Stufe des Modells, die digitale Nutzung. Wird diese beherrscht und werden durch die Nutzung digitaler Tools innovative und kreative Ideen geweckt, die eine spürbare Veränderung zur Folge haben, ist die Ebene der digitalen Transformation erreicht. Werden beispielsweise Daten völlig neu verknüpft, und diese viel frühere, quasi präventive Personalentscheidungen ermöglichen (zum Beispiel Identifikation und Förderung von Potenzialträgern) oder neue Kommunikationsformen entwickelt, kann es sich um eine Transformation handeln. Eine neue Kommunikationsform kann durch ein Personalsystem beispielsweise dadurch entstehen, dass Entwicklungspläne digital dokumentiert werden und Mitarbeiter sowie Vorgesetzte Lernfortschritte digital dokumentieren und Fragen an den anderen stellen, die digital beantwortet werden. Durch diese Transparenz einhergehend mit der Erweiterung des Kommunikationsnetzes können sich auch neue Möglichkeiten beispielsweise für den Einsatz eines Mitarbeitenden auf einem Projekt oder für ein Mentoring ergeben. Das Projekt könnte Lücken im Entwicklungsplan füllen und der neue Mentor könnte sich deswegen eignen, weil er oder sie ähnliche Erfahrungen selbst schon mal gemacht hat. Die virtuellen Daten ermöglichen Einblicke in bisher nicht bekannte aber reale Zusammenhänge.

Digitale Transformation ist es auch, wenn über die Nutzung digitaler Technologien Geschäftsprozesse oder Produkte verbessert werden, zum Beispiel die Kundenerfahrung oder auch die Rationalisierung eines Betriebs. Auch die Entwicklung völlig neuer Geschäftsmodelle zählt dazu. Ein Beispiel für ein neues Geschäftsmodell sind Plattformen. Plattformen agieren als Agenten, als Vermittler zwischen Anbietern und Kunden und schlagen daraus Profit. Auch Daten, die sich aus dem Erwerb und dem Umgang mit Produkten ergeben, werden selbst zur Handelsware. Denken Sie an Airbnb, das Hotelunternehmen ohne Hotels. Auch Apple macht es vor: Die Provisionen, die dabei an Plattformen gehen, sind beachtlich. Apple kassiert so 30 Prozent je Einkauf im App Store. Airbnb oder booking.com kassieren etwa 10 Prozentpunkte. Neue Wertschöpfungspotenziale tun sich vor allem an den Schnittstellen von Branchen- und Sektorengrenzen auf. Die bekanntesten Beispiele sind Airbnb, Uber und Alibaba. Airbnb ist der weltweit größte Anbieter von Unterkünften, ohne dass es ein einziges Hotel besitzt. Uber ist das größte Taxiunternehmen der Welt, ohne ein einziges Auto zu besitzen. Alibaba ist mittlerweile der wertvollste Einzelhändler der Welt, ohne ein Inventar. Auch Facebook ist so ein Beispiel: Als weltweit populärstes Medienunternehmen produziert es keine Inhalte. Das Liefern und Pflegen der Inhalte übernehmen die Nutzer. Facebook bietet nur das Portal und schlägt Profit aus geschalteter Werbung und Nutzerdaten.

Dabei verstehen wir unter Digitalisierung nicht schlicht die Abbildung des Istzustandes in elektronischer Form und auch nicht die einfache Automatisierung von Prozessen in elektronischer Form. Vielmehr muss ein deutlich höherer Nutzen zusätzlich generiert werden. Das ist der Unterschied zwischen der dritten und der vierten industriellen Revolution.

Digitale Transformation kann viele Formen haben. Eine wichtige Differenzierung, die in der Praxis häufig vergessen wird, ist die Art der Auswirkung, die die Digitalisierung für ein Unternehmen bringen soll. Wenn Mitarbeiter Digitalisierung hören, denken sie häufig an das Ersetzen des Bestehenden. Sie erwarten, in Zukunft etwas anderes zu produzieren, einen anderen Service zu leisten.

Dies ist beispielsweise der Firma Airbus passiert. Airbus setzt zukünftig auf Plattformen und will das zivile Drohnengeschäft weiter ausbauen. Ein Beispiel ist der Verkauf von mit Drohnen aufgenommenen Bildern bei Naturkatastrophen an die Ersthelfer. Diese können anhand solcher Bilder erkennen, wo die größten Schäden sind und ihren Einsatz entsprechend koordinieren. Dies ist eine Ergänzung des Airbus-Geschäftes, ein Ausbau der Möglichkeiten, die die Digitalisierung bringt. Dirk Hoke, CEO Defense & Space beschreibt in einem Interview, dass der für die Veränderung notwendige interne Kulturwandel dadurch gebremst wurde, dass die Mitarbeiter ihn so verstanden, dass er das klassische Airbusgeschäft ersetzen wollte.

Daher ist es lohnenswert, differenziert zu kommunizieren, welche Art der Veränderung durch die Digitalisierung angestrebt wird. Das Ersetzen alter Geschäftsfelder ist nur eine von drei Möglichkeiten, dem Erneuern, Ergänzen oder Ersetzen, wie im Folgenden dargestellt.

1. **Erneuern:** Hier wird ein bestehendes Produkt oder ein bestehender Service über technologische Komponenten erneuert. Ein Beispiel ist die Entwicklung der IT für autonomes Fahren. Das Auto wird erneuert durch neue Technologie, es gewinnt eine Funktion hinzu.
2. **Ergänzen:** Ein bestehendes Produkt oder ein Service wird durch digitale Komponenten ergänzt. Ein Beispiel ist die Fernwartung und prädiktive Instandhaltung von Aufzügen. Ein Speicherchip sammelt und

speichert Daten in den Aufzügen. So wird beispielsweise überwacht, wie viele Fahrten ein Aufzug jeden Tag macht. Auch werden mechanische Daten aus anderen Sensoren zur Abnutzung gesammelt. Hieraus lassen sich Vorhersagen ableiten, wann der Ausfall einer Komponente wahrscheinlich wird. Das Ersatzteil wird automatisch bestellt und die Wartung kann proaktiv erfolgen, sodass ein langer Ausfall vermieden werden kann.

3. **Ersetzen:** Hier wird ein altes Produkt, ein bestehender Service abgelöst. Statt in Läden wird nur noch online verkauft.

Digitale Disruption

Wann spricht man dann von digitaler Disruption? Digitale Disruption meint die Unterbrechung bestehender Systeme, Produkte, Geschäftsmodelle. Neue Technologien oder Geschäftsmodelle verändern das Wertversprechen bestehender Produkte oder Dienstleistungen. An einem Beispiel wird das deutlich.

Neue Technologien können bestehende Produkte oder Dienstleistungen erneuern, ergänzen oder ersetzen. Digitale Transformation heißt daher nicht automatisch das Alte wird durch etwas Neues abgelöst.

Ein Beispiel für die Erneuerung eines bestehenden Produktes finden wir in der Automobilbranche. Digitale Transformation führt nicht zum Ersetzen des Autos. Die Erneuerung passiert über das Entwickeln von IT-Paketen, die autonomes Fahren der Autos ermöglichen. Außerdem wird die Autoproduktion erheblich durch die weitere Digitalisierung der Zulieferkette beschleunigt und flexibilisiert. Das Auto selbst wird Datenträger oder zukünftig zum dezentralen Speicher von Energie. Die Differenzierung am Markt erfolgt über digitale Zusatzleistungen. Gleichzeitig ist das Auto weniger Bestandteil des eigenen Besitzes (mein Haus, mein Auto) und mehr teilbares Mittel der Mobilität geworden. Bei einem der größten Premium Automobilhersteller beschreibt man die Veränderung in der Automobilbranche über den Case-Ansatz. Case steht dabei für connected (verbunden), autonomous (autonom), shared (geteilt) und electric (elektrisch), wie ein Vice President eines Automobilherstellers im Interview mit unserer Marktexpertin Nicole Neubauer, CEO bei metaBeratung, im Rahmen der Recherchen für dieses Buch in 2018, erläutert.

Ergänzung bedeutet, dass existierende Produkte oder Dienstleistungen mit digitalen Angeboten ergänzt werden. KONE, einer der weltweit führenden Anbieter von Aufzügen und Rolltreppen, setzt seit 2014 auf die Machine-to-Machine (M2M)-Technologie. Das Unternehmen baut in ihre Aufzüge SIM-Karten ein, die Daten sammeln und übermitteln. Daten können die Anzahl der Fahrten pro Tag, die jeweilige Belastung des Aufzuges, aber auch Leistungsdaten von Mikroprozessoren in den Aufzügen sein. Diese Daten werden ausgewertet, um Trends zu identifizieren, die Auskunft darüber geben, wann welche Störungen oder Abnutzungserscheinungen wahrscheinlich eintreffen werden. Wartungsarbeiten lassen sich dadurch nicht nur besser planen, sondern auch präventiv anwenden, um Ausfälle zu verhindern, was die Servicequalität für die Kunden steigert.

Ersetzen, also digitale Disruption, findet statt, wenn existierende Produkte, Dienstleistungen oder Prozesse durch digitale Technologien ersetzt werden beziehungsweise deren Wertversprechen beeinflusst wird. Ein Beispiel, wieder aus der Automobilbranche, ist der Bau einer E-Commerce-Plattform zur Bestellung von Ersatzteilen. Der Modehandel ist ein weiteres gut sichtbares Beispiel. Ein Blick in die USA zeigt momentan, wie ein Retailer nach dem anderen, Geschäfte schließt. Als beispielsweise Zappos 1999 begann, Schuhe online anzubieten, glaubte kaum einer daran, dass Kunden jemals Schuhe online kaufen würden. Zehn Jahre später schrieb Zappos einen 1,2-Milliarden-Dollar-Umsatz und wurde für die gleiche Summe von Amazon gekauft. Ein anderes Beispiel ist die Disruption des klassischen SMS-Geschäftes von Telekomfirmen durch WhatsApp. Oder blicken wir auf Skype: Microsoft zieht durch kostenfreie oder günstige Telefonoptionen für Kunden klassischen Telekommunikationsfirmen 37 Milliarden Dollar ab und verdient dabei zwei Milliarden Dollar an Skype. Skype ist ein Beispiel für das Phänomen, dass das McKinsey Global Institute beschreibt, indem Technologiefirmen und technologiegetriebene Firmen mehr Wert für etablierte Firmen zerstören, als sie selbst mit dem neuen Geschäftsmodell erlangen.

Das Global Center for Business Transformation, eine Initiative von Cisco und der IMD Business School in Lausanne, befragte 2015 knapp tausend Top-Manager weltweit zu dem Risiko digitaler Disruption in den einzelnen Branchen. Die Ergebnisse zeigen, die digitale Disruption passiert zunächst in der Technologiebranche selbst. Doch sie breitet sich aus. Als nächstes auf der Liste stehen Medien/Unterhaltung, gefolgt von Handel, Finanzen und Telekommunikation. Weiter betroffen sind Bildung, Reisen, Konsumgüter/Industrie, Gesundheit, Versorger sowie Öl und Gas. Ganz am Ende der Liste steht die Pharmaindustrie.

Ohne Frage verändert sich der wirtschaftliche Kontext und Unternehmen müssen sich neu aufstellen und das schnell, um alte Wertschöpfungsketten zu bewahren, zu ergänzen oder zu erneuern und um neue zu gestalten.

Doch digitale Transformation begrenzt sich nicht auf den wirtschaftlichen Kontext. Die Implikationen sind weit tief greifender, wie bereits dargestellt. Blicken wir auf unseren Arbeitsalltag.

1.2 Wie verändert sich die (Arbeits-)Welt?

Mittlerweile haben wir ein recht klares Bild, wie die Zukunft – zumindest die nahe Zukunft – der Arbeit aussehen wird. Auch hier finden wir Trends, die nicht neu sind, sich aber verdichten und die Veränderung immer spürbarer werden lassen. Verschiedene Umfragen, Expertenbefragungen und Veröffentlichungen namhafter Beratungsfirmen seit 2016 kommen immer wieder zu den gleichen Ergebnissen. Die zentralen Entwicklungen stellen wir Ihnen in zwei Kategorien vor:

- Wie verändert sich der Arbeitsmarkt – Was passiert mit unseren Jobs?
- Wie verändert sich der Arbeitsplatz? Die Art, wie wir arbeiten übersetzt sich in neue Führungsanforderungen, was später aufgegriffen wird.

Wenn wir versuchen wollen, die Auswirkungen der Digitalisierung in einem Schlagwort abzubilden, ist dies zunehmende Flexibilität. Strukturen der Arbeit beziehungsweise Zusammenarbeit werden flexibler oder lösen sich auf.

Eine Flexibilisierung der Strukturen und eine zunehmende Durchlässigkeit lässt sich auf mehreren Ebenen beobachten:

- innerhalb der Organisation
- zwischen Organisationen,
- zwischen Lieferant und Kunde,
- geografisch,
- zwischen Beruf und Privatleben.

Veränderungen im Arbeitsmarkt. (Als) was arbeiten wir in Zukunft?

Der Vollständigkeit halber gehen wir kurz auf die Veränderung in den Tätigkeiten selbst ein. Schließlich wird ja irgendetwas automatisiert. Hierin begründen sich die Ängste, dass Arbeitsplätze weg-automatisiert werden. Ein Thema, welches auch die bisherigen Revolutionen in der Arbeitswelt begleitete. Richard David Precht stellt in seinem neuen Buch heraus: Bereits im Jahr 1933 kündigte der britische Ökonom, John Maynard Keynes, an, dass Fortschritt zu einer Massenarbeitslosigkeit führen wird. 1978 konnte man im Spiegel einen Artikel mit der Überschrift »Fortschritt macht arbeitslos« lesen und 1995 wurde das Ende der Arbeit von dem US-amerikanischen Soziologen und Ökonom Jeremy Rifkin angekündigt. Noch immer arbeiten wir alle.

Die Automatisierung, die uns heute betrifft und in Zukunft immer mehr betreffen wird, fokussiert vor allem auf zwei Arten der Arbeit. Die eine Art umfasst einfache physische Tätigkeiten in Bereichen, die hoch strukturiert und vorhersagbar sind. Seit 2013 stellt beispielsweise der weltweit bekannteste Sportartikelhersteller, das US-amerikanische Unternehmen Nike, Schuhe über 3-D-Drucktechniken her. Über den Einsatz von Lasern kann das Unternehmen Anpassungen an den Schuhen innerhalb von ein paar Stunden vornehmen, die in der Vergangenheit Monate gekostet hätten. Ein anderes Beispiel ist der Sportartikelhersteller Adidas. Die Verwendung von 3-D-Druckern führte zu einer massiven Beschleunigung der Arbeit. Um beispielsweise einen Prototyp zu bauen und zu bewerten waren früher zwölf Techniker notwendig. Der Prozess dauerte vier bis sechs Wochen. Durch den Einsatz von 3-D-Druckern werden nur noch zwei Techniker benötigt. Der Prozess dauert nur noch zwei Tage.

Die andere Art umfasst die Arbeit mit Daten, das Sammeln von Daten und das Auswerten. Auch das World Economic Forum (2016) geht davon aus, dass die Anzahl an Arbeitsplätzen in Produktion und klassischen Büroberufen sowie administrative Arbeitsplätze geringer wird. Berufe, die in eine der Kategorien fallen, werden in Zukunft nicht automatisch wegfallen, da ein Job in der Regel nicht zu 100 Prozent aus einer zu automatisierenden Tätigkeit besteht. Vielmehr sind automatisierbare Tätigkeiten Teil eines Jobs. McKinsey schätzt, dass nur fünf Prozent der Jobs einen so hohen Anteil automatisierbarer Tätigkeiten aufweisen, dass sie in Zukunft völlig verschwinden können. Ein Anteil solcher Tätigkeiten in anderen Jobs bedeutet jedoch, dass sich solche Arbeitsstellen verändern werden, Anteile der bisherigen Arbeit fallen weg. Doch: Wo Arbeit eingespart werden kann, werden auch Arbeitsplätze eingespart. Unbegründet ist diese Angst daher nicht. Im Gegenteil. Nach Schätzungen des World Economic Forums (2016), gehen zwischen 2015 und 2020 weltweit sieben Millionen Arbeitsplätze verloren (zwei Drittel im administrativen Bereich). Wenn wir aber einen etwas ganzheitlicheren Blick auf den gegebenenfalls schrumpfenden Arbeitsmarkt werfen, scheint dieser vielleicht eines unserer aktuellen

Probleme zu lösen. Die meisten westlichen Länder sind heute bereits auf Immigration aus anderen Ländern angewiesen, um den Bedarf am Arbeitsmarkt zu stillen. Die Quellen der Zuwanderung werden nach Schätzungen jedoch ebenfalls mehr und mehr versiegen. Die Problematik wird langfristig alleine daher wohl eher bei einem zu wenig an Qualifikation statt einem zu wenig an Arbeitskräften liegen.

Im Rahmen der Recherche zu diesem Buch hat Nicole Neubauer, CEO von metaBeratung und Marktexpertin, 2018 eine Reihe von Interviews geführt. In einem dieser Interviews erhielten wir eine Schätzung der Arbeitsplatzentwicklung von einem weltweit führenden Arzneimittelhersteller, Forschungskonzern und Anbieter von Gesundheitsprodukten. Das globale Unternehmen schätzt, dass innerhalb der nächsten zwanzig bis dreißig Jahre dreißigtausend der Stellen innerhalb des Unternehmens verschwinden werden. Gleichzeitig wird erwartet, dass sich zwanzigtausend neue Stellen entwickeln werden.

Es ist heute generell zu beobachten, dass neue Arbeitsplätze entstehen; ein Trend, der sich sicher auch fortsetzt. Das World Economic Forum schätzt, dass zwischen 2015 und 2020 zwei Millionen neue Arbeitsplätze entstehen. Diese verteilen sich nur auf kleinere Jobfamilien und betreffen eher Beschäftigungen, die eine hohe Ausbildung erfordern. Ein Anstieg der Arbeitsplätze wird in den Bereichen Architektur, Ingenieurwesen, Computer und Mathematik erwartet. Außerdem ist davon auszugehen, dass Pflege- und Dienstleistungsjobs weiterwachsen werden. Was ist mit Neuerscheinungen wie eBay oder YouTube? eBay beschäftigt in Deutschland vierundsiebzig Mitarbeiter, YouTube vier, wie Professor Richard David Precht auf einem Vortrag 2017 anführt. Es werden völlig neue Arbeitsplätze entstehen. Viele der heute mit am meisten gesuchten Berufe oder Spezialisierungen gab es vor zehn Jahren noch nicht. Eine populäre Schätzung, die auch das World Economic Forum (2016) wiedergibt, besagt, dass 65 Prozent der Kinder, die heute ins Schulalter kommen, in Jobs arbeiten werden, die es heute noch nicht gibt. Die Idee, in derselben Firma wie Mama oder Papa zu arbeiten, wird ebenfalls unrealistischer. Wie das McKinsey Global Institute berichtet, ist die durchschnittliche Lebensdauer der fünfhundert größten börsennotierten US-amerikanischen Unternehmen bereits von einundsechzig Jahren (1958) auf heute zwanzig Jahre geschrumpft und eine weitere Verkürzung ist zu erwarten.

Reden wir hier noch von Festanstellungen, wie wir sie kennen? Das Taxiunternehmen Uber ist ein Beispiel, wie erfolgreich Festangestellte gegen externe Vertragspartner ausgetauscht werden können. Manche Vorhersagen gehen soweit zu sagen, dass sich das Verhältnis zwischen Arbeitgeber und Arbeitnehmer grundsätzlich verändern wird. Wir würden dann nicht mehr in Anstellung für eine Firma verschiedene Aufgaben erledigen, sondern uns kompetenzgebunden von Projekt zu Projekt hangeln, innerhalb oder zwischen Firmen. So, wie es selbstständige Fotografen zum Beispiel, aber auch viele Forscher tun. Schon heute sehen wir, dass Organisationen einen immer geringeren Stamm an Festangestellten haben, der durch externe Mitarbeiter oder Berater projektspezifisch ergänzt wird. (Auch hier entstehen gerade eine Vielzahl neuer Plattformen, die zwischen Arbeitbietenden und Arbeitnehmenden vermittelt; the human cloud oder auch Cloud Working oder Crowd Sourcing.) Für die Daimler und Benz Stiftung berichtet Dr. Andreas Boes von einem Unternehmen in Silicon Valley, dass mit tausend Festangestellten eine solche Crowd-Plattform betreibt, über die neunhunderttausend freiberufliche IT-Entwickler Arbeiten für Kunden übernehmen.

Der Trend geht klar in Richtung »hiring on demand«, also das Einkaufen bestimmter Leistungen außerhalb des Unternehmens statt der Beauftragung interner Festangestellter. Ihre Eltern hatten vermutlich einen einzigen Job in ihrem Leben. Sie sind vielleicht gerade in Ihrem dritten oder fünften Job. Ihre Kinder werden womöglich mehrere Jobs gleichzeitig haben.

Auch auf individueller Ebene passiert ein in diesem Sinne stimmiger Wandel. Menschen organisieren sich zunehmend über flexible fachlich gesteuerte Interessensgruppen und wenden sich von starren Organisationen ab.

Dies wirkt sich auch auf Organisationen wie Gewerkschaften aus, da Menschen sich selektiv engagieren und weniger für Allgemeinbelange. Loyalitäten werden so auch teilweise von dem Unternehmen, dem man angehört, in Interessensgruppen umgeleitet. Dies hat, wie aus dem oberen Absatz hervorgeht, vermutlich mehr Zukunft, als wir heute denken, bildet aber eine Herausforderung für Führungskräfte, Talente an das Unternehmen zu binden.

Unternehmenszugehörigkeit verliert noch durch einen weiteren Trend an Relevanz. Grenzen zwischen Unternehmen öffnen sich. Ein Beispiel ist das Teilen von standardisierten Back-End-Prozessen durch Drittanbieter. So entstehen Arbeitsplätze, die nicht klar einer Organisation zuzuordnen sind und es werden Produkte geschaffen oder Services geliefert, die keinen klaren Absender haben. Zunehmend arbeiten Unternehmen auch themenspezifisch zusammen. Gemeinsame Workshops oder strukturierter Erfahrungsaustausch sind im Kommen. Ein Beispiel ist die »Work out Loud«-Bewegung. Die Digitalisierung fordert ein verstärktes Arbeiten in Netzwerken, das Auflösen des Silodenkens und die Bereitschaft, schneller zu lernen und voranzukommen, indem man Erfahrungen teilt. Diese Gedanken spiegeln sich in der »Work out Loud«-Bewegung, die das Teilen von Erfahrungen und das gemeinsame Lernen über Organisationen hinweg propagiert. Wieder sind es die Interessensgruppen, die als alternative Organisation auftreten.

Die Trends am Arbeitsmarkt führen sich nahtlos fort und infiltrieren bestehende Arbeitsplätze. Hier begegnen sie weiteren Trends und wieder verdichten sich die Entwicklungen zu einem neuen Arbeitserlebnis, welches nachfolgend beschrieben wird.

Veränderungen am Arbeitsplatz. Wie arbeiten wir in Zukunft?

Es lösen sich also Strukturen zwischen Organisationen auf und die organisationale Zugehörigkeit verliert an Relevanz. Auch am Arbeitsplatz selbst sind wir mit sich auflösenden Strukturen konfrontiert. Wir haben es aufgezählt: Die Abgrenzung zwischen Lieferant und Kunde verschwimmt, Strukturen innerhalb der Organisation werden flexibler, räumliche Grenzen und Strukturen lösen sich auf und die Grenzen zwischen Beruf und Privatleben werden zunehmend überschritten.

So verändert sich beispielsweise die Art, wie wir mit Kunden zusammenarbeiten und die Beziehungen, die wir zu Kunden pflegen. Zum einen können mehr und mehr Leistungen online vermittelt werden. Damit ergibt sich ein neuer, direkter Zugang zum Kunden. Die Rolle von Intermediaries, wie Händler, Agenten, Vermittler, werden bei online vermittelbaren Leistungen nur noch aus steuerlichen und Haftpflichtgründen eine Daseinsberechtigung haben, denn Hersteller könnten die Verbraucher auch direkt online bedienen. Einzig auf Plattformen können Intermediaries eine neue Daseinsberechtigung erlangen, in dem sie sich offen für alle Anbieter und Nutzer/Kunden machen und aus den Transaktionsdaten innovative Zusatzdienstleistungen erbringen. So ist autoscout24 schon lange kein Anzeigenmarkt mehr, sondern eine Plattform, die auf verschieden Wegen Verkäufer und Käufer durch Zusatzleistungen und Auktionen zusammenbringt.

Zum anderen wird die Zusammenarbeit mit dem Kunden transparenter und vernetzter: Die häufige und bisweilen auch kreative Zusammenarbeit mit dem Kunden führt zu bisher unbekannter Transparenz und zu einer engeren Zusammenarbeit. Diese geht über die klassische Kundenbeziehung hinaus und mündet in »Open Innovation« oder einer Ko-Kreation. Durch die Sammlung von Nutzerdaten beispielsweise können Hersteller die Verwendung des Produktes nachverfolgen und somit Eigenschaften des Produktes besser auf die eigentliche Anwendung anpassen.

Auch räumliche Grenzen werden irrelevant, Arbeit kann überall auf der Welt geleistet werden. Qualifikationen sind zunehmend vergleichbar. Und auch die Zusammenarbeit kann zu 100 Prozent virtuell erfolgen. Arbeit erlangt damit erstmals die gleiche Mobilität wie Kapital. Es werden neue Wege der Zusammenarbeit gesucht, die helfen, räumliche Grenzen zu überwinden. Relevant sind hier zum Beispiel Techniken der virtuellen Realität. Diese schaffen neue Möglichkeiten zur Visualisierung von Ideen und liefern die Möglichkeit, Dinge über die Distanz hinweg stärker erlebbar zu machen.

Sicherlich erschwert wird allerdings die Steuerung und Ergebniskontrolle durch räumliche Distanz, sei es über Homeoffice oder Teams, die sich über den Globus verteilen. Für Teams und Führungskräfte heißt dies, neue Formen des Kontaktes und des Einflusses auf andere zu etablieren.

Auf der anderen Seite nehmen Möglichkeiten der Überwachung am Arbeitsplatz zu. Hierzu gehören kostengünstige GPS-Überwachung von Fahrzeugen, die ermöglichen, Mitarbeiter zu lokalisieren, aber auch Einrichtungen, die beispielsweise in Echtzeit über die Fahrleistung von Lastwagenfahrern berichten. Auch lässt sich die Büroarbeit überwachen, wie viel Zeit wird mit E-Mails oder auf bestimmten Laufwerken verbracht? Im Silicon Valley beobachtet man Leistungsmanagementsysteme, bei denen Mitarbeiter per App ihren Zielerreichungsfortschritt täglich aktualisieren – Daten, die für alle im Unternehmen sichtbar sind. Bei Amazon bewerten Kollegen gegenseitig ihre Leistung über Online-Feedback-Tools.

Sicher gibt es mittlerweile das ein oder andere Unternehmen, das heimlich einen Blick nach China wirft. Genauer, auf Chinas Plan eines »Citizen Scoring«. Dies ist noch freiwillig, 2020 dann Pflicht für jeden. Die *Zeit Online* berichtet (2015): »Wer online gesunde Babynahrung bestellt, Bücher kommunistischer Staatsführer oder umweltfreundliches Papier kauft, wird positiv bewertet und erhält Pluspunkte. Wer hingegen vor dem Rechner gerne Ballerspiele zockt, sich unsittliche Bilder anschaut oder online zu viele modische Klamotten bestellt, dem werden Punkte abgezogen.« Auch systemkritische Äußerungen, die in China ohnehin unter Strafe stehen, beispielsweise auf Tencents WeChat, führen zu Punkteabzug. Aber man kann seinen Score auch erhöhen, zum Beispiel über positive Äußerungen über die chinesische Wirtschaft gegenüber den eigenen Kontakten in sozialen Netzwerken. Das wirkt sich gleichzeitig positiv auf den Score der Kontakte aus. Kritische Äußerungen wirken sich entsprechend negativ aus. Andere Datenquellen sind die sozialen Medien, aber auch beispielsweise der Zahlungsverkehr. Die Ant Financial Services Group (Teil von Alibaba) wickelt über ihren Alipay nicht nur das Bezahlen von Onlineeinkäufen ab, sondern auch das Zahlen von Taxis oder Restaurants oder den Geldtransfer zu anderen Personen. Aus den Punkten ergibt sich ein Social Credit Score, wie Wired, ein englisches Online-Nachrichtenportal (*Botsman* 21.10.2017), schreibt. Dieser entscheidet unter anderem mit über das Erhalten von Krediten, Jobs, Reiseerlaubnissen, Schulwahl der Kinder, aber auch die Stelle, an der das eigene Onlineprofil auf einer Dating-Seite erscheint.

Sind wir in der westlichen Welt denn so weit davon weg? Eric Schmidt, ein Topmanager bei Google teilte 2011 mit: »Wir wissen, wo du bist. Wir wissen, wo du warst. Wir wissen mehr oder weniger, worüber du nachdenkst« (*Stuttgarter Zeitung* vom 22.01.2011).

Wer weiß, vielleicht lernen wir in Zukunft ein »Organizational Citizen Scoring« kennen, in dem Mitarbeiter bewertet werden und durch Beförderungen oder Gehaltserhöhungen – oder Kündigungen – gesteuert werden.

In Unternehmen ist auch bereits einiges im Gange. Das Tracken von Lastwagen und des Fahrverhaltens des Fahrers ist beispielsweise nichts Neues.

Um Daten für engmaschige Kontrollen der Mitarbeiter zu nutzen, müssen wir allerdings gar nicht erst neue datensammelnde Systeme einführen. Wie die Süddeutsche Zeitung (17. April 2017) berichtet, werden bereits jede Menge Daten (noch in anonymisierter Form) von dem Paket Office 360 erhoben. Der Artikel führt auf, wie man mithilfe solcher Daten beispielsweise produktive und weniger produktive Mitarbeiter identifizieren könnte. Schickt ein Mitarbeiter beispielsweise viele E-Mails, auf die keine Reaktion kommt, mag dies als Indiz gehandelt werden, dass er entbehrlich ist. Ein weiteres Beispiel ist die Vorhersage von Kündigungen. Verhaltensmuster von Mitarbeitern, die kündigen, könnten nachträglich ausgewertet werden. Anhand dieser Daten könnte über Algorithmen das Kündigungsrisiko anderer Mitarbeiter bestimmt werden. Was wären weitere Kennzeichen eines kündigungswilligen Mitarbeiters? Die Teilnahme an weniger Meetings vielleicht.

In einem kürzlich erschienenen McKinsey-Artikel liest man davon, wie ein CEO in den USA entsprechende Daten nutzt, um nach Problemfeldern in der Organisation zu suchen. Nach der Erhebung und Auswertung unzähliger Variablen fand der CEO heraus, das zwei Schlüsselabteilungen zu wenig miteinander kommunizieren. Es wurden dann mithilfe von externen Beratern Maßnahmen ergriffen. Ach so – wie sonst hätte man jemals merken sollen, dass zwei zentrale Abteilungen nicht genügend kommunizieren? Verzeihen Sie bitte die Ironie. Hand aufs Herz. Haben Führungskräfte etwa keine Augen im Kopf? Stellen Sie keine Fragen? Was nützt die Erhebung solcher Daten? Ist die datenfokussierte Führungskraft die bessere Führungskraft? Das bezweifle ich.

Aber: Zum einen kann statistisch ermittelt werden, welche anderen Aspekte Indikatoren für Kündigungsabsichten, Integritätsverletzungen oder andere relevante Ereignisse darstellen, deren Relevanz wir vorher nicht erkannt haben. Durch die Daten lässt sich die Vorhersage einer Kündigung vielleicht um zwei Prozentpunkte verbessern. Zum anderen kann man über unternehmensweite Auswertungen Trends erkennen und so frühzeitig über zentrale Maßnahmen gegensteuern (beispielsweise eine Kündigungswelle, ein Rückgang der Kommunikation von oben nach unten et cetera). Und lassen Sie uns nicht vergessen: Solche Daten lassen sich ganz prima zu Geld machen.

Die Erhebung von Daten muss sich dabei nicht auf den Arbeitsalltag beschränken. BP versorgt seine Mitarbeiter in Nordamerika mit Fitbit Fitness Trackern als Teil eines Belohnungsprogrammes um die Krankenversicherungskosten zu senken. Hier geht es um Kosteneinsparungen, das ist richtig, aber es ist auch erst der Anfang. Auch andere Firmen beginnen ihren Mitarbeitern Fitness Tracker wie Fitbit anzubieten, um deren Gesundheit und Wohlbefinden verfolgen zu können. Das Ziel ist die Verringerung des Krankenstandes und die Erhöhung der Leistungsfähigkeit. Lange ist bekannt, dass sich Gesundheit und Wohlbefinden auf die Arbeitsleistung auswirkt. Solche Daten können für gezielte Präventionsmaßnahmen genutzt werden. Die Personalabteilung kann so beispielsweise ergonomische Schulungen für das gesündere Sitzen am Arbeitsplatz, Meditation oder Themenseminare anbieten, die die Gesundheit der Mitarbeiter fördern sollen. Was ist mit Ihrer Rolle als Führungskraft? Zugegeben, das ist Zukunftsmusik, aber überraschend käme es nicht, wenn die Gesundheitsdaten Ihrer Mitarbeiter Teil eines strukturierten Mitarbeitergespräches werden. Schläft Ihr Mitarbeiter zu wenig, suchen Sie das Gespräch, damit die Leistung nicht abfällt. Hier haben wir es mit einer Grenzüberschreitung von beruflich und privat zu tun, die vermutlich auf uns zukommt.

Die Grenze zwischen Beruf und Privatleben löst sich auf. Dies eröffnet neue flexible Arbeitsgestaltungen, die die Vereinbarkeit von Familie und Beruf fördern und generell individuellere Lebensgestaltungen ermöglichen. Flexible Gleitzeit, Teilzeit, Tiere am Arbeitsplatz et cetera. Flexible Gestaltung ist aber nur ein Aspekt.

Einen Teil der neuen Flexibilität verdanken wir den Kommunikationstechniken und – Sie wissen es – unserem Smartphone. Ich kann von überall arbeiten, die Arbeit kann mich aber im Gegenzug auch überall erreichen. Bei Bosch gibt es mittlerweile mehr als hundert verschiedene Arbeitszeitmodelle, die Mitarbeitern ermöglichen, ihre Arbeit so zu gestalten, dass Herausforderungen des Privatlebens besser begegnet werden kann, wie Dr. Stephan Hönle auf dem 13. Innovationsforum der Daimler und Benz Stiftung berichtet. Hierzu gehören Teilzeit- oder Homeoffice-Lösungen, wie auch das individuelle Gestalten der Arbeitszeit.

Neuere Kommunikationsformen haben noch einen zusätzlichen Einfluss. Arbeitgeber wählen mehr und mehr digitale Kommunikationsformen, die denen ähneln, die wir privat wählen (Yammer, Skype for Business, Facebook für Firmen ...). Der Beruf wird privater. Oder schluckt der Beruf Stück für Stück Ihr Privatleben? Die Verschmelzung von Beruf und Privat beginnt jedoch bereits mit Kantinen, oder firmeninternen Fitnesscentern zum Beispiel. Arbeitsrelevanter Austausch oder das Fördern arbeitsrelevanter Beziehungen leisten Sie so in Ihrer Freizeit. Auf der einen Seite ist dies effizient. Warum nicht auf dem Firmengelände trainieren? Doch die Distanz beider Welten geht verloren.

An dieser Stelle soll noch auf eine ganz andere gesellschaftliche Implikation hingewiesen werden. Indem wir uns über Interessensgruppen organisieren und Freundschaften über räumliche Distanzen hin fortführen können, lässt die Notwendigkeit lokaler sozialer Verknüpfung nach. Unsere Privatzeit mit Kollegen auf dem Firmengelände oder abends im Chat zu verbringen, spielt hier ebenso mit herein. Die Folge ist, dass wir weniger diversen Menschen ausgesetzt sind. Lokal finden Kontakte noch unabhängig von Beruf, Status oder Interessen statt. Dies sorgt für eine breitere Perspektive auf das Leben. Nun bieten aber viele Firmen oder Universitäten Kinderbetreuungen an. Hier haben wir keinen Kindergarten, dessen Mitglieder sich über das Einzugsgebiet bestimmen. Unsere Kinder verbringen ihre Zeit mit anderen Kindern, deren Eltern in der gleichen Branche sind. Inwiefern dies zu einer offenen Gesellschaft beiträgt, sei in Frage gestellt. Wie Richard David Precht in seinem neuen Buch (2018) beschreibt, ist jeder Fortschritt auch gleichzeitig ein kultureller Rückschritt. Die Biodiversität der Menschheit verschwindet und es bildet sich eine globale Einheitskultur.

Richten wir den Blick wieder ins Innere der Organisation. Strukturen der Zusammenarbeit innerhalb der Unternehmen werden flexibler. Hierarchien verflachen und werden übergriffen. Neue Organisationsstrukturen und -formen entstehen. Dieser Trend ist nicht neu, die Einführung der Matrixorganisation hat ihn bereits eingeleitet. In Zukunft werden sich Karrierepfade dennoch spürbar ändern. Während heute der Blick oft noch nur nach oben gerichtet wird – auf die nächste Managementebene, gewinnen Fachlaufbahnen an Bedeutung. Der Wunsch nach mehr Verantwortung wird außerdem ergänzt oder ersetzt durch den Wunsch, neue Qualifikationen zu erwerben oder Teil neuer Netzwerke zu sein. Ein Wachstum findet über das Erfahren verschiedener Rollen statt.

Die Zusammenarbeit richtet sich weniger auf Wettbewerb und mehr auf Kollaboration und Flexibilität aus. Die Ausrichtung auf Kollaboration wird auch die Durchlässigkeit von Teamgrenzen vergrößern. Ein regelmäßiges Wechseln zwischen Teams fördert strukturübergreifende Zusammenarbeit und ermöglicht persönliche Weiterentwicklung durch breitere Erfahrung. Die Notwendigkeit interdisziplinärer und funktionsübergreifender Zusammenarbeit fordert das Bilden von Teams, die neue Mitglieder bedarfsgetrieben zeitweise integrieren können. Im Exkurs zur Teamentwicklung sehen Sie, dass dies an sich bereits ein hochgestecktes Ziel ist.

Unternehmertum und disruptives Denken muss gefördert werden, was ein hohes Maß an Handlungsspielraum erfordert und gleichzeitig die Kontroll- und Entscheidungshoheit von Führungskräften verringert. Auch hier brauchen wir Mitarbeiter, die fähig und motiviert sind, diese neuen Räume zu füllen. Und Teams, die dies selbstgesteuert gestalten können.

Entscheidungsfreiheiten, größere Handlungsspielräume und ganzheitliche Prozessverantwortungen sind dabei wesentliche Einflussfaktoren auf die Arbeitszufriedenheit und -motivation. Doch muss eine Organisation hier auch hereinwachsen können.

Exkurs Teamentwicklung

Wenn Sie sich schon etwas mit Teamentwicklung auseinandergesetzt haben, wissen Sie, dass die Teamentwicklung in Phasen verläuft. Ein populäres Modell, das Phasenmodell nach Tuckman, zeichnet den Verlauf so über vier Phasen: Forming, Storming, Norming, Performing. Lassen Sie uns kurz auf das Modell blicken. Denn solch eine Offenheit und flexible Außengrenzen eines Teams finden sich erst in der letzten Phase. Auch Selbststeuerung ist in der Regel erst hier möglich. Teams müssen hier mitunter einen langen Weg gehen und die Führungskraft muss diesen begleiten und steuern.

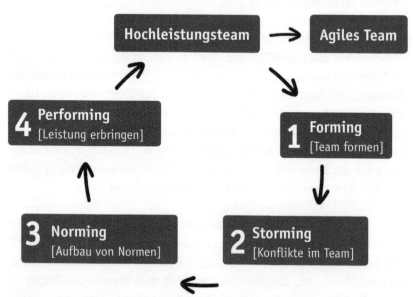

Abbildung 1: Die Phasen der Teamentwicklung nach Tuckman, modifiziert

1. Forming (Kontakt)

Das Team formt sich. Die Teammitglieder lernen sich kennen, es besteht Unsicherheit, die Gruppe findet sich in ihre noch unklaren Rollen langsam ein. Der Umgang miteinander ist entsprechend auch vorläufig, vorsichtig und höflich. Es geht viel Energie in den Fokus auf die Beziehungen im Team, weniger auf die Aufgabe.

2. Storming (Konflikt)

Wenn die anfängliche Unsicherheit und Vorsicht abklingt und Alltag aufkommt, gehen auch die Konflikte los. Verschiedene Arbeitsstile prallen aufeinander, verschiedene Interessen und Rollenverständnisse. Machtverhältnisse werden ausgelotet. In dieser Phase ist das Team noch immer recht stark auf sich selbst und die Beziehungsfindung fokussiert, Aufgaben stehen hinten an. Für Führungskräfte ist diese Phase besonders intensiv, da sie Konfliktlösungen fördern müssen und für Toleranz und Wertschätzung im Team sorgen müssen. In dieser Phase finden häufig Teamworkshops statt, mit dem Fokus, Konflikte zu klären, Vertrauen und ein Wir-Gefühl aufzubauen.

3. Norming (Kontrakt)

Beziehungen sind geklärt, Rollen verteilt, jetzt verfestigen sich die Teamstrukturen. Das Team entwickelt eine Arbeitskultur und Regeln für die Zusammenarbeit kristallieren sich heraus. Der Fokus wandert nun endlich Richtung Aufgaben. Gemeinsame Ziele stärken dabei den Zusammenhalt des Teams. Das Team definiert sich jetzt als Team über gemeinsame Ziele und über die Abgrenzung gegenüber anderen Teams. Hier kann die Führungskraft erst mal durchatmen. Viele Führungskräfte geben sich mit diesem Stadium zufrieden. Wir sprechen hier aber nicht von einem High-Performance-Team. Die erreichte Stabilität geht auf Kosten der Flexibilität. Fordert ein Projekt oder eine Veränderung in der Aufgabe des Teams, dass sich die Rollen ändern oder vorübergehend wechseln, kommt es zu Problemen. Ebenso ist das Team hier nicht offen für neue Mitglieder. Diese werden nur unter (meist passiven) Widerständen in das Team integriert und eher als Außenseiter betrachtet.

4. Performing (Kooperation)

Die Teams, von denen wir sprechen, wenn es um agilere Organisationen geht, sind selbststeuernd, zeigen eine hohe Rollenflexibilität, sind offen und an Kollaboration mit anderen Teams interessiert, orientieren sich nur an der Aufgabe/dem Ziel und passen sich flexibel an die Anforderungen an. Das Team reflektiert die eigene Leistungsfähigkeit, gibt offen Feedback und optimiert die Zusammenarbeit entsprechend. Dies ist ein High-Performance-Team und wird erst in dieser vierten Phase entwickelt. Um diese Phase zu erreichen brauchen Sie als Führungskraft Geduld, ein gutes Gespür für Gruppenprozesse sowie ein offenes Ohr. Und dies reicht oftmals nicht aus. Das Team muss immer wieder zur kritischen Reflexion seiner Struktur und Leistungsfähigkeit angeregt werden, der Status quo herausgefordert werden und mit veränderten Anforderungen konfrontiert werden. So lernen die Einzelnen, dass Ihr Team durch Flexibilität und Offenheit effektiver wird, der Zusammenhalt dadurch aber nicht verloren geht, im Gegenteil. Wichtig ist es für die Führungskraft dem Team vor Augen zu führen, welche Fortschritte sie machen und gemeinsam Erfolge zu feiern. Auf die Aufgaben für Führungskräfte und die notwendigen Kompetenzen, gehen wir noch ausführlicher in den nächsten Kapiteln ein.

In der Abbildung 1 ist sichtbar, dass die Teamentwicklung einem Kreislauf folgt. Die jeweils nächste Phase folgt erst auf das Abschließen der vorhergehenden Phase. Wie ebenfalls in der Grafik zu sehen, kann der Kreislauf von vorne los gehen. Ein Hochleistungsteam kann zurück in die Forming-Phase fallen. Dies kann passieren, wenn Veränderungen in der Zusammensetzung des Teams vorgenommen werden. Das Team muss sich unter Umständen neu finden. Hat sich das Team jedoch von einem Hochleistungsteam zu einem agilen Team entwickelt, kann das Team auch bei Personenwechsel weiter Hochleistung erbringen.

2.
Führungskräfte
in der Digitalisierung

● ●

Viele Unternehmen klagen, dass die digitale Transformation der Organisation viel zu langsam und stockend vorangeht. Wenn man aktuelle Studien zurate zieht, spricht einiges dafür, dass die aktuellen Veränderungsvorhaben von Organisationen an den Führungskräften scheitern. Ob das tatsächlich so ist, werden wir im Folgenden erarbeiten.

Im zweiten Unterkapitel setzen wir uns mit dem Spannungsfeld, das sich zwischen den Anforderungen der digitalen Transformation und den klassischen Eigenschaften von Führungskräften auftut, auseinander. Es werden Wege aufgezeigt, wie Führungskräfte mit den Anforderungen umgehen können, ohne ihre Arbeitsmotivation zu verlieren.

Im dritten Unterkapitel geht es dann konkret um die Frage, welche Rolle Führungskräfte in modernen Organisationen spielen. Im Kern steht das Zeichnen eines neuen Führungsbildes. Wie sieht die Rolle von Führungskräften in modernen Organisationen aus? Schließlich zeichnen wir das neue Bild von Führung. Wie sieht die zukünftige Rolle der Führungskraft aus?

2.1 Wer bremst die Veränderung?

Ein möglicher Grund der Langsamkeit von Unternehmen könnte an einer unzureichenden Priorisierung des Themas durch das Top Management liegen. Dies ist aber nicht der Fall. Blicken wir auf Deutschland. Es wurden einhundertfünfunddreißig Entscheidungsträger im Bereich digitale Transformation aus Großunternehmen befragt. Für 50 Prozent der Großunternehmen ist das Thema Digitalisierung eines der drei Topthemen in 2017. Für 94 Prozent ist das Thema innerhalb der Top Ten angesiedelt (eventure Studie 2017).

Gerne wird an die »schwerfällige« Mitarbeiterschaft verwiesen. Hier zeigen Studien aber einen »Rückenwind von unten« auf. Etwas über die Hälfte der in der Umfrage ARAG Trend in 2017 befragten Mitarbeiter geben an, dass sich ihr Arbeitsplatz durch die Digitalisierung verändert hat. Knapp 70 Prozent der Betroffenen haben den Eindruck, dass die Anforderungen an sie gestiegen sind, aber auch ihre Leistung (das meinen knapp 60 Prozent). Knapp 40 Prozent nimmt sogar eine Entlastung in ihrer Arbeit durch digitale Technologien wahr. Angst, herausdigitalisiert zu werden, hat nur etwa jeder Zehnte. Die Mehrzahl ist hier eher der Meinung, dass die Digitalisierung Arbeitsplätze sichert, da sie das Unternehmen zukunftssicher macht. In Großunternehmen nehmen 64 Prozent der Mitarbeiter Prozesse zur digitalen Transformation positiv auf. Fast 80 Prozent stehen diesen zumindest mit Neugier und Interesse gegenüber (etventure Studie 2017).

Dies ist eine gute Basis, Veränderungen umsetzen zu können. Das Thema genießt also Priorität und die Mitarbeiter stehen ihm positiv gegenüber. Wo liegt das Problem? In einer Umfrage von 2016 (metaBeratung und IMD) bezeichneten knapp die Hälfte der Befragten die Führungskräfte als Ausbremser der digitalen Revolution.

Die Frage, ob dies wirklich eine gerechtfertigte Zuweisung ist, können wir offenlassen. Aus psychologischer Sicht ist dies aber durchaus nachvollziehbar. Führungskräfte stehen nicht nur generell im Fokus, sie betrifft die digitale Revolution auch in besonderem Maße.

Macht die digitale Transformation Führung überflüssig? Selbstgesteuerte Teams sind das Konzept der Zukunft. Braucht es da noch Führung? Und die neuste Bedrohung kommt aus dem Feld der künstlichen Intelligenz, die uns strategische Entscheidungen vielleicht bald abnehmen kann. Hier plädieren wir dafür, die Kirche im Dorf zu lassen. Aus zwei Gründen. Zum einen funktionieren wir Menschen als soziale Wesen in Gruppen, die eine hierarchische Struktur aufweisen. Nur weil wir digitaler unterwegs sind, heißt das nicht, dass sich unsere psychologische Struktur verändert. Zum anderen gehen wir doch einfach back to basics: »Führung ist Zusammenarbeit organisieren, die sich von alleine nicht ergibt« (Sprenger).

Vor dem Hintergrund zunehmend interdisziplinärer und virtueller Zusammenarbeit, die zunehmend in losen Netzwerken stattfindet, wird dies sogar zunehmend wichtiger. Die Rolle der Führungskraft aber verändert sich.

Das Unternehmen Spotify, der größte Musik-Streaming-Dienst der Welt, spricht beispielsweise von »Servant Leadership«, die Führungskraft als Diener. Die Führungskraft trifft keine Entscheidungen und sagt den Mitarbeitern nicht, was zu tun ist. Stattdessen fokussiert sie auf drei Aufgaben: Coaching, Mentoring und das Beseitigen von Hindernissen. Dies ist eine eher extreme neue Ausrichtung. Jenseits solcher extremen Beispiele, lässt sich der Beginn einer Veränderung der Einstellung bei Führungskräften aber bereits erkennen. Das Bundesarbeitsministerium fand heraus, dass 77 Prozent der Führungskräfte in Deutschland einen Wandel in der Führungskultur wünschen. Sich selbst verorten die Befragten in einer »patriarchischen« beziehungsweise einer »renditemaximierenden« Führungskultur, wie *Focus Money Online* (April 2016) berichtet. Zusammenfassend kann man also nicht sagen, dass die Führungskräfte Bremser der stattfindenden Digitalisierung sind. Allerdings scheint oftmals ein neues Leitbild zu fehlen, wie Führung und Digitalisierung sich verbinden.

2.2 Ein Spannungsfeld

Durch die digitale Transformation tut sich ein Spannungsfeld auf, dem die wenigsten Führungskräfte entkommen können. Lassen Sie uns einfach mal die Merkmale gegenüberstellen. Hand aufs Herz – wie geht es Ihnen, oder wie würde es Ihnen gehen?

Digitale Transformation
... ist neu, hat neue Inhalte, Regeln und Umstände.
Bisher erfolgreiche Führungskräfte greifen auf Erfahrung zurück. Lässt sich diese noch anwenden?

... lässt Wissen schnell veralten.
Bisher erfolgreiche Führungskräfte sind »alt«. Schauen Sie in die Unternehmen rein, die wenigsten Führungskräfte sind zwanzig Jahre alt und direkt aus der Uni gehopst.

... bedeutet Disruption, löst Bestehendes ab.
Die Führungskräfte haben das Bestehende aufgebaut.

... wird durch Information gesteuert.
Führungskräfte haben gelernt, sich auf Intuition zu stützen. Reicht das nicht mehr aus?

... übergreift und verflacht Hierarchien.
Führungskräfte sind Teil dieser Hierarchie und haben sich dort oft mühsam etabliert.

... passiert schnell, erfordert schnelle Veränderung.
Die meisten Führungskräfte haben ihre Lektion gelernt – Veränderungsprozesse in Organisationen brauchen Zeit.

... erfordert einen neuen Führungsstil.
Die Führungskräfte waren bisher mit ihrem Führungsstil erfolgreich. Und identifizierten sich mit ihm.

Was das konkret bedeutet, zeigt sich in zwei Bereichen: Wertschätzung und Spielfeld. Schauen wir als erstes auf die Wertschätzung. Bisherige Vorgehensweisen, Leistungen, Erfolge, werden hinterfragt. Was bisher erreicht wurde, auf das wir mit Stolz blicken, seien es Prozesse, Systeme oder auch Produkte, ist auf einmal nichts mehr wert. Und hinzu kommt ein impliziter Vorwurf, der wie der Elefant im Raum steht: Ihr seid zu langsam (gewesen).

So wurde beispielsweise in einem Großmotorenhersteller über mehrere Jahre daran gearbeitet, Schiffe digital zu verknüpfen. Die Grundlagen wurden mühsam aufgebaut, Akzeptanz geschaffen und die ersten paar Schiffe erfolgreich in das Kommunikationsnetz eingebunden. Nun heißt es von oben, das geht zu langsam, der Rest der hundert Schiffe umfassende Flotte soll per Zielvereinbarung in den nächsten drei Monaten integriert werden. Und das geht so schnell? Wieso waren wir dann so langsam? Digitale Ziele können heute schneller erreicht werden, dank Neuerungen in der Infrastruktur und neuer Technologien. Aber wird das wirklich so gesehen?

Als zweites betrachten wir das Spielfeld. Hier geht es um die eigene Position oder Positionierung. Karriere machen ähnelt oft dem Schachspiel. Gezieltes, strategisches Positionieren mit der Hoffnung, einen Schritt voran zu kommen. Stellen Sie sich als kleine Spielfigur vor. Unsicherheit über zukünftige Schritte und Chancen gibt es immer. Aber jetzt haben sich die Regeln verändert. Werte wie Arbeitserfahrung und formale Ausbildung verlieren an Bedeutung im Konkurrenzkampf. Das eigene Wissen veraltet. Sie werden auf einmal anhand anderer Führungskompetenzen bewertet und es braucht einen neuen Führungsstil. Was gilt da die erworbene Führungserfahrung noch? Wenn Sie sich bisher den nächsten Karrierestufen nahe sahen, sollten Sie das nochmals überdenken. Links und rechts wird man heute überholt – »Technologie-Nerds« schaffen es auf Vorstandsebene. Das Ganze fängt aber nicht erst bei der geplanten nächsten Karrierestufe an. Die momentane Position ist auch bedroht. Können Sie noch mithalten? Und selbst wenn. Die nächste Umstrukturierung kommt bestimmt. Hierarchien sollen durchlässiger werden und flacher. Das Arbeiten und Vernetzen findet ohnehin bereits mehr und mehr hierarchieübergreifend statt. Einfluss verteilt sich heute immer mehr jenseits formaler Strukturen.

Und als wäre das alles nicht schon genug für die üblicherweise doch ein wenig auf Status, Anerkennung und Macht ausgelegte Führungskraft. Näher ans Team sollen Sie auch noch. Es schließt sich der Kreis zur Wertschätzung. Jetzt heißt es auch noch raus aus dem zehnten Stock mit der vollautomatischen Kaffeemaschine in Restaurantqualität. Raus aus dem Einzelbüro mit Blick auf die Stadt. Das Großraumbüro ruft. Macht Sie das nicht agiler?

Können Sie hier als Führungskraft mithalten? Ich denke ja. Führen ist eine Kunst. Und wenn heute auch ein wenig an der Maltechnik geändert werden muss, ein Künstler bleibt ein Künstler. Und – zum Stichwort überholen – nur weil ich mir schnell eine Maltechnik aneigne, macht mich das nicht zum Künstler. Wenn Sie gestern eine gute Führungskraft waren (oder auf dem Weg dorthin), dann sind Sie das heute auch noch. Aber seien wir offen. Einfach so weitermachen wie bisher? Ganz so einfach ist es nicht. Schließlich führt man heute agil.

Tipp: Seien Sie ehrlich zu sich selbst
Eine agile Führungskraft zu werden fängt mit Ihnen an. Es nimmt Ihnen einiges weg (Status, Anerkennung, Sicherheit, Ego). Es erfordert Veränderung. Werden Sie sich bewusst, welche Veränderungen Ihnen am meisten weh tun und warum. Seien Sie ehrlich zu sich. ... Time to say good-bye ... Dann suchen Sie in dem Zukunftskonzept nach Alternativen, um Ihren Verlust auszugleichen. Und suchen Sie nach Chancen, die Sie vielleicht sogar zufriedener und erfolgreicher machen als bisher.

3.
Agil führen. Aber wie?

● ● ● ● ● ● ● ● ● ● ● ● ● ● ● ● ● ● ● ●

Zunächst schauen wir uns an, wo die ganze Agilitätsgeschichte herkommt und was es damit auf sich hat. Der Blick führt uns dabei zur Informationstechnologie, IT. Der Hauptteil des Kapitels widmet sich dann dem Thema Agilität in der Führung beziehungsweise als Führungsstil. Entlang eines wissenschaftlich basierten Kompetenzmodells erfahren Sie, welche Fähigkeiten und Fertigkeiten – welches Handwerkszeug – agile Führung ausmachen. Sie erfahren, wie Sie sich die einzelnen Kompetenzen aneignen oder (falls Ihnen das ein oder andere so gar nicht liegt) sie kompensieren können und wie agiles Führungshandeln ganz konkret im Führungsalltag aussieht.

In den nächsten Kapiteln lernen Sie die Kompetenzen und Verhaltensweisen, die agile Führung ausmachen, genau kennen. Die Kapitel sind angereichert mit Tipps und Beispielen. Lassen Sie sich von der Menge bitte nicht einschüchtern. Nutzen Sie die Auswahl vielmehr dazu, Verhaltensweisen und Maßnahmen zu wählen, die zu Ihnen, Ihrem Team und Ihrer Situation passen. Oft reicht eine kleine Änderung in Ihrem Führungsverhalten aus, um zu völlig neuen Resultaten zu kommen. Und bitte behalten Sie folgendes Versprechen immer im Hinterkopf.

Zu einer agilen Führungskraft zu werden, bedeutet für Sie als Führungskraft nicht nur Veränderung und damit gefühlten Stress, sondern einen neuen, einen aus unserer Sicht besseren Führungsalltag, der sich beschreiben lässt durch: mehr Geschwindigkeit, mehr Interaktion, viel neues Lernen, weniger Last auf Ihren Schultern und mehr Spaß.

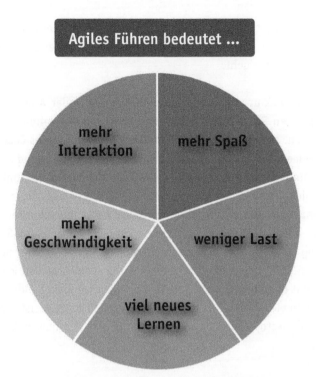

Abbildung 2: Das Versprechen des Agilen Führens

3.1 Was ist Agilität? Wo kommt das Konzept her?

Das Wort Agilität stammt aus dem Lateinischen von »agilitas« und bedeutet Beweglichkeit. Laut des Wirtschaftslexikons, definieren wir Agilität allerdings etwas breiter: Agilität bedeutet Flexibilität, Anpassungsfähigkeit und Initiative. Man könnte sagen aktive Beweglichkeit – aktives Reagieren (Anpassen) und proaktives Agieren.

Agil als Arbeitsstil kommt aus der Softwareentwicklung. Im Folgenden ist der Hintergrund skizziert, der aufzeigt, worum es bei agilem Arbeiten eigentlich im Kern geht.

Softwareentwicklung folgte vor dem Aufkommen agiler Arbeitsmethoden einem strikten Phasenmodell. Die erste Phase ist das Definieren der Anforderungen, es folgt der Entwurf, dann die Entwicklung des Codes bis hin zur Implementierung, danach verschiedene Überprüfungen und schließlich die Wartung. Dieser Ansatz wird auch Wasserfallansatz genannt, da das Wasser nicht zurückfließen kann, nur weiter runter, von Stufe zu Stufe. Dabei wird jede der fünf Phasen der Reihe nach abgeschlossen und genehmigt, ehe die Arbeit an der nächsten Phase beginnen kann. Sollte eine Änderung beispielsweise in den Anforderungen oder im Entwurf notwendig werden, beginnt der ganze Prozess von vorne – die Arbeit in jeder Phase wird erneut durchgeführt und genehmigt. Sagen wir, dem Kunden fällt erst nach der Implementierung auf, dass ein Textfeld zu klein ist. Dann wird das Projekt gestoppt und beginnt von vorne, mit den nun ergänzten Anforderungen.

Bis Anfang der 1990er-Jahre stiegen die Ansprüche an Softwareentwicklung. Diese musste nicht nur schneller geschehen, sondern wurde auch zunehmend komplexer. Die Wasserfallmethode führte nun dazu, dass Kundenbedürfnisse und deren Veränderung nicht schnell genug bedient werden konnten. Eine kleine Gruppe führender Personen in der Softwareindustrie reagierten auf die neuen Bedingungen und entwickelten Methoden, die schnelle Reaktionen in der Entwicklung und Anpassung an neue Anforderungen oder Technologien während des Prozesses ermöglicht. Diese neuen flexiblen Methoden der Softwareentwicklung waren Rapid Application Development (RAD), Rational Unified Process (RUP), Scrum und Extreme Programming (XP).

3.2 Das Agile Manifest und Führung

Anfang 2000 traf sich erneut eine Gruppe von siebzehn führenden Personen in der Softwareentwicklung in Snowbird, Utah in den USA, um die neuen Methoden zu besprechen. Ihr Fokus lag darauf, neue Software so schnell wie möglich liefern zu können. Durch das schnellere Liefern einer Software konnten die Kunden schneller von deren Nutzen profitieren und gleichzeitig bekam das Softwareentwicklungsteam schnell Rückmeldungen, auf die sie reagieren konnten. Das schnelle und flexible Reagieren ermöglichte den Umgang mit schneller Veränderung in den Anforderungen an die Software und mit den wachsenden zukünftigen Unvorhersehbarkeiten. In einer seitdem als agil bezeichneten Arbeitsweise sahen sie die Antwort.

Im Kern ging es also um schnelles Feedback und die Bereitschaft, darauf schnell zu reagieren. Von nun an wurde zu Beginn eines Projektes so wenig wie möglich festgelegt. Vielmehr wurde eine Lösung entwickelt, die ungefähr den Kundenwunsch trifft. Diese wird ausgerollt und dann über das Berücksichtigen von Feedback weiter spezifiziert und verbessert.

Frühes Liefern der Software und deren kontinuierliche Verbesserung werden verwirklicht, indem das Definieren von Anforderungen und das Entwickeln von Lösungen als kollaborativer Prozess gestaltet wird. Selbstgesteuerte interdisziplinäre Teams arbeiten mit den Kunden oder Anwendern der Software zusammen an deren adaptiver Planung, schneller Lieferung und kontinuierlicher Weiterentwicklung.

Der Begriff agiler Entwicklung dient seitdem als Sammelbegriff für unterschiedliche agile Softwareentwicklungsmethoden. Um diese neue Arbeitsweise von vorherigen Ansätzen zu abzuheben, definierte die Gruppe vier Werte agilen Arbeitens, die sie mit zwölf Prinzipien ergänzten. So war das *Agile Manifest* 2001 geboren.

Wie arbeiten agile Unternehmen?

Bevor wir das Agile Manifest betrachten, blicken wir kurz in die Praxis. Schauen auf einen führenden Softwareanbieter wie Microsoft, um eine Vorstellung davon zu bekommen, wie agiles Arbeiten in dem Softwarebereich aussieht.

Im Jahr 2014 beschloss die Microsoft Windows Gruppe, dass Handlungsbedarf besteht. Das Tochterunternehmen von Microsoft stellte auf agil um. Die Gruppe ist mit etwa 20.000 Mitarbeitern nur ein Teil der 130.000 Mitarbeiter von Microsoft. Bis dahin wurden neue Softwareversionen alle zwei bis drei Jahre herausgebracht, was mittlerweile zu langsam ist, um den Kundenbedarfen gerecht zu werden. Innovationen sollten nunmehr schneller entwickelt und freigegeben werden. Microsoft verringerte hierzu drastisch den Prüfungsprozess, durch den neue Entwicklungen durchgeschickt werden. So wird nicht nur die Kreativität der Entwickler gefördert, sondern es werden auch enorme Zeitgewinne verzeichnet. Neue Softwareversionen können nun wöchentlich herausgegeben werden. Hierzu wird die neue Version zunächst nur für eine freiwillige Nutzergruppe zugänglich (mehr als sieben Millionen Nutzer), die direktes Feedback geben. Updates, die Fehler korrigieren oder Sicherheitsstandards anpassen, werden ebenfalls heute wöchentlich herausgegeben, aber hier direkt an alle Anwender.

Der Nutzen für die Kunden ist offensichtlich. Doch auch die Mitarbeiter profitieren. Zuvor musste ein Entwickler jahrelang warten, bis er die neue Version auf den Markt bringen durfte und erleben konnte, wie der Kunde davon profitierte. Zwei bis drei Jahre später war der Programmierer aber vielleicht gar nicht mehr im gleichen Job oder hatte sogar das Unternehmen verlassen. Heute kann der Entwickler innerhalb von Tagen sehen, wie seine neue Lösung beim Nutzer ankommt. Die Möglichkeit, direkt die Auswirkungen der eigenen Arbeit zu sehen, ist nicht nur ein bekannter Motivator. Es ermöglicht auch ganz andere Lernerfahrungen.

Der Musik-Streaming-Anbieter Spotify ist ein Beispiel einer agil geborenen Organisation, die sich vom Start-up zum Global Player entwickelt hat und seine Mitarbeiterzahl alle zwölf Monate verdoppelt. Aufgebaut ist die Organisation in Teams, sogenannten Squads, die aus sechs bis zwanzig Mitarbeitern bestehen. Squads sind in Tribes organisiert, die die verschiedenen Bereiche des Unternehmens abgrenzen. Ein Tribe enthält bis zu einhundertfünfzig Mitarbeiter. Squad-übergreifende Themen werden in solchen Tribes diskutiert und entschieden. Spezialisten gehören zusätzlich einem squad-übergreifenden Chapter an, in denen Themen besprochen werden, bei denen aus technischen oder anderen Gründen ein übergreifender Konsens hergestellt werden soll. Es gibt jeweils einen Chapter Leader, der sich um administrative Entscheidungen wie Urlaubsanträge kümmert und sonst eine beratende Funktion hat. Auf der übergeordneten Ebene gibt es Gilden, die dafür verantwortlich sind, dass Wissen überall im Unternehmen zugänglich ist. Ein System Owner und ein Chief Architect bilden die obersten Positionen (Koordinatoren, wie sie genannt werden). Diese sind für das System verantwortlich.

In einem Squad sind alle Disziplinen vertreten, die zu der Ausführung des kompletten Produktzyklus notwendig sind (dies sind bei Spotify Entwickler, Experten für die Nutzererfahrung, Experten für Tests und Designer). In jedem Squad gibt es einen Product Owner, einen Produktverantwortlichen. Dieser gibt Themen vor und organisiert Sitzungen. Dann gibt es einen agilen Coach, der die Teams bei ihrer Arbeit unterstützt. Er unterstützt die produktive Zusammenarbeit im Team und sorgt dafür, dass die Regeln eingehalten werden.

Regeln gibt es dabei nicht viele, außer, dass grundsätzlich jeder Entscheidungen treffen kann, sofern er andere von den Entscheidungen überzeugt. Sei dies ein Mitarbeiter in einem Squad, ein Squad oder der Gründer. Eine Einschränkung der Autonomie besteht hinsichtlich relevanter Änderungen im System. Diese müssen Squads mit den obersten Koordinatoren abstimmen. Diese Entscheidungsfreiheit auf allen Ebenen ist jedoch etwas trügerisch. Wer immer die Entscheidung trifft, steht in der Pflicht, die Lösung zu demonstrieren und Feedback dazu von sämtlichen qualifizierten oder auch nur interessierten Kollegen zu berücksichtigen. Im Endeffekt werden Entscheidungen damit über Gruppendruck gebildet.

Was IT-Abteilungen angeht, wird in Zukunft wohl kaum ein Unternehmen am agilen Arbeiten vorbeikommen. In einer aktuellen Studie von Kienbaum (2018) gaben 95 Prozent der rund zweihundertfünfzig befragten Entscheidungsträger aus verschiedenen Branchen an, dass sie ihr Betriebsmodell bereits Richtung agile IT entwickeln. Der Versandhändler Otto zum Beispiel hat seine IT bereits erfolgreich nach agilen Prinzipien neu ausgerichtet. Hier sind fünfundzwanzig funktionsübergreifende Teams für jeweils einen Block verantwortlich und arbeiten marktorientiert.

Ein Artikel im Harvard Business Review (Darrell/Sutherland/Takeuchi 2016) berichtet anhand der folgenden Beispiele, wie sich agile Methoden jenseits der Softwareentwicklung verbreiten. Das National Public Radio in den USA nutzt agile Methoden für neue Programmgestaltungen, John Deere entwickelt so neue Maschinen, Saab Kampfjets. Intronis (Anbieter von Cloud Back-up Services), nutzt agile Methoden für das Marketing, C. H. Robinson (Logisitik) in der Personalabteilung. Mission Bell Winery wendet durchgehend agile Methoden an, von der Weinproduktion zur Lagerung. General Electrics (GE) fördert mit agilen Methoden profitables Wachstum und das Heranwachsen von qualifizierten Managern. Dies erreicht GE, indem es Mitarbeiter aus den Funktionssilos herausnimmt und in selbstgesteuerte, kundenfokussierte, interdisziplinäre Teams steckt.

BMW ist eines der wenigen Unternehmen außerhalb der Technologiebranche, die sich zu 100 Prozent Agilität auf die Fahne geschrieben haben. Das Vorhaben wird von automotiveIT beschrieben. Agiles Arbeiten wird hier nicht auf die IT-Abteilung beschränkt, sondern großflächig eingerichtet. Digitale Dienste und Geschäftsmodelle, aber auch die Bereiche Forschung, Elektrik/Elektronik und Produktion sind betroffen. Dies wurde bereits

2016 beschlossen. Hauptgrund war, dass die klassischen Prozesse immer häufiger an ihre Grenzen kamen. Das Sammeln technischer Anforderungen, circa drei Jahre vor der Implementierung eines neuen IT-Systems, erwies sich als nicht mehr zukunftsgemäß. Schuld sind nicht nur sich verändernde Anforderungen, sondern auch die Komplexität der Prozesse. Es bestehen zu viele Abhängigkeiten (zum Beispiel zwischen Lieferanten und Transportdienstleistern im Transportnetzwerk), als dass eine Gesamtlösung in Form eines neuen Prozesses direkt von Anfang an gesehen werden konnte. Eine agile Herangehensweise, mit dem Herunterbrechen von Aufgaben in Sprints und experimentierendem Vorgehen ist daher angezeigt.

Generell machte BMW die Erfahrung, dass seine Projekte erfolgreicher verlaufen würden, wenn einige agile Arbeitsweisen eingeführt werden. Genannt wird eine höhere Orientierung an dem Produkt und der User Experience aber auch durchgehende Prozessverantwortung. Daher arbeitet BMW nun mit sogenannten interdisziplinären BizDevOps-Teams, an denen Vertreter des Fachbereiches, Softwareentwickler und Betriebsverantwortliche zusammenarbeiten. In Zukunft will BMW ermöglichen, auch Großprojekte agil zu meistern. Teams von bis zu vierhundert Mitgliedern sollen dann in Sprints Stück für Stück die Arbeit leisten.

Die niederländische Bank ING gehört auch zu den Nicht-Technologiefirmen, die eine Transformation zu hundert Prozent agil durchführte. ING wollte den sich verändernden Kundenbedürfnissen gerecht werden, indem sie besser aufeinander abgestimmte Prozesse anbieten und schneller reagieren können. Dies hat die Firma auch erreicht, wie Bart Schlatmann, ehemaliger COO von ING Niederlande, im McKinsey Quarterly (Februar 2017) beschreibt. Der Weg dorthin, der ebenfalls in dem Artikel beschrieben wird, war eine vollständige Transformation der Organisation. Eine klassische Struktur wurde in Squads und Tribes verwandelt. Sämtliche bestehende Positionen wurden aufgelöst und Mitarbeiter mussten sich auf eine der neuen Stellen in der neu strukturierten Organisation bewerben. Im Resultat sind 40 Prozent der Mitarbeiter heute in einer anderen Position. Das Unternehmen setzte ein zusätzliches Zeichen der Wende im Selektionsprozess für die neuen Positionen, indem ein stärkeres Gewicht auf kulturelle Aspekte und das Mindset der Mitarbeiter gelegt wurde, als auf Wissen und Fertigkeiten.

Die neue Organisationsstruktur orientiert sich an verschiedenen Technologiefirmen und verwirklicht agile Prinzipien. Kern der neuen Organisation sind auch hier Squads. Ein Squad besteht aus maximal neun fachübergreifenden Personen, die an einem gemeinsamen Ort arbeiten. Squads definieren den Sinnzweck ihrer aktuellen Arbeit und wie sie ihre täglichen Aktivitäten managen wollen. Sie sind selbstgesteuert und agieren autonom. Die Zusammensetzung eines Squads ist aufgabenbezogen. Dies bedeutet zweierlei. Sollte sich erstens die Aufgabenstellung weiter entwickeln, kann die Zusammensetzung angepasst werden, beispielsweise über das Hinzuholen einer Person aus einem anderen Fachbereich. Zweitens löst sich der Squad auf, sobald die Aufgabe erledigt ist. Jeder Squad besitzt einen Produktverantwortlichen (Product Owner). Dieser ist Teil des Teams und verantwortlich dafür, Tätigkeiten zu koordinieren, sich um Arbeitsrückstände und die Prioritätensetzung zu kümmern. Unterstützung in der Teamentwicklung mit dem Ziel eines Hochleistungsteams, erhalten die Squads durch Agile Coaches.

Fachlich sind Mitarbeiter also sich verändernden Squads zugehörig. Disziplinarisch sind sie über Chapter organisiert. Der Chapter Leader ist verantwortlich für Leistungsbewertungen, Mitarbeiterentwicklung und Personalbesetzung.

Squads mit ähnlichen Aufgabenstellungen werden in Tribes zusammengefasst. Ein Tribe besteht aus durchschnittlich einhundertfünfzig Mitarbeitern, deren Zusammensetzung sich durch die ständigen Neuzusammensetzungen der Squads immer im Fluss befindet. Das Squad übergreifende Setzen von Prioritäten und Budgetverteilungen werden von dem Tribe Leader geregelt, der auch dafür sorgt, dass zwischen den Tribes ein Austausch stattfindet. An diesem Beispiel wird deutlich, dass durch eine agile Transformation nicht die alte starre hierarchische Struktur von einer neuen starren Struktur abgelöst wird. Die agile Organisation lebt Flexibilität durch den ständigen Fluss ihrer Strukturen.

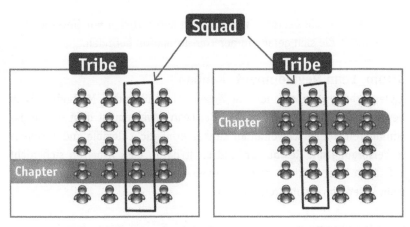

Abbildung 3: Agile Organisationsstruktur bei ING

Nicht immer muss sich das ganze Unternehmen transformieren (siehe hierzu auch Kapitel 9.3 *Was gilt besonders für große Organisationen*). Bei Siemens beispielsweise breitet sich agiles Arbeiten derzeit unter anderem in den Fabrikhallen der Fertigung aus. Dr. Harms von Siemens beschreibt in einem Interview mit der Deutschen Gesellschaft für Personalführung (Lorenz 2018), welche Erfolge sie durch die Einführung selbstgesteuerter Teams in der Fertigung in einem ersten Projekt – dem Aufbau einer Brennerfabrik, erreicht haben. Die Führungskräfte wurden eher zu Coaches und Beratern, kleine, bereichsübergreifende Teams erhielten volle Autonomie für den Fabrikaufbau von einer von fünf Teilfertigungen und die folgende Inbetriebnahme. Das hatte mehrere Vorteile. Zum einen war die Arbeit für die Mitarbeiter dadurch viel sinnstiftender und sie waren motivierter. Zum anderen konnte ein überzeugender Business Case präsentiert werden, um agile Arbeitsweisen weitergehend in der Organisation zu verankern. Die

Produktkosten wurden um 50 Prozent gesenkt, die Durchlaufzeiten für den Brenner um 80 Prozent. Auf dem Markt kann nun flexibler reagiert werden, es entstehen schneller neue Produkte, die zudem auch fertigungsgerechter designt wurden.

Im Laufe des Buches setzten wir uns noch ausführlicher mit Unternehmen auseinander, die sich gerade in der Transformation befinden.

Scrum, Lean Development, Kanban

Agiles Arbeiten funktioniert im Wesentlichen über drei Methoden: Lean Development, Scrum und Kanban. Bei Lean Development geht es um das Minimieren von Verschwendung. Kanban ermöglicht flexible und optimierte Versorgung mit Ressourcen und sorgt dafür, dass Arbeiten sich nicht aufstauen. Scrum dient dem kreativen und flexiblen Arbeiten im Team beim Lösen von komplexen Problemen.

Lean Development

Hier wird das Lean-Management-Konzept (Lean Production) auf den Entstehungsprozess des Produktes angewendet. Ziel ist die Erhöhung der Produktivität, eine schnellere Freigabe der Produkte und eine höhere Produktqualität, indem Verschwendung eliminiert und die dadurch gewonnene Arbeitskraft gewinnbringend eingesetzt wird. Für Lean Development muss der Wert des Produktes bekannt sein, sowie der Wertstrom (Material- und Informationsflüsse im Zuge der Entwicklung eines Produktes). Entwickelt werden muss daraufhin ein Wertstromfluss, der ohne Unterbrechungen erfolgt und dessen Takt durch den Kundenbedarf bestimmt wird. Letztlich geht es noch um kontinuierliche Verbesserung.

Kanban

Kanban ist eine Methode der Produktionsprozesssteuerung, die im Deutschen auch als Zuruf-, Pull-, oder Hol-Prinzip bekannt ist. Es geht darum, die Bereitstellung von Materialien an den tatsächlichen Verbrauch zu knüpfen. Sowohl was die Menge angeht, als auch, was den Ort angeht.

Ziel ist die Kostenersparnis. Die ursprüngliche Idee (übrigens von 1947 aus der japanischen Toyota Motor Corporation) beruht auf der Überlegung, wie die Versorgung mit Material in der Produktion wie in einem Supermarkt laufen könnte. Eine Ware wird aus dem Regal genommen, die Lücke wird bemerkt und gefüllt. Auch hier geht es um das Ermöglichen von Flexibilität. Das aufwendige Schätzen des Materialaufwands und dessen detaillierte Planung können zu Engpässen führen, sollte doch spontan mehr Material gebraucht werden. Das vorsorgliche Lagern von Extramengen verursacht Lagerkosten. Kanban dagegen reagiert auf den tatsächlichen Verbrauch und löst bei nur noch geringem Vorrat einen Nachschub aus. Auch hier sind es die Mitarbeiter, die das Material verbrauchen, die das System selbst steuern und somit eine breitere Verantwortung übernehmen.

Scrum

Scrum ist die am häufigsten angewendete Methode der drei. Daher schauen wir uns diese etwas genauer an. Scrum ist im Wesentlichen Lean Development, umgesetzt im Projektmanagement. Die Annahme ist, dass viele Entwicklungsprojekte im Vorhinein nicht detailliert geplant werden können, da sie entweder schlicht zu komplex sind oder zu vage, wenn Anforderungen und Lösungen zunächst noch unklar sind. Statt mehr Anstrengung in die Klärung der Unklarheiten und das Herunterbrechen der Komplexität in der Planungsphase zu stecken, wird zunächst einfach anhand eines langfristigen, groben Plans (Product Backlog) losgelegt. Das Schaffen von Zwischenlösungen hilft, den Plan zu spezifizieren. Solche Zwischenergebnisse werden über kürzere Zyklen (Sprints) erarbeitet, für die jeweils ein detaillierter Plan (Sprint Backlog) existiert. Durch Scrum werden komplexe Entwicklungen in einzelne, überschaubarere Bestandteile heruntergebrochen. Scrum funktioniert über drei Aspekte: Transparenz (für jeden sichtbar dargestellt werden sowohl Fortschritt als auch Fehler oder Hindernisse im Projekt), Überprüfung (Zwischenergebnisse und das Vorgehen werden regelmäßig überprüft) und Anpassung (Anforderungen und Pläne werden kontinuierlich weiter spezifiziert und angepasst).

Konkret sieht Scrum so aus, dass Teams mit drei bis neun Mitgliedern geformt und empowered werden. Dabei haben die Teammitglieder unterschiedliche Funktionen, was gewährleisten soll, dass alle Fähigkeiten im Team vertreten sind, die zur Fertigstellung der Aufgabe benötigt werden. Das Team steuert sich selbst und trägt die volle Verantwortung und Entscheidungsmacht über alle Aspekte der Arbeit.

Jedes Team hat einen »initiative/product owner«, der hauptverantwortlich dafür ist, dass durch die Arbeit ein Mehrwert für den Kunden geschaffen wird. Der Product Owner stammt in der Regel aus dem Business. Er arbeitet gleichberechtigt im Team mit, verwendet aber einen Teil seiner Arbeitszeit auf die Abstimmung mit den Stakeholdern. Die Aufgabe des Product Owners ist es, Lösungsmöglichkeiten zu sammeln (Portfolio Backlog) und immer neu danach zu priorisieren, welchen Wert sie aktuell für den Kunden erzeugen kann. Techniken, die hierzu angewendet werden können sind zum Beispiel Design Thinking oder Croud Sourcing. Das Team nimmt diesen Input zur Kenntnis und beginnt die Arbeit, indem es entscheidet, welche Aufgabe zuerst erledigt wird und wann sie als abgeschlossen gilt. Dann geht die Arbeit in sogenannten Sprints los, in denen in einem kurzen Zyklus, an einem Zwischenergebnis gearbeitet wird.

Ein Projekt wird idealerweise in mehrere gleich lange, aneinander ansetzende Sprints untergliedert, in denen jeweils ein klar definiertes Teilergebnis erarbeitet wird. Während eines Sprints werden keine neuen Anforderungen oder andere Änderungswünsche zugelassen. Die maximale Länge eines Sprints beträgt einen Monat.

Täglich werden kurze Stand-up-Meetings gehalten, in denen der Status besprochen wird (Fortschritte, Hindernisse). Genauer sieht ein Kurzmeeting im Stehen so aus, dass jedes Teammitglied der Reihe nach in zwei Minuten drei Fragen beantwortet: Wie ist die Arbeit gestern gelaufen? Was werde ich heute tun? Welche möglichen Probleme sehe ich dabei?

Wo Unstimmigkeiten über eine Vorgehensweise bestehen, wird nicht lange diskutiert oder Vorgesetzte einbezogen, sondern es wird experimentiert. Das Feedback entscheidet dann über die Lösung. Ob eine Zwischenlösung oder ein Prototyp auf den Markt kommt, entscheidet alleine das Kundenfeedback, das zuvor an einer Testgruppe eingeholt wird. Wenn der Kunde begeistert ist, gibt es das Go, unabhängig davon, was vorher geplant wurde oder welche (anderen) Erwartungen möglicherweise von anderen Stakeholdern bestehen.

Unterstützt wird das Team in seiner Arbeit durch einen Prozessbegleiter (oft als Scrum-Master ausgebildet). Dieser sorgt dafür, dass das Team optimal zusammenarbeitet und hält ihnen den Rücken frei.

Das Agile Manifest ist der Kern der agilen Welle, die an uns allen vorbeischwappt. Die vier Werte und zwölf Prinzipien des Agilen Manifestes fassen im Wesentlichen den Nutzen der soeben beschriebenen agilen Methoden zusammen. Sie beziehen sich natürlich auf Softwareentwicklung. Dennoch können Sie in den allgemeinen Arbeitskontext übertragen werden und spezifisch auch auf das Führungshandeln.

Schauen wir uns zunächst die vier Werte und ihren Bezug auf die Arbeitswelt jenseits der Softwareentwicklung an.

Das Agile Manifest im Führungskontext

Die vier Werte, die im Agilen Manifest festgelegt wurden, dienen zur Orientierung in der agilen Softwareentwicklung, indem sie aufzeigen, worum es beim agilen Arbeiten im Kern gehen soll. Im Folgenden werden die vier Werte dargestellt und aufgezeigt, wie diese in den Arbeitsalltag jenseits der Softwareentwicklung und auch jenseits der IT-Abteilung in den Arbeitskontext übertragen werden können und was sie konkret für die Arbeit einer Führungskraft bedeuten.

Erstens: Menschen und Interaktion mit Menschen wird höher gewichtet als Prozesse und Werkzeuge

Dies bedeutet nicht, dass Prozesse nicht wichtig und hilfreich sind. Es bedeutet auch nicht, dass Tools vernachlässigbar wären. Was hier gemeint ist, ist, dass der Erfolg einer Arbeit vor allem von der Zusammenarbeit von kompetenten Menschen abhängt.

Diese Werthaltung lässt sich recht direkt in den allgemeineren Kontext übertragen. Häufig kann man beobachten, wie neue Produkte und Lösungen entlang der Logik und Kapazität bestehender Systeme und Prozesse entwickelt werden, anstatt der Kreativität freien Lauf zu lassen. Kreative, neuartige Ideen entstehen dann, wenn kompetente Personen gemeinsam diskutieren und ihre Ideen dabei frei von bisherigen Gegebenheiten formulieren. Die Frage darf also nicht heißen: »Wie können wir unsere Prozesse und Systeme nutzen oder verändern, um eine bessere Lösung zu erzielen?«, sondern »Wie könnte eine ideale Lösung aussehen?«. Inwiefern bestehende Prozesse und Systeme hierfür angepasst werden können oder ersetzt werden müssen, kann in einem späteren Schritt betrachtet werden.

Für die Führungskraft bedeutet dies, sicherzustellen, dass Personen und Ideen Fortschritt vorantreiben und ideale Lösungen gesucht werden. Angenommen, alles ist möglich: Wie kann eine ideale Lösung aussehen?

Prozesse und Tools dienen dann, in einem zweiten Schritt, der Umsetzung. Die Frage muss daher lauten: Was wollen wir erreichen? Wie es zu erreichen ist, wird später erarbeitet. Konkret fordert die Führungskraft auf, bewusst außer Acht zu lassen, was heute mit den bestehenden Prozessen und Tools möglich ist und Ideen quasi auf der grünen Wiese zu entwickeln. Wie solche kreativen Diskussionen angeregt werden können und welche Führungshandlungen diesen Wert forcieren, erfahren Sie in den Kapiteln zu den Kompetenzen der agilen Führungskraft (Kapitel 5; siehe insbesondere die Ausführungen zu den Dimensionen Bescheidenheit und Visionär).

Zweitens: Eine funktionierende Software ist wichtiger als eine umfassende Dokumentation

Wieder heißt dies nicht, dass Dokumentation unnötig wäre. Jedoch gilt der Fokus einem funktionierenden Produkt. Die Dokumentation der Anforderungen oder Eigenschaften muss nur in dem Rahmen erfolgen, der für eine erfolgreiche Umsetzung und Reproduktion notwendig ist.

Das Thema der Dokumentation ist nicht selten ein Aspekt – der gefühlt zumindest – die Produktivität von Mitarbeitern bremst und tatsächlich mehr oder weniger Arbeitszeit in Anspruch nimmt, die produktiver genutzt werden könnte. So kann an Neuerungen oder Verbesserungen gearbeitet werden, statt Bestehendes zu dokumentieren. Häufiges Thema ist beispielsweise Mehrfachdokumentation der gleichen Information. Ein Mindestmaß an Dokumentation ist für eine gleichbleibende Produktivität sicherlich notwendig. Sei es für ein Standardisieren von Prozessen, das Sichern, dass eine Lösung jederzeit reproduziert werden kann oder in der Einarbeitung und Schulung neuer Mitarbeiter. Auch gilt Dokumentation oft der Rückversicherung.

Dokumentation abschaffen ist daher sicher nicht die Antwort. Kritisch zu hinterfragen, welche Dokumentation in welchem Umfang tatsächlich notwendig ist, aber schon. Und letztlich gilt es in Einzelfällen abzuwägen, was gewinnbringender ist – die Arbeit an der Fertigstellung eines neuen Produktes, einer neuen Lösung oder die umfassende Dokumentation.

Die Führungskraft ist häufig in der Position, Dokumentationsstandards zu definieren. Als Führungskraft ebnen Sie also den Weg in Richtung Kreieren oder in Richtung Dokumentieren. (Siehe hierzu die Ausführungen zu der agilen Führungsdimension Schnelles Handeln und Anpassungsfähigkeit.)

Drittens: Die Zusammenarbeit mit dem Kunden ist wichtiger als Vertragsverhandlungen

Wieder gelten Vertragsverhandlungen nicht als unwichtig, jedoch sollten Sie nicht Priorität gegenüber der gemeinsamen Arbeit mit dem Kunden haben, noch gegenüber dem Kennenlernen und Entwickeln der Kundenbedarfe.

Dieser Wert spiegelt sich deutlich in den aktuellen Trends in der Zusammenarbeit mit Kunden wider, die wir bereits erörtert haben. Im Grunde geht es um Zusammenarbeit und Transparenz, was sich abzeichnet in dem frühen mit ins Boot holen des Kunden, dem gemeinsamen Suchen, Entwickeln und Verbessern von Lösungen. Auch hier wird eine Formalie dem eigentlichen Tun untergeordnet.

Wichtig ist in diesem Sinne, dass Vertragsverhandlungen ein kooperatives Klima zulassen und maximale, flexible, enge sowie spontane Zusammenarbeit mit dem Kunden ermöglichen. Auch hier muss die Führungskraft entsprechende Standards setzen beziehungsweise reduzieren. (Siehe hierzu die Ausführungen zu der agilen Führungsdimension Engagement und Anpassungsfähigkeit.)

Viertens: Das Reagieren auf Veränderung ist wichtiger als das Befolgen eines Plans

Häufig wird agiles Arbeiten mit spontanem Arbeiten gleichgesetzt. Agil bedeutet aber keinesfalls planlos. Ein Plan darf nur nicht so detailliert und rigide sein, dass auf Veränderungen nicht eingegangen werden kann. Veränderungen können dabei auf mehreren Ebenen und Feldern stattfinden. Um nur einige relevante Felder zu nennen: Technologie, Wettbewerb, Markt, Umwelt, Prioritäten der Kunden und Stakeholder, Problemverständnis, Dringlichkeit, Vorlieben, Einsichten oder Erkenntnisse.

Im Endeffekt darf so viel geplant werden, wie es beliebt. Die Krux ist das Befolgen des Planes. Treten Veränderungen ein, hat die Reaktion darauf absolute Priorität, auch wenn dies eine Abweichung des Plans erfordert.

Auch hier entsteht leicht der Eindruck einer Anarchie. Eine Budgetplanung beispielsweise, oder vertragliche Verpflichtungen zu Lieferterminen oder -umfängen oder verschiedene Studien, die für die Zulassung eines Medikamentes erforderlich sind, sind rigide. Doch berechtigt. Es handelt sich hierbei aber mehr um Regeln und weniger um eine detaillierte Schritt für Schritt Anleitung. Die Kunst, adaptiv zu planen, will gelernt sein und erfordert ein gewisses Maß an Erfahrungswissen um Veränderungspotenzial vorherzusehen und ein vernünftiges Maß an Unvorhersagbarkeit einzukalkulieren.

Schnell loszulegen und zu liefern und auf Feedback sowie veränderte Umstände zu reagieren ist in der heutigen Zeit meistens gewinnbringender (sicherlich im Sinne eines Wettbewerbsvorteils) als das ausführliche Planen und sture Vorgehen nach Plan, das Lösungen hervorbringt, die bereits überholt oder irrelevant geworden sind. Sobald Planung Flexibilität und notwendige oder vorteilhafte Anpassungsfähigkeit verhindert oder erschwert, wird sie kontraproduktiv (siehe hierzu die Ausführungen zu der agilen Führungsdimension Schnelles Handeln und Anpassungsfähigkeit.) Statt einer ausführlichen kurzfristigen Planung, soll der Fokus auf einer langfristigen Ausrichtung liegen (siehe hierzu auch die Ausführungen zu der agilen Führungsdimension Visionär). Als nächstes blicken wir auf die zwölf Prinzipien des Agilen Manifests und was sie im Führungskontext bedeuten. Die zwölf Prinzipien im Rahmen des Agilen Manifests basieren auf Erfahrungen, wie agile Softwareentwicklung am besten gelingen kann. Da die Prinzipien spezifischer formuliert sind als die vier Werte, lassen sie sich nur zum Teil auf einen größeren Arbeitskontext übertragen. Zum Teil geben sie auch wieder, was bereits in den Werten abgebildet ist.

Die zwölf Prinzipien des Agilen Manifests	
1	Die höchste Priorität hat die Zufriedenstellung des Kunden durch frühe und kontinuierliche Softwarelieferung.
2	Anforderungsänderungen sind willkommen, auch spät im Entwicklungsprozess. Veränderungsmöglichkeiten werden zum Wettbewerbsvorteil des Kunden.
3	Regelmäßiges Liefern von Software in möglichst kurzen Zeitabständen.
4	Tägliche Zusammenarbeit von Fachexperten und Entwicklern.
5	Projekte werden um motivierte Mitarbeiter gebaut und ihnen das Umfeld und die Unterstützung gegeben, die sie brauchen. Mitarbeitern wird vertraut, dass sie die Aufgabe erledigen.
6	Die beste Methode des Informationsaustausches ist die persönliche.
7	Funktionierende Software als wichtigstes Fortschrittsmaß.
8	Nachhaltige Entwicklung wird gefördert, Auftraggeber, Entwickler und Benutzer sollen auf lange Zeit ein gleichmäßiges Tempo halten.
9	Ein ständiger Blick auf technische Exzellenz und gutes Design fördert Agilität.
10	Einfachheit. Essentiell ist es, die Menge nicht getaner (unnötiger) Arbeit zu maximieren.
11	Die beste Leistung wird durch selbstorganisierte Teams erbracht.
12	Das Team reflektiert regelmäßig, wie es leistungsfähiger werden kann und verändert das Verhalten entsprechend.

Blicken wir auf den allgemeinen Arbeitskontext, lassen sich die relevanten Inhalte aus den zwölf Prinzipien des Manifests in drei Punkten zusammenfassen:

1. Kundenzufriedenheit hat Priorität durch schnelle Lieferung (siehe Prinzip 1) und Anpassungsfähigkeit (Prinzip 2).
2. Es zählen dabei Kontinuierlichkeit und Qualität (Prinzipien 3, 7, 8 und 9).
3. Am besten wird folgendermaßen gearbeitet:
   a. in selbstgesteuerten Teams, die unterstützt und nicht kontrolliert werden (Prinzipien 5 und 11),
   b. interdisziplinär (Prinzip 4),
   c. mit lernenden Teams: Das Team reflektiert und verbessert seine Leistungsfähigkeit regelmäßig (Prinzip 12),
   d. Information wird über direkten Kontakt weitergegeben (Prinzip 6),
   e. schlau statt hart: Es wird auf Notwendiges und Gewinnbringendes fokussiert (Prinzip 10).

Was heißt das für den Arbeitsalltag? Im Mittelpunkt stehen die Bedürfnisse des Kunden. Ziel ist ein zufriedener Kunde. Erreicht werden kann dies über Kontinuität und Qualität in den Produkten. Dies wiederum wird dann am besten erreicht, wenn kompetente, interdisziplinäre und lernbereite Teams als selbststeuernde Einheiten auftreten. Die Aufgabe der Führung ist es, den Teams die Unterstützung zu geben, die sie brauchen und dann voll auf das Team zu vertrauen. Außerdem fördert die Führungskraft den Fokus auf die gewinnbringenden Arbeiten und regt den direkten Austausch zwischen Teammitgliedern in Person an.

Die Methode agiler Softwareentwicklung und gerade die vier Werte aus dem Agilen Manifest geben eine gute Orientierung, worum es beim agilen Arbeiten und agilen Führen, wie es heute jenseits der Softwareentwicklung gefordert wird, geht.

Die andere Quelle, die uns Auskünfte über die neue Arbeit beziehungsweise neue Führung gibt, sind die Trends, die unsere Arbeitswelt verändern und neue Anforderungen schaffen, die im ersten Kapitel betrachtet wurden.

Im nächsten Abschnitt werden Ableitungen aus den Veränderungen am Arbeitsplatz mit der allgemein relevanten Idealvorstellung agiler Softwareentwicklung kombiniert. Ein neues Führungsbild wird gezeichnet.

3.3 Neues Führungsbild mit Schwächen

Aus den Veränderungen am Arbeitsplatz und den neuen Anforderungen an Führungskräfte ergibt sich eine Liste neuer Anforderungen, die ein verändertes Rollenbild von Führung zeichnen. Kombinieren wir diese mit den Ableitungen, die wir aus der agilen Softwareentwicklung ziehen können, wird die neue Rolle der Führungskraft deutlicher.

Die neue Rolle der Führungskraft lässt sich vereinfachend als die Rolle eines Coaches beschreiben. Die Tabelle auf der folgenden Seite stellt klassische Führungssicht und neues Führungsverständnis gegenüber. Beim Lesen wird Ihnen auffallen, dass Sie das meiste schon einmal in irgendeinem Kurs gelernt haben, oder in irgendeinem Führungsratgeber gelesen haben. Es verhält sich hier genauso wie mit der Digitalisierung. So richtig neu sind die Trends nicht, aber sie kumulieren sich, ergänzen und verstärken sich und verdichten sich zu einem neuen Bild – das sich dann von dem alten Bild doch merklich unterscheidet.

Vom Leiter zum Coach

Coaching ist eine Technik, die anderen hilft sich selbst zu helfen. Dabei gibt der Coach keine Ratschläge und keine Anweisungen, sondern stellt Fragen, über die das Gegenüber eigene Ideen und Lösungen entwickelt.

Coaching im Sport meint vor allem eines: fördern, loben, motivieren und Methoden anwenden.

Klassische Führungsrolle	Neue Führungsrolle
Die Führungskraft gibt die Ziele vor und bestimmt, was zu erreichen ist.	Die Führungskraft steht für eine Vision. Welche Ziele sich daraus ableiten lassen, wird gemeinsam mit dem Team besprochen.
Die Führungskraft gibt vor, wie das Ziel zu erreichen ist. Die Führungskraft gibt Instruktionen und bricht das Ziel in Arbeitspakete runter.	Die Führungskraft fragt das Team, wie die Zielerreichung am besten gelingen kann. Das Team entscheidet über die Methode und strukturiert die Arbeit in Aufgabenpakete. Die Führungskraft steht als Coach zur Verfügung, sollte das Team vor Problemen stehen, die es selbst nicht lösen kann.
Die Führungskraft leitet an, bringt Mitarbeitern bei, wie Aufgaben zu erledigen sind. Die Führungskraft legt fest, nach welchen Maßstäben Leistung bewertet wird.	Die Führungskraft lernt von ihren Mitarbeitern, wie Aufgaben zu erledigen sind und welche Maßstäbe sich eignen, um Erfolg zu messen.
Die Führungskraft ist Experte.	Die Führungskraft bildet und entwickelt ein Team von Experten.
Die Führungskraft hat Informationen und Ideen.	Die Führungskraft sammelt Informationen und Ideen von ihrem Team.
Die Führungskraft gibt Informationen an das Team.	Die Führungskraft hat eine Vermittlerfunktion und sorgt für den Austausch von Informationen im Team und über Teamgrenzen hinaus.

Die Führungskraft verteilt die Aufgaben je nach Kompetenz und Motivation der Mitarbeiter.	Das Team verteilt Aufgaben selbstständig. Die Führungskraft steht als Unterstützer zur Verfügung, der weitere Ressourcen oder teamübergreifendes Zusammenarbeiten organisieren kann.
Die Führungskraft weist die Zielerreichung an und ermahnt.	Die Führungskraft feuert zur Zielerreichung an und hält dem Team den Rücken frei.
Die Führungskraft kontrolliert und genehmigt Zwischenschritte und das Ergebnis.	Die Führungskraft vertraut auf das Team. Aufgaben werden vollständig delegiert, das Team hat maximalen Handlungsspielraum und trifft alle Entscheidungen.
Die Führungskraft gibt Entwicklungsziele vor und legt Maßnahmen fest.	Die Führungskraft ermöglicht selbstgesteuerte Entwicklung, unterstützt diese, wo es nötig ist und stellt die Ressourcen zur Verfügung.
Die Führungskraft gibt Werte und Standards vor.	Die Führungskraft lebt Werte und Standards vor.
Die Führungskraft setzt – wo notwendig – Entscheidungen durch.	Die Führungskraft überzeugt und begeistert, wo es notwendig für Entscheidungen ist.

So ein wenig liest sich die Tabelle auch wie eine Utopie. Eine Traumwelt, in der Teams ganz von selbst funktionieren und auf das Unternehmensziel ausgerichtet sind. Dies ist in vielen Bereichen tatsächlich noch Zukunftsmusik, doch der Trend, zu einem Führungsverständnis, das seine Aufgabe vornehmlich darin sieht, Leistungen oder besser Spitzenleistungen zu ermöglichen und einen Rahmen für produktives Arbeiten zu schaffen, schreitet voran. Der Abschied von der klassischen Command-and-Control-Denke oder einem Führen nur nach Zielvorgaben ist eingeläutet. Teams sind zunehmend interdisziplinär aufgestellt und Mitarbeiter sind zunehmend motiviert und auch fähig, sich selbstständig zu organisieren und Entscheidungen zu treffen.

Wer in einem solchem Kontext noch führen möchte, sieht sich in einem Kontinuum von altem Command-and-Control-Denken hin zu einem coachorientierten Rollenverständnis, das wir Ihnen in dem folgenden Tipp zusammenfassen.

Tipp – von wo nach wo geht es?
- Statt Anweisungen zu geben, stellen Sie Fragen.
- Statt Autorität nutzen Sie Inspiration.
- Statt zu fordern, fördern Sie.
- Statt zu lenken, unterstützen Sie.
- Statt zu mahnen, feuern Sie an.
- Statt vorzugeben, leben Sie vor.
- Statt zu kontrollieren, vertrauen Sie.

Laut Analysten der Initiative Neue Qualität der Arbeit (INQA) des Bundesarbeitsministeriums, ist die neue Führung partizipativ. Sie beteiligt Mitarbeiter an Entscheidungen und lässt alle Interessen einfließen. Motiviert werden Mitarbeiter den Analysten nach über den Sinn der Aufgabe und das Leben von Werten.

Nehmen wir nochmals Spotify als Beispiel: Die Erwartungen an die Führungskraft unter dem Servant-Leadership-Konzept beschränken sich weitgehend auf eine unterstützende Rolle. Konkret wird von den Führungskräften bei Spotify Folgendes erwartet. Geht es um das Lösen von Problemen, erwartet Spotify von seinen Führungskräften, Zusammenarbeit in der Problemlösung zu fördern, statt Lösungen vorzugeben. Geht es um das Beseitigen von Hemmnissen, hilft die Führungskraft erst dann, wenn das Team an seine Grenzen gerät. Die Erwartung ist außerdem, dass Entscheidungen transparent sind (wenn sie doch mal von der Führungskraft getroffen werden müssen). Welche feste Rolle die Führungskraft hat, wird aus den letzten beiden Erwartungen von Spotify deutlich. Hierzu zählt Personalentwicklung und regelmäßige Einzelgespräche, in denen die Führungskraft ihre Mitarbeiter coacht und mentort. Spotify ist nun ein skandinavisches Unternehmen. Skandinaviern wird eine Vorliebe für Entscheidungen im Konsens nachgesagt. Das trifft nicht auf jede Kultur zu. Zudem haben wir es mit Programmierern zu tun, die Spotify sicher auch aufgrund seiner freiheitsgebenden Struktur als Arbeitgeber wählten.

Nicht immer resultiert eine agile Transformation in einer völlig neuen Führungsrolle. Zumindest nicht auf allen Ebenen. Es scheint, dass in vielen Unternehmen das Seniormanagement überlebt. Agile Führung wird praktiziert (wie in den nächsten Kapiteln erläutert), aber die Rolle des Seniormanagers bleibt bestehen. Ein Beispiel aus dem Harvard Business Review (Rigby et al. 2018) ist das Versicherungsunternehmen für US-amerikanische Veteranen, USAA. Momentan hat USAA fünfhundert agile Teams und will weitere hundert noch in 2018 hinzufügen und so das Unternehmen weiter transformieren. Für jedes Geschäftsfeld ist ein Seniormanager als General Manager verantwortlich und voll rechenschaftspflichtig für die Geschäftsergebnisse. Um diese zu erzielen, setzen die Führungskräfte auf agile Teams.

Wenn Sie feststellen, dass dieser Führungsstil, wie wir ihn hier beschreiben, bei Ihnen zu Chaos, Verwirrung und Produktionsabfall führen würde, heißt das nicht, dass dieses oder ein ähnliches Modell auf Ihren Bereich nicht anwendbar ist. Vielleicht aber nicht sofort. Und vielleicht müssen Sie es auch deutlich modifizieren.

Selbst bei Spotify, die das agile Modell so leben, läuft nicht alles rund. Vertreter des Unternehmens sprechen von einem Kompromiss. Zwar ist das Unternehmen sehr agil unterwegs, entwickelt neue Lösungen schnell, bringt diese rasant auf den Markt und zeichnet sich durch eine hohe Risikobereitschaft und Flexibilität aus. Andere Aspekte, wie beispielsweise das Einführen neuer struktureller Aspekte oder auch Regulationen rund um Datenschutz erweisen sich als schwieriger.

Die größte Bank Südafrikas mit einhundertvierundfünfzig Jahren Geschichte und über 49.000 Mitarbeitern erlebte, wie die agile Transformation den Führungsstil von Kommando und Kontrolle zu einem Führungsverhalten des Ermöglichen und Coachen änderte (berichtet im *Muma Case Review* 2017). Dabei orientierte sich die Bank ebenfalls am Konzept des Servant Leadership. Das Konzept der Führungsposition in der Hierarchie wurde zudem von einem Konzept, in dem sich die Führungsrolle von Projekt zu Projekt ändern kann, abgelöst.

Je mehr Autonomie und Selbststeuerung Sie einrichten möchten, desto länger ist im Einzelfall möglicherweise der Weg, den Sie vor sich haben. Wir sprechen hier von einer Entwicklung, einer Evolution, die nicht über Nacht passiert.

Und doch greift das Ganze zu kurz. Das Bild Führungskraft als Coach lässt viele Fragen offen. Wie sie beispielsweise eine Entwicklung zu agilem Denken anstoßen und vorantreiben können, bleibt doch recht unklar. Welche Anforderungen konkret durch das Konzept der agilen Führung an die Führungskraft gestellt werden und wie agile Führung im Alltag aussieht, betrachten wir daher in den nachfolgenden Kapiteln im Rahmen eines Kompetenzmodells agiler Führung.

Das neue Führungsbild im Sinne von dienender Führung oder Führung als Coach, geben eine gute Orientierung, wie Führung in Zukunft aussehen muss, um den Ansprüchen gerecht zu werden, die heute an Organisationen gestellt werden. Doch Vorsicht: Ansprüchen gerecht zu werden, ist noch keine Führung. Hier liegt oft ein Missverständnis vor.

Als Führungskraft wollen Sie Bereiche voranbringen und Geschäftsziele erreichen. Sich an die Bedürfnisse agiler Teams anzupassen, ist nicht ausreichend. Das Schlagwort oben, die Führungskraft als Coach, greift also zu kurz.

Erstens müssen Sie dieses flexible, offene, harmonische und hoch motivierte Eier-legende-Wollmilchsau-Team erst einmal entwickeln. Von alleine
wandeln sich die Menschen in einer Organisation, die bisher von klassischen Hierarchien und Führungsmodellen geprägt ist, nicht mal eben in
ein selbstverantwortlich agierendes Hochleistungsteam. Und zweitens hört
Ihre Führungsrolle nicht damit auf, ein Teamcoach zu sein.

3.4 Substanz statt Schlagwort: Agiles Führen mit dem HAVE-Modell

*Führungskräfte im Zeitalter der künstlichen Intelligenz müssen bescheiden
bezüglich der Beiträge anderer sein, anpassungsfähig hinsichtlich der Herausforderungen, die ihnen in den Weg geworfen werden und standfest in
ihrer Vision des ultimativen Ziels, sowie ständig im Austausch mit der sich
ständig verändernden Welt um sie herum.*

Michael Wade, Professor für Innovation und Strategie bei IMD,

Cisco Chair in Digital Business Transformation

Eingangs erwähnten wir es: Das Konzept agiler Führung ist in der Regel alles andere als klar. Vielmehr wird es als Schlagwort genutzt, um eine Veränderung einzufordern, deren Zielbild nicht ausreichend definiert ist. Diese
fast mystifizierende Weise, an Neuerungen heranzugehen, hilf niemandem.
Wer im agilen Arbeiten ankommen möchte, braucht ein klares Verständnis
davon, was agile Führung ist, wie die Führungskraft sich agil verhält und
welche Kompetenzen hierzu zählen. In diesem Kapitel zeigen wie Ihnen
genau das auf. Wir möchten Ihnen damit eine Orientierung anbieten, die
Ihnen im Alltag hilft, Ihr Führungshandeln zielsicherer zu steuern und Ihr
Repertoire an Kompetenzen – wo nötig – aufzubauen.

Um das Konzept agiler Führung fundiert konkretisieren zu können,
braucht es nicht nur praktische Erfahrungen, sondern zunächst auch Forschung, die sich mit dem Thema auseinandersetzt: Ende 2016 hat sich hier-

zu unsere Beratungsfirma, die metaBeratung, und die IMD Business School in Lausanne zusammengetan und ein Forschungsprojekt zu agiler Führung gestartet. Unsere Kernfrage lautete, welche verhaltensbasierte Dimensionen agile Führung aus zeichnet. (Neubauer/Tarling/Wade 2017).

Um agile Führung aus dem Bereich des Unscharfen und Ungefähren herauszuschälen, wurden neunzehn intensive Experteninterviews mit oberen Führungskräften im digitalen Bereich geführt. Gleichzeitig wurde das Forschungswissen der IMD Business School zurate gezogen. Genauer wurden Erkenntnisse zu dem Verhalten agiler Organisationen genutzt. In dem Buch The Digital Vortex (Wade/Loucks/Macaulay 2016) können sich Interessierte einen tieferen Einblick verschaffen. Dort werden drei kritische Verhaltensweisen beschrieben, die den Erfolg agiler Unternehmen entscheidend beeinflussen. Um nun zu einem wissenschaftlich gestützten Kompetenzmodell agiler Führung zu gelangen, wurden die Inhalte der Experteninterviews mit den theoretischen Annahmen analysiert und ein Fragebogen für eine größere Felderhebung erstellt. Der Fragebogen wurde von 1042 Führungskräften ausgefüllt und dient der empirischen Prüfung des sich abzeichnenden Modells sowie der Schärfung der Dimensionen. Den Autoren war es wichtig, repräsentative Ergebnisse zu erhalten, die das globale Phänomen der Digitalisierung erfassen können. Daher wurden Führungskräfte aus sechsundsiebzig Ländern und siebzehn Branchen befragt.

Aus der Datenanalyse konnten Faktoren identifiziert werden, die Führungskräfte, die im disruptiven Umfeld erfolgreich sind (agile Führungskräfte) von denen, die in dem Umfeld weniger zurechtkommen (nicht agile Führungskräfte) unterscheiden. Von den befragten Führungskräften wurden 29 Prozent als agil identifiziert, 28 Prozent als nicht agil und 43 Prozent lagen dazwischen und wurden als im Übergang klassifiziert. Agile Führungskräfte berichteten über höhere Führungseffektivität und Arbeitsengagement. Insgesamt zeigte sich, dass Führung im disruptiven Umfeld viele Ähnlichkeiten mit Führung unter stabileren Bedingungen aufweist. Es zeigten sich jedoch auch nennenswerte Unterschiede, die agiles Führen von bisherigen Führungskonzepten deutlich abhebt. Diese Unterschiede zeigen sich in vier Kernkompetenzen agiler Führung. Als solche wurden ermittelt:

1. Bescheidenheit (bezüglich der Grenzen des eigenen Wissens und Offenheit für Feedback),
2. Anpassungsfähigkeit (Anpassen an Veränderungen und Bereitschaft zu Meinungsänderungen),
3. Visionär sein (eine starke Vision und ein klarer Fokus auf langfristige Ziele) und
4. Engagement (verstärkte Bereitschaft zu Interaktion und Kommunikation sowie Interesse an aufkommenden Trends)

Weiterhin zeigten sich bei agilen Führungskräften immer wieder drei zentrale und erfolgsrelevante Verhaltensweisen:

- Hyperbewusstsein (ständiges Monitoren der internen und externen Umgebung hinsichtlich Chancen und Risiken),
- informierte Entscheidungsfindung (evidenzbasiertes Entscheiden) und
- schnelles Agieren (Schnelligkeit geht vor Perfektion).

Die folgende Abbildung zeigt Ihnen die vier Kernkompetenzen und die drei erfolgsrelevanten Verhaltensweisen noch einmal auf einem Blick. Sie bilden das HAVE-Modell zur Beschreibung agilen Führens und wird Ihnen in diesem Buch immer wieder begegnen.

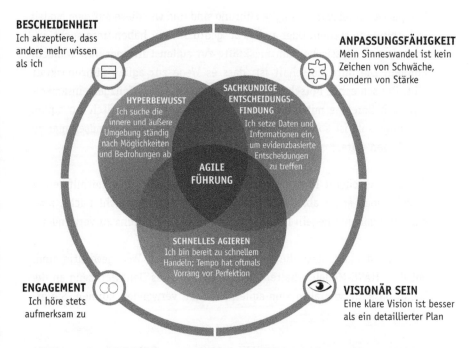

BESCHEIDENHEIT
Ich akzeptiere, dass andere mehr wissen als ich

ANPASSUNGSFÄHIGKEIT
Mein Sinneswandel ist kein Zeichen von Schwäche, sondern von Stärke

HYPERBEWUSST
Ich suche die innere und äußere Umgebung ständig nach Möglichkeiten und Bedrohungen ab

SACHKUNDIGE ENTSCHEIDUNGS-FINDUNG
Ich setze Daten und Informationen ein, um evidenzbasierte Entscheidungen zu treffen

AGILE FÜHRUNG

SCHNELLES AGIEREN
Ich bin bereit zu schnellem Handeln; Tempo hat oftmals Vorrang vor Perfektion

ENGAGEMENT
Ich höre stets aufmerksam zu

VISIONÄR SEIN
Eine klare Vision ist besser als ein detaillierter Plan

Abbildung 4: Das HAVE-Modell zur Beschreibung agilen Führens; Quelle: metaBeratung & IMD

Vielleicht haben Sie sich bereits in der ein oder anderen Form mit Führungskompetenzen auseinandergesetzt. In Form von Assessments oder der Karriereplanung beispielsweise. Ihre Firma hat vielleicht ein (anderes) Führungskompetenzmodell, an dem Sie sich bisher orientieren konnten. Auch wenn es auf den ersten Blick so wirkt, als hätte das HAVE-Modell agiler Führung nicht viel mit anderen Personaldiagnostikinstrumenten gemeinsam, so können wir Sie beruhigen. Die Gemeinsamkeiten sind vorhanden. Hierzu haben wir gemeinsam mit Hogan Assessments, einem der führenden Assessment Center Berater und Personaldiagnostikanbieter aus den USA, eine gesonderte Untersuchung durchgeführt und eine Art Kompetenz-Mapping erstellt. Über wissenschaftliche Methoden wurde anhand der riesigen Datenbank von Hogan Assessments geprüft, welche klassischen Führungskompetenzen relevant für agile Führung sind und wie diese mit dem Modell in Verbindung stehen. Oder anders ausgedrückt: Wir haben untersucht, inwieweit sich klassische Führungskräfte zur agilen Führungskraft wandeln können. Die gute Botschaft ist, dass es Wege zur agilen Führungskraft gibt. Die schlechte Botschaft ist, dass es neben Kompetenzgemeinsamkeiten auch Bereiche mit großen Unterschieden gibt. Der Switch zur agilen Führungskraft ist somit kein Prozess, der in einem Wochenendseminar zu bewältigen wäre.

Vielleicht erscheint Ihnen die Beschreibung agilen Führens mithilfe eines Modells noch etwas abstrakt und Sie fragen sich, ob es nicht reicht, zwei oder drei goldene Regeln für ein neues Modell des Führens zu verwenden.

Doch wir denken, dass die Argumente für unseren Weg gewichtig sind. Mit dem HAVE-Modell erhalten Sie ein umfassendes Denkwerkzeug an die Hand, dass Sie vielfältig zum agilen Arbeiten verwenden können. Sie erhalten:

- eine geprüfte und im Feld validierte Antwort auf die Frage, was im Kern agiles Führen ausmacht.
- Sie können ermitteln, in welchen Bereichen Sie für agiles Arbeiten und die anstehende digitale Transformation gut gerüstet sind und wo Sie Nachholbedarf haben oder ganz neue Führungstechniken erlernen sollten.
- Sie erhalten eine verlässliche Orientierung nach welchen Kriterien Sie neue und Nachwuchsführungskräfte auswählen sollten.
- Sie bekommen ein wissenschaftlich geprüftes Denkmodell, dass ihnen eine sichere Basis für die Gestaltung Ihrer agilen Arbeitswelten bietet.
- Sie werden erkennen, dass agiles Führen erlernbar ist. Es ist, wie klassisches Führen, ein Handwerkszeug. Niemand wird als agiler Leader geboren, aber manche Eigenschaften der Persönlichkeit machen es leichter.

Auf den Punkt gebracht erhalten Sie Klarheit, wo andere in der Diskussion befindliche Ansätze nur Wenn-Dann-Lösungen bieten oder gar agiles Führen in eine nebulöse Ecke positionieren.

Neugierig geworden? Dann lesen Sie weiter. Im Folgenden beginnen wir mit Verhaltensweisen, die für agiles Führen erfolgskritisch sind. Im Anschluss daran beschäftigen wir uns mit den vier Kompetenzen. Sie werden mehr und mehr feststellen, dass Sie einen sehr praktikablen Weg bekommen, der Ihnen klare Orientierungspunkte für Ihren Weg zum agilen Führen gibt. Wenn Sie bereits ein agiler Leader sind oder sich als solcher definieren, dann werden Sie beim Lesen immer wieder Aha-Erlebnisse haben.

4.
Agil führen. Grundlegende Verhaltensweisen

● ●

Im HAVE-Modell agilen Führens wurden drei kritische und erfolgswirksame Verhaltensweisen von Führenden ermittelt. Sie geben eine Antwort auf die Frage, was müssen Organisationen tun, um im disruptiven Geschäftsumfeld zu bestehen? Professor Michael Wade und seine Kollegen haben sich in der Vergangenheit mit dem Thema auseinandergesetzt. Als Basis diente die Analyse von mehr als hundert digitalen Disruptoren sowie Workshops und Events mit mehr als zweitausend Führungskräften. Im Buch »The Digital Vortex« (Loucks/Macaulay/Wade 2016) werden erfolgswirksame Verhaltensweisen als Digital Business Agility beschrieben. Wir übersetzen diese Agilität nur in den Kontext der Führungskraft. Die Grundsteine des Erfolgs in der digitalen Transformation sind:

1. Hyperbewusstsein (was muss ich wissen),
2. informierte Entscheidungsfindung (wie wende ich das Wissen an) und
3. schnelles Agieren (wie setze ich das Wissen um).

Die folgenden drei Kapitel stellen Ihnen diese Dimensionen ausführlich vor. Bitte seien Sie offen zu sich selbst und überlegen Sie, inwiefern Sie die jeweiligen Verhaltensmuster schon zu Ihren persönlichen Stärken zählen dürfen, oder ob vielleicht an der einen oder anderen Stelle ein relevantes Entwicklungspotenzial bei Ihnen besteht.

Zählt etwas zu Ihren Stärken, möchten wir Sie ermutigen, diese Stärke auszubauen. Nutzen Sie Ihre Fähigkeiten um sich innerhalb Ihrer Organisation gut zu positionieren und Ihr Talent zum vollen Einsatz zu bringen. Aber übertreiben Sie es nicht ... Eine Stärke wird schnell zur Schwäche, wenn wir sie übertreiben. Um Sie hier zu unterstützen, zeigen wir Ihnen die Herausforderungen auf, die mit jeder Verhaltensdimension verbunden sind und geben Tipps, wie Sie an sich arbeiten können.

Zählt eine Verhaltensweise nicht zu Ihren Stärken, zeigen wir Ihnen Wege, diese zu entwickeln. Wir zeigen Ihnen zusätzlich, welche alternativen Verhaltensweisen hier unterstützend wirken. Wir plädieren aber für einen realistischen Blick auf persönliche Entwicklungsmöglichkeiten. Je nachdem, wie weit Sie von den jeweils geschilderten Verhaltensweisen entfernt sind, ist das Aufbauen einer Kompetenz mit mehr oder weniger Aufwand verbunden. Wir geben daher auch Hinweise, wie Sie Defizite kompensieren können.

Ein weiterer Aspekt kommt zum Tragen, wenn Sie bereits Führungskraft sind. Als Führender sind sie in der komfortablen Position, nicht alle Kompetenzen selbst beherrschen oder aufbauen zu müssen. Sie haben bereits ein Team und dürfen bestimmte Kompetenzen und Verhaltensweisen agilen Führens delegieren. Denn auch das macht agiles Arbeiten aus: Die Arbeit und damit auch ein Stück weit die Führungsarbeit, vollzieht sich im Team. Es spricht also nichts dagegen, bestimmte Bereiche agilen Führens auf einen anderen Kopf im Team zu legen.

4.1 Hyperbewusstsein zeigen

Bei Hyperbewusstsein geht es im Wesentlichen um eine Ausrichtung der eigenen Aufmerksamkeit. Es geht um die bewusste Entscheidung, die Entwicklung externer Faktoren ständig zu verfolgen und Vorhersagen abzuleiten. Wie gut Sie darin sind, hängt von Ihrer Aufnahmefähigkeit, Ihrer Beobachtungsgabe und Ihrem Gespür für Trends ab.

Definition Hyperbewusstsein
Agile Führungskräfte scannen immer wieder ihre Umgebung (intern und extern) auf Chancen und Bedrohungen.

Was gilt es zu beobachten? Das kommt natürlich ganz auf Ihren Geschäftsbereich und Ihren Verantwortungsbereich an. Häufig geht es im Wesentlichen um vier Aspekte: Erstens geht es darum, Entwicklungen und Trends am Markt für den eigenen Geschäftsbereich zu verfolgen. Zweitens gilt es, Entwicklungen und Trends bei Konkurrenten zu beobachten und drittens in verwandten oder ganz anderen Geschäftsbereichen und hier Querschlüsse für den eigenen Bereich ziehen. Viertens geht es darum, nah am Kunden sein: Verfolgen, welche neuen manifesten oder latenten Kundenbedürfnisse sich auftun sowie aktuelle und zukünftige Herausforderungen der Kunden betrachten und Ideen ableiten.

Im etwas größeren Kontext sind die Möglichkeiten, oder besser gesagt, die Menge an Information und die Vielfalt der Quellen sicherlich mittlerweile schwer überschaubar. Ein gutes Beispiel ist die Kombination aus Satellitenbildern und Big-Data-Software, die in der *Bloomberg Businessweek* (Juli 2015) beschrieben ist. Satelliten nehmen beispielsweise Bilder von Lastwagen auf Fabrikparkplätzen in China auf. Diese dienen als Indikator für den industriellen Output. Weltweit nehmen Satelliten Bilder von Öltanks auf. Die Sicht von oben erlaubt, Kapazität und Füllhöhe der Tanks zu bestimmen (Schatten des Tanks zeigt die Kapazität an, die Füllhöhe lässt sich aus dem Schatten des Randes auf den inneren Deckel schätzen). Solche Daten werden mit weiteren Daten kombiniert und als wirtschaftliche Echtzeitindikatoren analysiert. Investoren dienen solche Daten für die Aktienwahl. Ein anderes Beispiel ist die Analyse der Anzahl von Metalldächern in Kenia, als Indikator für die Entwicklung aus der Armut. Daten wie diese können beispielsweise Hilfsorganisationen nutzen, um Spendengelder zu verteilen. Wie gesagt, Daten sind heute zunehmend verfügbar und der Trend wird sich fortsetzen. Es lohnt sich in jedem Fall, die Datenquellen zu identifizieren, die für Ihren Geschäftsbereich relevant sind. Die oben genannten vier Punkte können hier als Anregung dienen.

Welche Kompetenzen benötigen Sie um hyperbewusst zu agieren?

Schauen wir an dieser Stelle zunächst auf die klassischen Führungskompetenzen. Hier spielen vor allem drei Kompetenzen eine Rolle.

1. Probleme erkennen und antizipieren

Dinge werden kritisch betrachtet und Unstimmigkeiten, Fehler und Schwachstellen erkannt. Probleme werden vorhergesehen und Unvollständigkeiten oder mögliche Unzulänglichkeiten werden identifiziert.

2. Geschäftswissen und Gespür

Relevantes und breites Geschäftswissen liegt vor und wird angewendet. Ein Gespür für Trends besteht.

3. Unternehmerisches Denken

Es wird auf die Bedürfnisse im Markt beziehungsweise der Kunden geschaut und Lösungsideen entwickelt, die geschäftlich attraktiv sind. Ideen zur Gewinnmaximierung werden entwickelt und steuern das Handeln. Dabei wird in hohem Maße eigeninitiativ gehandelt.

Stärken Sie Ihre Stärke!

Sollten Sie zu den sehr hyperbewussten Führungskräften gehören, ist es die richtige Zeit, Ihr Talent in den Vordergrund zu stellen. Machen Sie sich sichtbar. Steuern Sie Wissen und Ideen auch außerhalb Ihrer Abteilung oder Ihres Bereiches bei.

Aber übertreiben Sie es nicht!

Führungskräfte, die ein ausgeprägtes Hyperbewusstsein haben, sehen überall Möglichkeiten, Chancen und Risiken. Dabei gilt es, ein Gleichgewicht und drei Herausforderungen zu beachten.

Das Gleichgewicht: Je nachdem, ob Sie eher optimistisch oder pessimistisch veranlagt sind, sehen Sie vermutlich vermehrt Chancen oder vermehrt Risiken. Achten Sie auf ein ausgeglichenes Verhältnis. Zeigen Sie anderen immer nur Chancen auf, wird hier bald die Vermutung aufkommen, dass Sie Luftschlösser bauen und zu unkritisch sind. Zeigen Sie nur Risiken auf, werden Sie zum Schwarzseher und Ideenblockierer erklärt.

Verfügen Sie über ein sehr stark ausgeprägtes Hyperbewusstsein, sollten Sie diese Stärke zum vollen Einsatz bringen. Auch hier gibt es aber ein zu viel des Guten. Es gilt insbesondere die folgenden drei Herausforderungen zu meistern, an denen besonders hyperbewusste Menschen oft scheitern:

- **Risiko 1:** Ihre Gedanken bleiben zu abstrakt.
- **Risiko 2:** Sie machen den Sack nicht zu.
- **Risiko 3:** Sie verzetteln sich.

Risiko 1: Ihre Gedanken bleiben zu abstrakt

Ihr Gespür hilft Ihnen, Trends oder auch latente Kundenbedürfnisse aufzuspüren, die noch wenig konkret sind. Häufig denken Sie auch sehr weit in die Zukunft. Dies führt oft zu recht abstrakten Gedanken. Dies kann zwar inspirierend wirken und kreative Ideen hervorrufen. Um die Fähigkeit wirklich gewinnbringend einzusetzen, müssen Sie Ihre Gedanken jedoch soweit konkretisieren, dass auch andere sie verstehen. Zudem muss der Bezug zu Umsetzungsmöglichkeiten gegeben sein und pragmatische Lösungen müssen abgeleitet werden können.

Was hilft?

Stellen Sie sich immer wieder drei Fragen:
- Wie könnte ich das einem Kind erklären?
- Wie könnte man die Idee in eine Lösung (Verbesserung/Ergänzung/ Ersetzung von Prozessen, Systemen, Services, Produkten) verwandeln?
- Welcher spürbare Nutzen, welcher Mehrwert kann damit erreicht werden?

Ziehen Sie gezielt Kollegen/Mitarbeiter hinzu:

- Finden Sie heraus, welche Ihrer Kollegen oder Mitarbeiter eher pragmatisch denken und ziehen Sie diese bei neuen Gedanken zurate. Sie können die letzten beiden Fragen oben verwenden. Die erste Frage – wie gut Sie den Sachverhalt erklären können, testen Sie damit direkt. Fordern Sie Ihr Gegenüber gerne direkt auf, kritische und konkretisierende Fragen zu stellen.
- Lassen Sie Ihr Team daran arbeiten. Stellen Sie Ihrem Team die neue Idee vor und lassen es an den beiden unteren Fragen arbeiten.

Risiko 2: Sie machen den Sack nicht zu

Der nie aufhörende Strom neuer Informationen erschwert es, einen Cutoff zu bestimmen. Es wird nur noch die nächste Stunde des real time news feeds abgewartet, nur noch auf die nächste Pressemitteilung eines Wettbewerbers oder die neusten Datenanalysen gewartet. So kommt es, dass der richtige Moment, eine Entscheidung zu treffen oder eine klare Empfehlung auszusprechen ungenutzt vorbeizieht. Auch führt ein Zuviel an Information dazu, dass eine Entscheidungsfindung erschwert wird. Werden die Informationen nicht dazu genutzt, Anregungen zu formulieren oder Entscheidungen zu Handlungen zu treffen, nutzen Sie Ihnen wenig.

Was hilft?

Entscheidungen und Umsetzung fördern:

- Es ist ein Balanceakt. Generell stärken Sie die Verhaltensdimension »Schnelles Handeln«.
- Setzen Sie sich damit auseinander, wie viel Sicherheit Sie zum Treffen einer Entscheidung benötigen. Lesen Sie hierzu auch den Abschnitt zu der Verhaltensdimension »Sachkundige Entscheidungsfindung«.
- Entscheidungen müssen heute schnell getroffen werden. Ein passives Monitoren der Entwicklungen und Trends steht im Widerspruch zu der Reaktion auf Entwicklungen und Trends. Lesen Sie hierzu die Tipps zu der Kompetenzdimension »Anpassungsfähigkeit« im zweiten Abschnitt des fünften Kapitels.

- Verinnerlichen Sie Folgendes: Entscheidungen, die Sie treffen oder Empfehlungen, die Sie aussprechen, sind immer unter den gegebenen Umständen korrekt. Ändern sich die Umstände, dürfen Sie Ihre Entscheidungen und Empfehlungen revidieren. Das sollen Sie sogar. Das ist Agilität.
- Das gleiche gilt für eingeschlagene Richtungen, angefangene Projekte und ähnliches: Wichtig ist es, zu starten. Die Räder müssen den Asphalt erst mal berühren. Dann kann die Richtung auch verändert werden.
- Lesen Sie das *Agile Manifest* zur Softwareentwicklung als Inspiration.

Risiko 3: Sie verzetteln sich

Zum anderen neigen hyperbewusste Führungskräfte dazu, sich zu verzetteln. Da so viele Chancen gesehen werden (oder Risiken, je nach Fokus), präsentiert die Führungskraft häufig mehrere Ideen gleichzeitig. Entweder mehrere Lösungen für ein Problem oder mehrere Lösungen für mehrere Probleme.

Was hilft?

Kanalisieren und Priorisieren: Achten Sie auf eine starke Vision und Strategie. Machen Sie es zur Gewohnheit, alle Informationen und Ideen kritisch gegen die Vision zu halten und deren Relevanz zu prüfen. Die Herausforderung ist es, all die Ideen und Informationen richtig zu kanalisieren. Hierbei hilft die Kompetenzdimension »Visionär«, die später beschrieben wird. Eine klare Vision schafft Orientierung und hilft, zu priorisieren und sich für eine Richtung, eine Lösung zu entscheiden. (Lesen Sie hierzu die Tipps zu der Kompetenzdimension »Visionär sein« im dritten Abschnitt des fünften Kapitels.)

Umgang mit geringem Hyperbewusstsein

Nun wird nicht jede Führungskraft für sich in Anspruch nehmen, immer jeden wichtigen Trend zuerst zu entdecken. Manche werden sich möglicherweise schwer damit tun, mal eben die eigene Person mit hyperbewussten Attitüden zu schmücken.

Wenn Sie nicht sehr hyperbewusst sind, bedeutet das nicht, dass Sie nicht auch eine auszeichnete agile Führungskraft werden können. Erwünschte Verhaltensweisen kann man per Definition lernen. Unten finden Sie entsprechende Ratschläge.

Wir wollen aber ehrlich sein. Gewisse Aspekte einer Verhaltensweise haben mit Ihren kognitiven Fähigkeiten und Ihrer Persönlichkeit zu tun. Ist Ihr Potenzial in dieser Hinsicht niedrig, fällt Ihnen das Lernen und Zeigen von Verhaltensweisen hyperbewussten Führens schwerer und kostet mehr Energie. Aber auch ein niedriges Potenzial ist kein Hindernis, um Spitzenleistungen abzuliefern. Hierzu lesen Sie in der Rubrik »Sie sind nicht hyperbewusst?« entsprechende Ratschläge, wie man eine niedrige Ausprägung auf der Dimension Hyperbewusstsein kompensieren kann. Schließlich sind Sie Führungskraft – Sie können, dürfen und sollen sogar delegieren. Ihr Team darf auch Verantwortung tragen.

Sie sind nicht hyperbewusst?

So bauen Sie ein eigenes Hyperbewusstsein auf: Da es beim Hyperbewusstsein viel um das Aufspüren von Information geht, kann Weiterbildung eine gute Maßnahme sein, beispielsweise im Bereich digitaler Technologien. Es muss keine formale Weiterbildung sein. Das Lesen von Fachzeitschriften und Fachliteratur ist auch eine gute Möglichkeit. Viele Firmen bieten zu neuen Technologien und Produkten auch kostenfreie Lernvideos und Webinare an. Hilfreich kann auch sein, sich mit den Mechanismen der digitalen Transformation vertraut zu machen. Zum Beispiel: Wie kommt es in ihrem Bereich zu einer (digitalen) Disruption?

Es gibt hier viele gute Bücher, die Ihnen ein Verständnis vermitteln können. Generell gilt: Verfolgen Sie neue Entwicklungen auf dem Markt aufmerksam und bilden Sie sich eine eigene Meinung hierzu.

Eine nicht unverzichtbare Quelle für Informationen, gerade wenn es um das Aufspüren von Trends geht, ist der Austausch mit anderen. Vernetzten Sie sich und suchen Sie den Austausch. Tauglich und ein Einstieg sind hier virtuelle Netzwerke/Interessensgruppen. Wenn Sie zusätzlich Zeit investieren können, treten Sie Interessensgruppen bei und besuchen entsprechende Veranstaltungen. Es ist wichtig, dass Sie sich auch außerhalb des Unternehmens umsehen. Blicken Sie auch auf Ihr vorhandenes Netzwerk: Identifizieren Sie in Ihrem Kollegen-, Kunden- oder Bekanntenkreis Personen, die immer über die neusten Trends Bescheid wissen und zapfen Sie deren Wissen an. Ein regelmäßiger Austausch wäre ideal. Anzuraten ist aber, dass Sie sich zuvor Gedanken darüber machen, wie auch Ihr Gegenüber von den Gesprächen profitieren kann. Welche interessanten Kenntnisse und Erfahrungen bringen Sie ein? Wie können Sie andere dabei unterstützen, deren Netzwerk zu erweitern?

(Lesen Sie hierzu auch die Führungsverhaltenstipps zu den Kompetenzdimensionen »Engagiertheit« und »Visionär sein«, in den letzten beiden Abschnitten des fünften Kapitels.)

So kompensieren Sie mangelndes Hyperbewusstsein:

Liegt Ihnen das Aufspüren von Informationen, relevanten Datenquellen und Trends so gar nicht, gibt es andere Wege, wie Sie Ihren Bereich genügend hyperbewusst aufstellen. Unterstützende Maßnahmen wären beispielsweise das Abonnieren und Auslegen von Fachzeitschriften in Ihrer Kaffeeküche. Auch können Sie Ihrem Team bestimmte digitale Newsletter empfehlen oder Interessensgruppen. Fördern Sie generell auch die Weiterbildung und selbstgesteuertes Lernen.

Haben Ihre Mitarbeiter Erfahrungen in Konkurrenzunternehmen oder eine relevante Weiterbildung? Dann lassen Sie sie davon berichten. Nutzen Ihre Mitarbeiter bereits Quellen um relevante Informationen oder Daten zu sammeln? Dann lassen Sie sie auch davon berichten. Sie können beispielsweise einen Agendapunkt »Neue Trends und Entwicklungen« Teil Ihres regelmäßigen Teammeetings machen. Hier kann reihum jeder etwas beitragen.

Diese Maßnahmen garantieren Ihnen allerdings nicht, dass Sie tatsächlich hyperbewusst aufgestellt sind. Um das zu erreichen müssen Sie konkret Verantwortung delegieren. Finden Sie heraus (in Einzelgesprächen oder im Team), wer entsprechende Fähigkeiten und Interessen hat und erlauben Sie maximalen Gestaltungs- und Handlungsspielraum. Fördern und fordern Sie. Delegieren Sie beispielsweise die Aufgabe der Marktbeobachtung an einen (interessierten und fähigen) Mitarbeiter. Ernennen Sie einen Innovationsbeauftragen. Ernennen Sie einen teaminternen Chief Technology Officer. Zalando hat sich auf die Fahne geschrieben, dass jeder Mitarbeiter Zalando mitgestalten kann. Daher kann jeder Mitarbeiter Ideen einbringen, unabhängig von seiner Position. Zalando zapft hier geschickt die Gehirne seiner Mitarbeiter an, indem das Unternehmen Unternehmergeist und Mut fördert.

Die Methoden, die Zalando hierbei anwendet, eigenen sich auch gut, um eine Art kollektives Hyperbewusstsein in den jeweiligen Bereichen zu wecken. Wie Zalando richtig erkennt, brauchen Mitarbeiter zunächst mal eine Informationsbasis, die ihnen hilft, neue Ideen einzuordnen. Das Unternehmen bietet hierzu Ted-Talk-Formate an, in denen Mitglieder des Unternehmens über Projekte berichten. Fragen können derweil interaktiv gestellt und direkt beantwortet werden. Das zweite Element ist eine Plattform oder andere Möglichkeiten, die eigenen Ideen zu äußern und einzubringen.

Tipp:
Es ist hilfreich, offen mit Ihren Herausforderungen umzugehen. Wie Sie später noch zu der Kompetenzdimension »Bescheidenheit« lesen werden, ist das Zugeben einer Schwäche ein Zeichen von Stärke. Hiermit werten Sie Ihr Gegenüber gleichzeitig auf, Ihr Team fühlt sich wertgeschätzt. Das motiviert und erzeugt Commitment.

4.2 Sachkundige Entscheidungsfindung

Sachkundige oder auch informierte Entscheidungsfindung beschreibt, dass Entscheidungen so gut wie möglich über Fakten abgesichert werden. Das ist nicht neu, jedoch schaffen Big Data und zunehmende Analysekapazitäten heute eine nahezu unbegrenzte Verfügbarkeit von Informationen.

Entscheidungen werden nicht mehr rasch aus dem Bauch getroffen. Ihnen geht ein gründlicher Analyseprozess zuvor.

Definition Sachkundige Entscheidungsfindung
Agile Führungskräfte nutzen Daten und Informationen, um evidenzbasierte Entscheidungen zu treffen.

Schauen wir auf die klassischen Führungskompetenzen: Auf Kompetenzebene spielen hier vor allem drei Führungskompetenzen eine Rolle.

1. Informationsverarbeitung
Es geht um die Fähigkeit, Informationen aus unterschiedlichen Quellen zu sammeln und so zu organisieren, dass sie sinnvoll kombiniert werden können sowie um die Fähigkeit, Daten zu analysieren.

2. Komplexitätsverarbeitungsfähigkeit

Hier handelt es sich um die kognitive Fähigkeit, eine große Menge an Daten in komplexen Themenfeldern so zu vereinfachen, dass sich daraus relevante Ableitungen treffen lassen.

3. Analytisches Denken

Zusammenhänge und Logiken werden erkannt, Informationen können sinnvoll strukturiert werden. Vorliegende Daten werden richtig interpretiert und daraus in sich stimmige Schlussfolgerungen abgleitet.

Stärken Sie Ihre Stärke!

Führungskräften, die eine sehr analytische Herangehensweise haben, fällt es leicht, beachtliche Mengen an Information zu verarbeiten und sehr ausgewogene Entscheidungen zu treffen. Sie übersehen selten wichtige Einflussfaktoren und treffen in der Regel qualitativ hochwertige und nachhaltige Entscheidungen.

Sollten Sie zu den stark analytischen Führungskräften gehören: Das Verarbeiten großer Informationsmengen aus unterschiedlichen Informationskanälen ist eine Stärke. Sie birgt gerade im Zeitalter von Big Data eine Menge Potenzial. Viele Menschen sind durch zu viel Information schnell überfordert und »machen dicht«. Sie hingegen leben auf. Machen Sie also so weiter. Suchen Sie nach Möglichkeit, Ihr Talent auf die Bühne zu bringen. Wo können Sie diese Fähigkeit in Ihrem Bereich, oder bereichsübergreifend noch einsetzen?

Aber übertreiben Sie es nicht!

Die Stärke »sachkundige Entscheidungsfindung« kommt typischerweise mit zwei Risiken einher:

* **Risiko 1:** Sie reduzieren Komplexität nicht und verharren in der Analyse (Analysis Paralysis) und/oder Sie vermeiden Entscheidungen wegen Mehrdeutigkeiten oder Unsicherheit.
* **Risiko 2:** Entscheidungen werden ungern revidiert.

Risiko 1: Analysis Paralysis

Sie stecken in der Analyse der Informationen fest. Sie beziehen mehr und mehr Quellen und Daten ein und diskutieren in Endlosschleifen Pro und Contra.

Oder: Sie haben ein sehr hohes Bedürfnis, Ihre Entscheidung nach allen Seiten hin abzusichern. Wenn wesentliche Faktoren unklar bleiben oder Sie Vorhersagen unter Unsicherheit treffen sollen, blockieren Sie.

Was hilft?

- Priorisieren Sie die Informationen nach Ihrer Bedeutsamkeit für die Entscheidung. Definieren Sie einen Cutt-off. Ziehen Sie beispielsweise nur die fünf bis zehn relevantesten Informationen in Ihre Analyse ein.
- Reduzieren Sie die Komplexität. Was sind die Kernaspekte?
- Richten Sie sich nach der 80-20-Regel (Paretoprinzip): 80 Prozent der Ergebnisse können mit 20 Prozent des Gesamtaufwandes erreicht werden. Die übrigen 20 Prozent benötigen 80 Prozent des Gesamtaufwandes. Übertragen Sie dies als Daumenregel: 20 Prozent der zur Verfügung stehenden Information bietet 80 Prozent der Treffsicherheit Ihrer Entscheidung.
- Seien Sie realistisch. Wenn Sie die Entscheidung nicht (rechtzeitig) treffen, trifft sie ein anderer, der sich vermutlich noch weniger mit der Materie befasst hat als Sie.

Erinnern Sie sich, dass es die perfekte Lösung nicht gibt, und diese – sollten Sie sie einmal finden – morgen schon nicht mehr zu 100 Prozent zutrifft. Stellen Sie sich daher immer die Fragen:

- Arbeiten mit einem fiktiven Szenario: Wenn ich mich bereits jetzt entscheiden müsste – welche Entscheidung würde ich treffen?
- Reicht mein Wissen aus, um eine Entscheidung auf Probe, eine vorläufige, treffen zu können?

Sie werden auf längere Sicht die Erfahrung machen, dass Sie selbst bei weiterer Datenanalyse diese frühe Entscheidung auf Probe selten revidieren.

Ziehen Sie daher gezielt Kollegen und Mitarbeiter hinzu: Wann sieht Ihr Gegenüber eine solide Entscheidungsbasis?

Risiko 2: Sie bleiben dabei

Wer so viel in die Entscheidungsfindung investiert hat, alles so gründlich analysiert und bedacht hat, bleibt auch gerne bei der Entscheidung. Sie sträuben sich, Entscheidungen zu revidieren, korrigieren oder neu zu treffen.

Was hilft?

- Akzeptieren Sie, dass veränderte Umstände zu veränderten Entscheidungen führen müssen.
- Verdeutlichen Sie sich, dass das Revidieren einer Entscheidung diese nicht abwertet oder für falsch erklärt, sondern Ihre Reaktionsfähigkeit unter Beweis stellt.
- Lesen Sie die Punkte zur Kompetenzdimension »Anpassungsfähigkeit«. Seine Meinung zu ändern, wenn sich die Umstände verändern beziehungsweise neue Informationen verfügbar sind, ist eine Stärke der agilen Führungskraft. Keine Schwäche.

Wenn Sie kein Daten-Fakten-Mensch sind und Aufgaben eher abstrakt und intuitiv betrachten, bedeutet das nicht, dass Sie keine ausgezeichnete agile Führungskraft werden können. Wie gesagt, ein gutes Maß für die informierte Entscheidungsfindung ist Handwerkszeug oder lernbar und ein weiterer Teil delegierbar.

Lesen Sie daher unten, wie Sie die notwendige Kompetenz für informationsbasiertes Entscheiden auf- und ausbauen können und alternativ, wie Sie über andere Wege sicherstellen können, dass in Ihrem Bereich informationsbasiert entschieden wird.

Informationsbasiertes Entscheiden ist nicht Ihre Sache?

Entscheidungen informationsbasiert zu treffen, erfordert das Finden und Einholen der richtigen Informationen und Daten sowie das Analysieren und Auswerten dieser. Die Schlüsse, die sich daraus ziehen lassen, gilt es dann in die Entscheidungsfindung einfließen zu lassen. Was kann helfen, informationsbasiertes Entscheiden zu fördern?

Zunächst einmal müssen Sie herausfinden, was relevante Quellen für Sie sind. Diese Frage müssen Sie nicht alleine beantworten, nutzen Sie die Kenntnisse und Erfahrungen Ihres Teams. Sie können in einem kurzen Workshop mit Ihrem Team herausfinden, welche Daten für Sie relevant sind und welche Quellen herangezogen werden können. Machen Sie aber bitte keinen spontanen Workshop. Bessere Ergebnisse erzielen Sie, wenn Sie sich und Ihre Teilnehmer vorher vorbereiten.

Wissen Sie, welche Informationen Sie brauchen? Überlegen Sie (und/oder Ihr Team) sich Wege und Prozesse, wie Sie an relevante Daten – möglichst in Echtzeit – kommen können und wie diese möglichst effizient aufbereitet werden können (beispielsweise über die Berechnung von Trends oder einfache deskriptive Datenanalysen). Eine weitere Form der Aufbereitung sind SWAT-Analysen und die Entwicklung von möglichen Geschäftsszenarien. Schaffen Sie die notwendigen Prozesse. Informationsbasiertes Entscheiden verfügt im Idealfall über Daten und Auswertungen in Echtzeit. Wenn Sie hier an sich arbeiten wollen, können Sie einen einfachen Trick anwenden, um den Entscheidungsprozess bewusster anzugehen. Wenn Sie das nächste Mal vor einer Entscheidung stehen, treffen Sie diese zunächst rein aus dem Bauch heraus und notieren Sie sie. Dann beginnen Sie mit dem bewussten Einholen und Auswerten weiterer Daten und Informationen.

Seien Sie anspruchsvoll gegenüber sich selbst und Ihrem Team: Geben Sie sich nicht zufrieden, bevor Sie nicht Argumente für und gegen Ihren initialen Impuls gefunden haben. Menschen tendieren dazu, Daten und Fakten bevorzugt wahrzunehmen und als wichtig anzusehen, die unsere

Annahmen (oder unser Bauchgefühl) bestätigen. Häufig treffen wir spontan eine Entscheidung (bewusst oder unbewusst), beginnen dann damit, unterstützende und bestätigende Fakten zu suchen und sobald wir diese gefunden haben, beenden wir den Entscheidungsprozess offiziell. Dieser Tendenz wirken Sie über folgende Fragen entgegen: Wo finde ich Widersprüche in der vorliegenden Information? Welche Daten sprechen dafür, dass die Idee scheitern könnte? Welche Risiken lassen sich identifizieren?

Vergleichen Sie die Entscheidung am Ende des Prozesses mit Ihrer intuitiven Bauchentscheidung. Zumindest in einigen Fällen sollten Sie feststellen, dass ihr informationsbasiertes Urteil mehr oder weniger stark von dem Bauchurteil abweicht. Möglicherweise fällt die informationsbasierte Entscheidung nur etwas differenzierter aus, oder aber völlig anders. Auch wenn Sie zur gleichen Entscheidung kommen, Ihr Bauchgefühl bereits richtig lag: Nun haben Sie die Entscheidung begründet und mit Fakten untermauert. Dies wird Ihnen spätestens bei der Kommunikation der Entscheidung nützen.

So kompensieren Sie eigene Schwächen/Defizite:

Gehen Sie nach einem ähnlichen Muster wie bei Schwächen im Hyperbewusstsein vor, delegieren Sie es aber. Bilden Sie beispielsweise eine Task Force, die sich mit dem Thema informatonsbasiertes Entscheiden auseinandersetzt und Vorschläge erarbeitet – oder besser: diese direkt in agile Lösungen umsetzt (ausprobiert und modifiziert). Machen Sie einzelne Mitarbeiter zu Experten, die jederzeit die neusten Informationen auf einem bestimmten Gebiet haben und einbringen. Lassen Sie Themenbereiche gezielt durch einzelne Mitarbeiter aufbereiten.

Ein anderer Weg führt über Experten. Vernetzen Sie sich und ermuntern Sie Ihr Team sich zu vernetzen, sodass Sie jederzeit Experten für ein bestimmtes Gebiet kontaktieren können, die sie dann informationsbasiert beraten können. Stellen Sie Entscheidungen oder besser Fragestellungen auch mal in Expertenforen oder Interessensgruppen zur Diskussion.

Auch die Entscheidungsfindung selbst können Sie delegieren. Lassen Sie das Team entscheiden. Oder lassen Sie Ihr Team anstehende Entscheidungen auf Basis der Fakten vorbereiten.

> **Tipp**
> Auch agiles Arbeiten braucht Strukturen. Eine gute Struktur nimmt viel Führungsarbeit ab. Holen Sie die richtigen Leute ins Boot und schaffen Sie Strukturen, die Hyperbewusstsein forcieren und zum Sammeln von Informationen beitragen. Bitte ziehen Sie sich jetzt nicht mit Papier und Stift an Ihren Schreibtisch zurück. Rufen Sie besser Ihr Team zusammen. Definieren Sie Ziele und gemeinsam Maßnahmen, die die Zielerreichung fördern.

4.3 Schnelles Agieren

Schnelles Agieren bezieht sich auf eine sehr starke Ergebnis- und Handlungsorientierung. Es geht darum, einmal getroffene Entscheidungen unverzüglich umzusetzen. Und Projekte entlang einer ehrgeizigen Zeitplanung voranzutreiben. Ist das Projekt im Gange, wird aktiv Feedback eingeholt und Fehler werden schnell entdeckt. Schnelles Agieren gilt auch bei der Verarbeitung von Feedback und Fehlermeldungen sowie dem Anpassen und Optimieren der gefundenen Lösungen.

Schnelles Agieren bei Zalando

Werfen wir zum Beispiel einen Blick auf Zalando. Das Unternehmen ist von einem 2008 gegründeten Onlineshop zu Europas führender Online-Modeplattform mit mittlerweile eintausendsiebenhundert Mitarbeitern geworden und hat sich auf seine Art agil aufgestellt. Das Ziel der Einführung von agilem Arbeiten war die Fähigkeit, schnell auf Veränderungen im Geschäftsumfeld reagieren zu können, wie Eric Bowman, Vice President für Engineering bei Zalando in einem Interview mit McKinsey (von Cadieux/Heyn, April 2018) berichtet. Agilität erreicht für Zalando die schnellere Reaktionsfähig-

keit über die Möglichkeit des Abbaus von Engpässen durch Entscheidungs-
oder Abstimmungsnotwendigkeiten sowie die Möglichkeit, parallel arbeiten
zu können. Abteilungen wurden aufgelöst, Hierarchien reduziert und inter-
disziplinäre Teams gebildet. In einem Team gibt es zwei Chefs. Der Delivery
Head ist eine Art Fachvorgesetzter und der People Lead hat die disziplina-
rische Personalverantwortung. Schnelligkeit spielt unter anderem bei zwei
Aspekten eine Rolle. Entscheidungsprozesse sind dezentral und die Teams
genießen hohe Freiheit und Autonomie. So entscheiden Mitarbeiter selbst, an
welchem Projekt sie mitarbeiten wollen. Im Team werden dann die Methoden
bestimmt. Wertvolle Zeit geht so nicht durch Abstimmungen und das Einho-
len von Genehmigungen verloren.

Obwohl Transparenz eigentlich zu agilem Arbeiten dazugehört, macht Zalando hier zugunsten schnelleren Handelns eine Ausnahme und lässt einige Teams einfach machen. Hier werden beispielsweise neue Apps selbstständig entwickelt und in einem Markt getestet. Dies zeigt nicht nur Vertrauen in die Teams, sondern dient auch der Schnelligkeit.

Die Folgen, die Zalando sieht, sind mehr Innovationskraft und kürzere Entwicklungszyklen. Ein Erneuern einer App, das früher ungefähr ein Jahr gedauert hätte, kann laut Eric Bowman, Oberentwickler bei Zalando, im Interview mit dem Onlinemagazin *brand eins*, heute in zwei Monaten passieren. Schnelles Agieren bei Zalando wird also vornehmlich dadurch ermöglicht, dass Teams die volle Autonomie haben.

Schnelligkeit ist auch bezüglich der Unternehmenssteuerung gefragt. Dank der Digitalisierung sind Geschäftsdaten jederzeit aktuell abrufbar. In der Folge kann viel schneller auf sich abzeichnende Trends reagiert werden: Wo man früher erst einmal die Quartalszahlen abwartete, genügt heute ein Knopfdruck. Die Frequenz der Steuerung ist damit um ein Vielfaches höher als es früher möglich war.

Definition Schnelles Agieren
Agile Führungskräfte sind in der Lage, schnell zu handeln und setzen Schnelligkeit vor Perfektion.

Viele Faktoren auf verschiedenen Ebenen spielen eine Rolle dabei, wie schnell Entscheidungen getroffen werden und wie schnell eine Entscheidung tatsächlich in einer Organisation umgesetzt werden kann. Es geht bei dieser Kompetenz darum, wie schnell Sie handeln, aber auch darum, inwiefern Sie Ihr Team/Ihren Bereich zu schnellem Handeln befähigen. Nicht alle Faktoren können Sie als einzelne Führungskraft beeinflussen. Fokussieren Sie daher auf Ihren Handlungsbereich. Merken Sie aber, dass äußere Umstände Sie an der schnellen Ausführung hindern, entwickeln Sie Vorschläge, wie dies zu ändern wäre und geben Sie Ihr Feedback weiter. Insbesondere wenn Ihr Feedback an Ihren Chef geht, ist es ratsam, direkt mit Lösungsansätzen und Ideen zu kommen, sodass Ihr Chef Ihr Engagement wahrnimmt und es nicht als Beschwerden abtut.

Das Aufstellen eines Business Case für einen Abbau der Bürokratie kann übrigens recht gute Überzeugungsarbeit leisten. In den USA betragen die Kosten von Bürokratie jährlich drei Trillionen Dollar (Hamel/Zanini 2016).

Welche Faktoren spielen eine Rolle?

1. Von der Idee bis zur Umsetzung – wie viele Hürden müssen überwunden werden?

Je mehr Personen und insbesondere je mehr hierarchische Ebenen eine Entscheidung absegnen müssen, desto länger dauert der Prozess. Die Verzögerungen setzen sich fort, wenn jeder Change Request ebenso durch die Genehmigungsfilter tropfen muss.

Bremst Sie dies in der (schnellen) Ausführung Ihrer Handlungen, dann geben Sie das Feedback weiter – erarbeiten Sie Lösungsansätze und sprechen Sie mit Ihrem Chef.

Reflektieren Sie Ihre eigenen Prozesse. Wie halten Sie es mit Genehmigungsprozessen innerhalb Ihres Teams, Ihres Bereiches? Was kann man verschlanken? Welche Entscheidungskompetenzen können Sie vollständig (!) an Einzelne/an das Team geben?

2. Wie hoch ist die Hürde für das Go-Live?
Wie viele Tests einer neuen Lösung sind vorgegeben? Und wichtiger: Wie vollständig und wie perfekt muss die Lösung sein?

Hier ist Abstimmungsarbeit gefragt. Wie ist die Sicht des Kunden? Wie ist die Sicht der Stakeholder? Wie sieht es über Ihnen in der Linie aus? Verhandeln Sie! Als agile Führungskraft setzen Sie Schnelligkeit vor Perfektion. Denken Sie daran, Kurskorrekturen sind immer möglich. Wenn aber einmal der Anschluss verpasst ist, wird es schwierig.

Fragen Sie Ihre Mitarbeiter, was Sie an Ihren Vorgaben und Strukturen ändern müssen, damit Hürden abgebaut werden können und die Straße zur Umsetzung frei ist.

3. Wie detailliert muss die Dokumentation und die Planung sein?
Richten wir uns nach dem Agilen Manifest. Ein funktionierendes Produkt/System/ein funktionierender Prozess ... ist wichtiger als eine ausführliche Dokumentation desselben. Dokumentieren Sie nur das Wesentliche. In Sachen Planung rät das Agile Manifest uns, flexible Anpassungen in jedem Falle höher zu gewichten als eine detaillierte Planung. Auch hier gilt: Planen Sie das Wesentliche. Mehr nicht. Planlos sollten Sie sicher nicht an eine Sache herangehen, aber legen Sie lieber schneller los, als zu viel Zeit in eine Planung zu stecken (die vermutlich ohnehin angepasst werden muss). Auch hier geht es um Verschlankung der Prozesse und das Senken der Hürde für das Loslegen.

Wichtig ist zu verstehen, dass Prozesse nicht abgeschafft werden sollen. Im Gegenteil. Prozesse sind gerade bei agiler Arbeit relevant, dürfen diese aber nicht behindern. BMW beispielsweise will in Zukunft mit bis zu vierhundert Mann starken Teams Großprojekte agil meistern. Der CIO Klaus Straub verrät automotiveIT, dass hier entlang einer agilen Fabrik gedacht wird. Die Koordination eines solchen agil ablaufenden Großprojektes ist dabei herausfordernd und es braucht einheitliche Rahmenbedingungen. Diese werden laut Straub allerdings kein starres Konzept bilden, sondern in Form eines Prozessmodells funktionieren, das bei Bedarf unterstützt. Bei BMW wird so durch die Definition verbindlicher Referenzabläufe unnötige Komplexität und ein Prozessdschungel vermieden.

Haben Sie das Gefühl, Sie könnten schneller agieren, wenn Sie weniger Formalien einhalten müssen? Geben Sie Feedback! Fragen Sie Ihre Mitarbeiter, was Sie an Ihren Vorgaben und Strukturen ändern müssen, damit schneller agiert werden kann.

4. Darf man experimentieren? Auf Probe loslegen?
Hier steckt oft eine große Führungsaufgabe. Lesen Sie hierzu die Tipps, wie man eine Fehler- und Feedbackkultur fördert (siehe den ersten Abschnitt des fünften Kapitels zur Kompetenzdimension »Bescheidenheit«). Kommunizieren Sie klar, was Sie von Ihren Mitarbeitern erwarten. Belohnen Sie Eigeninitiative und schnelles Handeln, auch wenn dabei etwas schiefgeht. Sicherzustellen, dass aus den Fehlern gelernt wird, ist Ihre Aufgabe.

Die Antwort auf die obige Frage lautet ja, Sie dürfen. Korrigieren, einstellen, anpassen kann man nachher immer noch. (Lesen Sie hierzu den zweiten Abschnitt des fünften Kapitels zur Kompetenzdimension »Anpassungsfähigkeit«.) Besser sogar, man hat ja Erfahrung sammeln können. Statt lange an einer Planung zu arbeiten, oder jedes Detail einer Lösung auszuarbeiten, probieren Sie es aus, pilotieren Sie. Daniel Ek, Gründer und Vorstandsvorsitzender des Unternehmens Spotify hat beispielsweise das Motto »Nur wenn wir schneller scheitern als die anderen, lernen wir schneller. Und nur dann wird unser Produkt schneller besser als das Produkt der Konkurrenz«.

5. Hat man überhaupt Zeit, schnell zu arbeiten?
Schnelles Arbeiten braucht Fokus. Wenn Mitarbeiter alle möglichen zeitkritischen Aufgaben parallel erledigen müssen oder ständig neue, wenn auch kleine Anfragen und Aufgaben hinzukommen, können sie kaum den notwendigen Fokus aufbringen, eine Initiative zügig und effizient zum Ende zu bringen. Der mentale Switch zwischen Aufgaben kostet Energie und der Schwung geht durch Unterbrechungen verloren. Wenn Sie agiles Arbeiten einführen, bedeutet dies für die Mitarbeiter außerdem, mehr Verantwortung zu übernehmen und häufig, sich in neue Technologien einarbeiten zu müssen. Hierfür braucht es Zeit, die fest für die Fortbildung, die Einarbeitung geblockt ist.

Zur Anregung folgen Sie einem Denkszenario: Angenommen, Sie schaffen das nächste Projekt in der Hälfte der Zeit. Hört sich ehrgeizig an. Aber nehmen wir an, Sie haben es geschafft. Wie ist Ihnen das gelungen? Was war anders?

Und schließlich: Walk the Talk. Seien Sie Vorbild. Setzen Sie schnell um. Auch wenn die Lösung erst teilweise steht. Zeigen Sie, wie Sie Wettbewerbsvorteile durch Schnelligkeit erzielen und die Qualität entlang des Weges – wo nötig – angepasst werden kann. Teilen Sie mit Ihrem Team Situationen, wo spätere Anpassungsmöglichkeiten zu einem Vorteil für den Kunden werden. Vielleicht wurden Teilspezifikationen für die Lösung auch erst zu einem späteren Zeitpunkt erhoben. Könnte die Lösung so verbessert werden? Schließlich konnten erste Erfahrungswerte einfließen.

Schauen wir auf die klassischen Führungskompetenzen: Auf Kompetenzebene spielen hier vor allem drei Führungskompetenzen eine Rolle.

1. Ergebnisorientierung

Die Führungskraft fokussiert auf das Erreichen von Zielen, das Liefern von Ergebnissen. Der Weg dorthin (Prozesse, Strukturen, Verfahren) sind weniger relevant.

2. Handlungsorientierung

Kenntnisse und Fähigkeiten werden genutzt, um Handlungen auszuführen (versus diese zu planen).

3. Risikobereitschaft

Die Führungskraft ist chancenorientiert und hat den Mut, Entscheidungen auch gegen den Strom und unter Unsicherheit zu treffen. Risiken werden abgewogen und kalkulierte Risiken eingegangen.

Stärken Sie Ihre Stärke!

Sollten Sie zu den sehr schnellen Führungskräften gehören: Schnelles Handeln ist eine Stärke. Schnell auf Veränderungen, die neue Chancen oder Risiken darstellen zu reagieren, ist ein Wettbewerbsvorteil. Gerade heute gehört der Erfolg denen, die eine neue Idee als erstes umsetzen oder schnell auf den Zug aufspringen. Nicht selten sind die Führungskräfte, die sich als umsetzungsstark erwiesen haben, diejenigen, die befördert werden. Werden Sie zu der Führungskraft in Ihrem Unternehmen, bei der man weiß, bei Ihnen ist die Aufgabe so gut wie erledigt. Lassen Sie sich daher nicht bremsen. Machen Sie Ihr Talent sichtbar, bieten Sie aktiv Ihre Hilfe an, wenn Dinge ins Stocken geraten. Um Fallstricke zu vermeiden, beachten Sie folgende Punkte.

Aber übertreiben Sie es nicht!

Führungskräfte, die zur sehr schnellen Reaktion und Umsetzung neigen, haben oft ein ausgeprägtes Gefühl der Dringlichkeit. Dies kommt mit einem hohen Handlungsantrieb. Diese Stärke ist mit drei Risiken verbunden:

- Risiko 1: Übereilte/voreilige Reaktion beziehungsweise Aktionismus
- Risiko 2: Falsche Entscheidung, falsche Richtung, ungenügende Qualität (schnell aber schlecht)
- Risiko 3: Andere abhängen (Alleingang)

Risiko 1: Aktionismus

Führungskräfte, die schnell agieren und reagieren, profitieren von einer hohen Ausprägung in der Kompetenzdimension »Visionär sein«. Lesen Sie sich als Anregung die Führungsverhaltensweisen durch, die unter Visionär empfohlen werden.

Was hilft?

- Stellen Sie sich immer wieder drei Fragen: Wie lässt sich meine Aktion in die Strategie einordnen? Inwiefern dient die Aktion dem Erreichen der Vision? Kann diese Einzelaktion sinnvoll in ein größeres Projekt eingebettet werden?
- Treten Sie einen Schritt zurück und nehmen die Helikopterperspektive an. Wie positioniert sich eine schnelle Umsetzung der Idee im Big Picture?
- Analysieren Sie oder lassen Sie durch das Team analysieren, welche Kosten und Risiken mit einem schnellen Umsetzen einer Idee verbunden sind und wägen Sie diese vorsichtig ab.

Risiko 2: Schnell aber schlecht: Fehler, Scheitern, Schrott

Geschwindigkeit wird vor Perfektion gesetzt. Dies kann auf die Qualität schlagen. Flexibilität wird vor Planung und Struktur gesetzt. Manchmal kann die Erfolgswahrscheinlichkeit deutlich erhöht werden, wenn zumindest ansatzweise geplant wird.

Was hilft?

Vor der Umsetzung:

Stellen Sie sich immer wieder drei Fragen: Kann eine signifikante Qualitätserhöhung durch eine minimale Verzögerung erreicht werden? Ist die Aktion ganzheitlich bedacht worden (Interfaces, Kunde, Endkunde, Einordnung gegenüber anderen Produkten, Effekte auf bereits bestehende Produkte/vorherige Handlungen)? Kann ich weitere Meinungen dazu einholen, nochmals jemanden darauf gucken lassen?

- Legen Sie fest, welche Aspekte in einem minimalen Plan enthalten sein müssen
- Stellen Sie Mindestqualitätsanforderungen auf.
- Richten Sie eine Qualitätskontrolle ein.

Während der Umsetzung:
- Richten Sie Strukturen zum Einholen von Feedback und der Identifizierung von Fehlern ein.
- Führen Sie Prozesse ein, die sicherstellen, dass Fehler schnell korrigiert werden und aus ihnen gelernt wird.

Risiko 3: Alleingang

Ein starker Tatendrang verbunden mit einem hohen Dringlichkeitsempfinden verleitet nicht nur dazu, schnell zu handeln, sondern auch – oft aus Zeitgründen – andere nicht einzubeziehen. Dies kann nicht nur auf die Qualität schlagen (siehe oben). Einen Alleingang verzeiht Ihnen das Team sicher, wenn Sie die Notwendigkeit dafür aufzeigen können. Regelmäßige Alleingänge können aber dazu führen, dass Ihr Team den Anschluss verliert und Sie am Ende alleine dastehen, während Ihr Team an eigenen Zielen arbeitet.

Was hilft?

- Das Einbeziehen anderer in die Ideenfindung oder Planung muss nicht lange dauern! Ein regelmäßiges Stand-up-Treffen, in dem die Themen kurz besprochen werden, mag hier schon reichen.
- Eine weitere Idee kann eine offene Datei auf einem SharePoint sein, in der Ideen und Vorhaben zumindest aufgelistet sind, über die sich das Team informieren kann.
- Situationsbezogen können weitere Maßnahmen vereinbart werden. Hierbei hilft es, dass Ihr Team sich einen festen Zeitpunkt im Kalender für kurzfristige Mitarbeit blockiert hält.
- In diesem Zusammenhang ist es Führungsaufgabe, dass Ihr Team mit Vision und Strategie vertraut ist und diese unterstützt. Gerade bei Alleingängen gilt es, das gemeinsame Ziel im Auge zu behalten und für alle sichtbar zu halten.

Weitere Anregungen:
Alleingänge gegenüber Ihrem Team sind die eine Sache. Eine andere Sache sind Alleingänge im Bezug auf Ihren Chef.

- Achten Sie – auch wenn es schnell gehen muss – darauf, dass Sie auch im Sinne Ihres Vorgesetzten handeln. Im Zweifelsfall stimmen Sie sich mit ihm ab. Bevor Sie handeln
- Fragen Sie Ihren Vorgesetzten, welches Maß an Involviertheit er bevorzugt und wie Sie ihn am besten informiert halten können.

So gehen Sie mit einer fehlenden Schnelligkeit um

Vielleicht gehören Sie eher zu den überlegten Führungskräften, die mit Umsicht, Bedacht und Sorgfalt zunächst mal an die Planung und das Bilden einer Struktur gehen. Vielleicht brauchen Sie Bedenkzeit. Oder vielleicht sind Sie risikoscheu. Vielleicht warten Sie bei zu viel Unsicherheit oder zu vielen noch nicht bekannten Einflussfaktoren erst mal ab, statt ins Vage voranzuschreiten. Und vielleicht legen Sie viel Wert auf Qualität, sind eher perfektionistisch. Dann schließt auch dies nicht aus, dass Sie eine ausgezeichnete agile Führungskraft werden können. Lesen Sie im Folgenden wie Sie bei Ihrer Persönlichkeitsstruktur zu einem schnelleren Handeln und Umsetzen finden können.

So kompensieren Sie eine langsamere Herangehensweise
Das Beschleunigen Ihrer Reaktion können Sie nicht delegieren. Aber Sie können sich als verlangsamenden Faktor aus der Gleichung herausnehmen. Bauen Sie Genehmigungsschleifen und -hürden ab. Delegieren Sie Entscheidungskompetenzen. Richten Sie End-zu-End-Verantwortungen in ihrem Team ein.

Sie können auch an Ihrer Persönlichkeit arbeiten, indem Sie einen umsetzungsstarken Mitarbeiter bereits früh in ihre Überlegungen einbeziehen und sich von ihm zu schnellerem Handeln coachen lassen.

Wenn Sie ein Perfektionist sind, empfiehlt sich ohnehin ein Umdenken, denn selbst wenn Sie eine perfekte Lösung und einen perfekten Plan haben, der nächste Tag, die nächste Woche, konfrontiert Sie mit neuen Umständen und Ihre Lösung ist auf einmal nicht mehr perfekt.

Heute darf und muss man sogar Fehler machen. Heutige Produkte, Systeme, Prozesse dürfen unfertig auf den Markt geworfen werden. Denn nur so haben Sie die Flexibilität, zu optimieren und sich verändernden Umständen anzupassen. Es klingt paradox, aber geben Sie den Dingen Zeit. Denken Sie langfristig.

Sie werden hier und da schwer schlucken und ab und zu die Augen zumachen. Für Sie heißt es loslassen und entspannen.

Fehler kann ein Unternehmen meist leicht korrigieren. Einen verpassten Vorsprung kann man nur schwer wieder aufholen, ein verpasster Anschluss ist weg.

4.4 Ein Balanceakt – Warnung bei Ungleichgewicht

Während Sie sich in den vorherigen drei Kapiteln mit den drei Komponenten auseinandergesetzt haben, ist Ihnen vielleicht aufgefallen, dass die drei Verhaltensweisen mitunter im Konflikt stehen. So hemmt eine gründliche Analyse der vorliegenden Daten und Information eine schnelle Entscheidung, die für das schnelle Handeln erforderlich ist. Das Treffen einer Entscheidung fordert einen Cutt-off in der Informationssammlung, Hyperbewusstsein fordert dagegen ein ständiges Erfassen neuer Information. Es ist tatsächlich ein Spannungsfeld. Wenn wir in Kapitel 7 die Ebene der Persönlichkeit betrachten, wird diese Spannung noch deutlicher. Jede der drei Komponenten muss zumindest zu einem gewissen Maße vorhanden sein, sonst ist der Erfolg gefährdet. Neubauer und Kollegen (2017) leiteten entsprechend drei Warnungen ab, von denen bei unausgeglichenen Profilen jeweils eine Anwendung findet:

Ausprägung der Verhaltensdimensionen		
Hoch	Sehr niedrig	**Warnung**
Hyperbewusstsein Sachkundige Entscheidungsfindung	Schnelles Agieren	Schleichen: slow driving warning
Hyperbewusstsein Schnelles Agieren	Sachkundige Entscheidungsfindung	Unachtsames Fahren: careless driving warning
Sachkundige Entscheidungsfindung Schnelles Agieren	Hyperbewusstsein	Falsche Richtung: wrong direction warning

Warnung 1: Schleichen

Führungskräfte, die ein ausgeprägtes Hyperbewusstsein haben und eine hohe Ausprägung informierten Entscheidens, erkennen relevante Chancen und Risiken sehr früh und identifizieren neue Trends schneller als die meisten. Über eine analytische Herangehensweise werden Informationen aus unterschiedlichen Quellen ausgewertet und Entscheidungen informiert und evidenzbasiert getroffen.

Solche Führungskräfte wissen vermutlich sehr genau und zielsicher, wo die Reise hingehen muss. Werden die Ideen und Pläne jedoch nicht schnell umgesetzt, verliert sich der Wettbewerbsvorteil und die Konkurrenz zieht vorbei.

Warnung 2: Unachtsames Fahren

Hyperbewusste Führungskräfte, die schnell agieren, können ein Unternehmen am Markt einzigartig positionieren, da schnell auf aufkommende Trends reagiert wird. Fraglich ist allerdings, ob auch richtig reagiert wird.

Wenn Entscheidungen nicht genügend auf Daten und Fakten beruhen, auf vorsichtigen Abwägungen von Kosten und Nutzen sowie Risiken, kann der schnelle Schuss auch mal ins eigene Knie treffen. Der Vorteil, der auf der frühen Identifikation einer Chance und der schnellen Reaktion darauf gewonnen wird, wird so leichtfertig verspielt.

Warnung 3: Falsche Richtung

Führungskräfte, die schnell agieren und informationsbasierte Entscheidungen treffen, setzen durchdachte Lösungen schnell um. Die Schnelligkeit und Gründlichkeit kombinieren sich hier in einzigartiger Weise, die einen wesentlichen Aspekt der Agilität spiegeln. Ist das Produkt auf dem Markt, die Lösung implementiert, die Veränderung gemacht, verfolgt die Führungskraft diese. Es werden ständig weiter Daten erhoben und analysiert, die Fehler schnell aufdecken und das Lernen daraus garantieren. So werden Lösungen weiter angepasst und optimiert, Projekte ständig auf ihre Erfolgschancen hin geprüft. Wenn sich eine Idee als nicht sinnvoll erweist, kann entsprechend schnell korrigierend eingegriffen werden.

Werden allerdings externe Entwicklungen nicht weiter verfolgt, relevante Veränderungen und neu aufkommende Trends übersehen, führt das zu veralteten Daten und damit zu möglicherweise falschen Entscheidungen.

Warnung 1: Schleichen
Ausstehende To-dos zu erkennen, ist ein guter Anfang. Bleiben sie aber ungelöst, verpassen Führungskräfte gegebenenfalls den Anschluss.

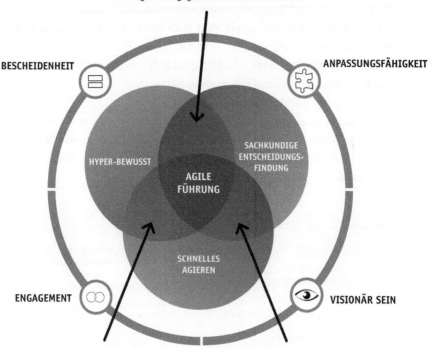

Warnung 2: Unachtsames Fahren
Schnelles Handeln ist unerlässlich. Wird vorhandenes Wissen aber nicht eingebunden, riskieren Führungskräfte, unbedachte Entscheidungen zu treffen.

Warnung 3: Falsche Richtung
Entscheidungen zu treffen und schnell umzusetzen, ist wichtig, doch ohne Hyperbewusstsein kommen Führungskräfte gegebenenfalls vom Weg ab.

Abbildung 5: Warnungen bei einem Ungleichgewicht im HAVE-Modell

Wie agil verhalten Sie sich? Ein Selbsttest

Wenn Sie herausfinden wollen, wie Sie momentan hinsichtlich der drei agilen Verhaltensweisen dastehen, können Sie den folgenden Fragebogen verwenden. Die Fragen entstammen der 2016/2017 von IMD und metaBeratung durchgeführten Befragung und sind praxiserprobt.

Wenn Sie alle Fragen beantwortet haben, können Sie Ihren individuellen Wert pro kritischer Verhaltensweise errechnen. Als Vergleich dient Ihnen ein Benchmark. Der Benchmark sind Mittelwert und Standardabweichung der Antworten, die wir Oktober 2016 bis Januar 2017 von 1042 Führungskräften gesammelt haben. Die Stichprobe der Führungskräfte ist global und branchenübergreifend zusammengesetzt.

Gehen Sie beim Ausfüllen zügig vor und antworten Sie spontan. Wählen Sie die Antwortalternative, die am besten Ihr Verhalten innerhalb der letzten sechs Monate beschreibt. Es gibt keine richtigen und keine falschen Antworten.

Aussage	Antwort: Trifft ...				
	nie zu	selten zu	manch- mal zu	häufig zu	fast immer/ immer zu
1. Ich beobachte neue Entwicklungen in meiner Branche.					
2. Ich verwende aktuelle Nachrichten-Feeds um potenzielle geschäftliche Auswirkungen zu identifizieren.					
3. Ich investiere Zeit in persönliche Netzwerke außerhalb meiner eigenen Branche.					
4. Ich strukturiere meine Erkenntnisse klar.					
5. Ich investiere in meine eigene Bildung.					

Aussage	Antwort: Trifft ...				
	nie zu	selten zu	manch- mal zu	häufig zu	fast immer/ immer zu
6. Ich beobachte Kundenbedürfnisse.					
7. Ich nutze digitale Tools (zum Beispiel Analytics) um Kundenfeedback und -bedürfnisse zu beobachten.					
8. Ich kommuniziere mit Kunden über Social Media.					
9. Ich bin für Kunden erreichbar.					
10. Ich beobachte neue Technologien in meiner Branche.					
11. Ich verwende virtuelle Netzwerke und Foren um mich aktiv über neue Technologien zu informieren.					
12. Ich wende schnell neue digitale Tools an.					
13. Ich nutze eine Vielzahl verschiedener Kommunikationskanäle.					
14. Ich teile nur die notwendigsten Informationen mit meinem Team.					
15. Ich versuche Information so zu strukturieren, dass andere sie leichter verwenden können.					
16. Ich sorge für einen ständigen Informationsaustausch innerhalb meines Teams.					
17. Ich motiviere mein Team, Kundenbedürfnisse zu beobachten.					
18. Ich motiviere mein Team, neue Entwicklungen in der Branche zu beobachten.					

Aussage	Antwort: Trifft ...				
	nie zu	selten zu	manch-mal zu	häufig zu	fast immer/ immer zu
19. Ich motiviere mein Team, zu netzwerken.					
20. Ich schaffe eine offene Atmosphäre, in der jeder seine Meinungen äußern kann.					
21. Ich ermutige mein Team, meine Beobachtungen und Meinung zu hinterfragen.					
22. Ich ermutige mein Team, seine Meinungen bezüglich neuer Entwicklungen zu teilen.					
23. Ich ermutige mein Team, mich bezüglich neuer digitaler Tools und Technologien auf dem Laufenden zu halten.					
24. Ich sammle Ideen von meinem Team/ meinen Mitarbeitern für zukünftige Trends.					
25. Ich integriere verschiedene Standpunkte und Kenntnisse.					
26. Ich investiere in die Weiterbildung meines Teams.					
27. Ich fördere Feedback durch eine Vielzahl kommunikativer Kanäle.					
28. Ich fördere die Nutzung digitaler Kommunikationstools in meinem Team.					
29. Ich nehme mir Zeit um das Entwicklungspotenzial meiner Teammitglieder zu identifizieren.					
30. Ich motiviere meine Teammitglieder, sich weiterzuentwickeln.					
31. Bevor ich strategische Entscheidungen treffe halte ich Rücksprache mit meinem Team.					

Aussage	Antwort: Trifft ...				
	nie zu	selten zu	manch- mal zu	häufig zu	fast immer/ immer zu
32. Ich verlasse mich auf mein Bauchgefühl, wenn ich Entscheidungen treffen.					
33. Ich sammle Daten, um eine gute Entscheidungsbasis zu erlangen.					
34. Ich basiere meine Entscheidungen auf aktuelle und Echtzeit-Daten.					
35. Ich hinterfrage meine eigenen Annahmen bevor ich eine Entscheidung treffe.					
36. Ich stütze meine Entscheidungen auf Fakten und Daten.					
37. Ich nutze digitale Tools (zum Beispiel Data Analytics und Dashboards) als Unterstützung bei Entscheidungen.					
38. Ich nutze Business-Simulationen und -Szenarien als Unterstützung bei Entscheidungen.					
39. Ich kommuniziere durch eine Vielzahl verschiedener Kanäle.					
40. Ich hinterfrage wie ich Entscheidungen treffe.					
41. Ich ändere meine Meinung vor meinem Team, wenn sie mich überzeugen.					
42. Ich ermutige mein Team, seine Annahmen zu hinterfragen bevor sie Entscheidungen treffen.					
43. Ich ermutige mein Team, Daten nicht nur zu evaluieren, sondern auch so zu interpretieren, dass sie Entscheidungen vorbereiten.					

Aussage	Antwort: Trifft ...				
	nie zu	selten zu	manch- mal zu	häufig zu	fast immer/ immer zu
44. Ich unterstütze, Entscheidungen gemeinsam zu treffen.					
45. Ich delegiere das Treffen von Entscheidungen.					
46. Ich fördere kreative Lösungen für Businessprobleme.					
47. Ich delegiere so viele Entscheidungen wie möglich.					
48. Ich nutze digitale Tools, um die Einschätzung meines Teams bei kritischen Entscheidungen zu erfassen.					
49. Ich fördere ein Umfeld für mein Team, in dem es keine Hierarchien gibt und Gleichberechtigung herrscht.					
50. Umsetzung erfolgt am schnellsten, wenn ich das Zeitmanagement vorgebe.					
51. Ich treffe ohne zu zögern Entscheidungen.					
52. Ich gehe Risiken ein, um die Umsetzungen zu beschleunigen.					
53. Nach erfolgreicher erster Umsetzung weite ich das Projekt sofort aus.					
54. Ich versuche nur Menschen miteinzubeziehen, welche zwingend für die Umsetzung nötig sind.					
55. Ich achte darauf, aus Fehlern zu lernen.					
56. Ich passe mein Verhalten neuen Umständen an.					

Aussage	Antwort: Trifft ...				
	nie zu	selten zu	manch- mal zu	häufig zu	fast immer/ immer zu
57. Ich fördere eine Kultur, in der Fehler als eine Möglichkeit zu lernen gesehen werden.					
58. Ich bespreche die Umsetzung der Firmenstrategie mit meinen Mitarbeitern.					
59. Ich gebe meinem Team detaillierte Anweisungen, wie ein Ziel erreicht werden kann.					
60. Ich unterstütze die Trial-and-Error-Methode innerhalb meines Teams.					
61. Ich setze mich mit disruptiven Ansätzen als Herausforderungen auseinander.					
62. Ich gebe meinen Mitarbeitern Feedback.					
63. Ich setzte anspruchsvolle Ziele für mein Team.					
64. Ich ermögliche Projektteams, die Rahmenbedingungen während eines Projektes zu ändern.					
65. Ich bilde selbststeuernde Teams.					
66. Ich versuche aktiv eine vertrauenswürdige Atmosphäre innerhalb meines Teams zu schaffen.					
67. Ich motiviere mein Team, seine Arbeit zu überprüfen.					
68. Ich biete meinem Team eine flexible Arbeitseinteilung, damit jeder in dem Gebiet arbeitet, in dem er kompetent ist.					
69. Ich bemühe mich bewusst, mein Team zu unterstützen, damit sie erfolgreich sind.					

Aussage	Antwort: Trifft ...				
	nie zu	selten zu	manch- mal zu	häufig zu	fast immer/ immer zu
70. Ich biete meinem Team ein Ziel, lasse aber das Team bestimmen, wie das Ziel verwirklicht werden soll.					
71. Ich ermutige mein Team, Risiken einzugehen, damit die Umsetzung schneller erfolgt.					
72. Ich führe oder beteilige mich an virtuellen Teams, welche nicht am selben Ort oder in derselben Zeitzone arbeiten.					
73. Ich involviere mein Team in die Einführung neuer Tools.					

Auswertungsanleitung für eine erste Standortbestimmung:

Wenn Sie alle Fragen beantwortet haben, können Sie Ihren individuellen Wert pro kritischer Verhaltensweise bestimmen. Ihre Punktezahl pro Frage ist davon abhängig, ob es sich um eine Frage vom Typ a oder vom Typ b handelt. Die folgende Tabelle zeigt Ihnen, welche Frage zu welcher Verhaltensdimension gehört und welcher Fragetyp zur Punktwertbestimmung zu nehmen ist. Ergänzend bestimmen Sie bitte noch Ihre Geschäftsagilität mithilfe der angegebenen Formel.

Auswertungsschlüssel

	Verhaltensdimensionen			
	Hyper-bewusstsein	Sachkundige Entscheidungs-findung	Schneller Agieren	Geschäfts-agilität insgesamt (GA)
Fragen mit Punkte-verteilung a.	1–13, 15–30	31, 33–49	51–58, 60–73	_____
Fragen mit Punkte-verteilung b.	14	32	50, 59	_____
Ihre Summe				_____
Ihr Mittelwert (x) (Summe/Anzahl Fragen)	(Summe/30)	(Summe/18)	(Summe/24)	$(x_1+x_2+x_3)/3$
Benchmark x	3,7	3,8	3,8	3,8
Benchmark Standardabweichung (SD)	0,5	0,5	0,4	0,4
Interpretation unterdurchschnittlich durschnittlich überdurchschnittlich	< 3,2 3,2–4,2 > 4,2	< 3,3 3,3–4,3 > 4,4	< 3,4 3,4–4,2 > 4,2	< 3,4 3,4–4,2 > 4,2

Punkteverteilung a:

1 Punkt: Trifft nie zu; 2 Punkte: Trifft selten zu; 3 Punkte: Trifft manchmal zu; 4 Punkte: Trifft häufig zu; 5 Punkte: Trifft fast immer/immer zu

Punkteverteilung b:

5 Punkte: Trifft nie zu; 4 Punkte: Trifft selten zu; 3 Punkte: Trifft manchmal zu; 2 Punkte: Trifft häufig zu; 1 Punkt: Trifft fast immer/immer zu.

So berechnen Sie Ihre Geschäftsagilität (GA):

GA = x Hyperbewusstsein + x Sachkundige Entscheidungsfindung + x Schnelles Handeln) / 3

Wie Sie an dem Benchmark sehen können, verhält sich die durchschnittliche Führungskraft an den einzelnen Verhaltensweisen gemessen bereits eher häufig agil. Wenn Sie die ein oder andere Verhaltensweise zu Ihrem Standard machen, also fast immer zeigen, zeigen Sie bereits ein agileres Führungsverhalten als der Durchschnitt der Führungskräfte.

Wenn Sie wissen möchten, wie Sie im Vergleich zu der Führungsstichprobe aus einer bestimmten Branche stehen, finden Sie im Folgenden die Mittelwerte der Geschäftsagilität und die zugehörigen Standardabweichungen (aufgeschlüsselt nach Branche). Die Werte variieren zwar, aber die Branchenunterschiede sind kleiner als man vermuten würde.

Branchenspezifischer Mittelwert Geschäftsagilität (GA) und Standardabweichung (SD)		
Beratung	3,73	0,46
Verbrauchsgüter	3,79	0,32
Bildung	3,75	0,49
Finanzdienstleistung	3,77	0,45
Gesundheitswesen	3,74	0,37
Hospitality/Reisen	3,96	0,42
Keine der genannten Branchen	3,78	0,36
Medien und Unterhaltung	3,70	0,34
Öl und Gas	3,76	0,31
Pharmazie	3,83	0,36
Einzelhandel	3,67	0,52
Technologische Produkte & Leistungen	3,82	0,40
Telekommunikation	3,99	0,37
Produktion	3,75	0,41
Gemeinnützig	3,71	0,56
Transport und Logistik	3,78	0,35
Versorgungsunternehmen	3,76	0,5

5.
Agil führen über erfolgskritische Kompetenzen

● ●

Als Führungskraft liegt Ihnen vermutlich daran, Erfolge zu erzielen, durch und mit anderen Menschen. Dies haben Sie in der Vergangenheit auch mehr oder weniger erreicht. Um heute und in Zukunft noch genauso erfolgreich oder erfolgreicher zu sein, müssen Sie vielleicht hier und da an ein paar Stellschrauben drehen und den neuen Anforderungen auf Ihre Weise, aber wirksam, begegnen. Ganz wichtig dabei ist die Frage »Wie oder über was definiere ich mich als Führungskraft?« Die Erfahrung, dass es auch, oder gerade, um eine innere Haltung geht, hat man bei einem der größten Anbieter von Premium-Pkw gemacht, wie ein Vice President, der bei der Transformation des Unternehmens beteiligt war, im Interview mit Nicole Neubauer im Rahmen der Recherchen für dieses Buch in 2018, mitteilte.

Nach den agilen Verhaltensweisen wird nun gezeigt, was sich hinter den vier HAVE-Kompetenzen Bescheidenheit (Humble), Anpassungsfähigkeit (Adaptable), Visionär (Visionary) und Engagiertheit (Engaged) verbirgt. Es wird beschrieben, wie man die einzelnen Kompetenzen auf- und ausbauen kann und welche Maßnahmen Defizite kompensieren können. Dabei wird deutlich werden, warum die innere Haltung der Führungskraft so wichtig ist.

Die vier Kompetenzen bilden das Gerüst, auf das Sie sich stützen, wenn Sie agil führen und die drei kritischen Verhaltensweisen konsequent vorantreiben. Arbeiten Sie an den HAVE-Kompetenzen, werden Sie merken, wie Hyperbewusstsein, informierte Entscheidungsfindung und schnelles Agieren ganz automatisch in Ihren Alltag übergehen.

Die vier Kompetenzen sind, wie auch die drei Verhaltensweisen, in ihrem Zusammenspiel zu betrachten. Wenn eine Komponente unzureichend ausgeprägt ist, kann diese nicht durch die anderen Komponenten kompensiert werden. Agile Führung muss auf vier Beinen stehen.

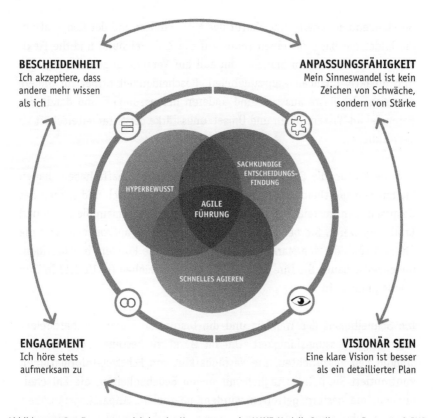

BESCHEIDENHEIT
Ich akzeptiere, dass
andere mehr wissen
als ich

ANPASSUNGSFÄHIGKEIT
Mein Sinneswandel ist kein
Zeichen von Schwäche,
sondern von Stärke

HYPERBEWUSST

SACHKUNDIGE
ENTSCHEIDUNGS-
FINDUNG

AGILE
FÜHRUNG

SCHNELLES AGIEREN

ENGAGEMENT
Ich höre stets
aufmerksam zu

VISIONÄR SEIN
Eine klare Vision ist besser
als ein detaillierter Plan

Abbildung 6: Das Zusammenspiel der vier Kompetenzen im HAVE-Modell; Quelle: metaBeratung & IMD

Das HAVE-Modell kann in zwei Kategorien unterteilt werden. Bescheidenheit und Engagiertheit beschreiben die zwischenmenschliche Komponente agiler Führung. Bescheidenheit bezieht sich dabei stärker auf Ihre innere Haltung und Engagiertheit auf Ihre äußere Haltung. Ihr Team wird Ihre Bescheidenheit spüren. Ihr Engagement wird das Team sehen und hören. Anpassungsfähig und visionär beschreiben die aufgabenbezogene Komponente agiler Führung.

Bescheidenheit schafft eine Kultur des Miteinanders und der Kooperation. Sie bildet die Basis für einen Fokus auf die Zielerreichung und die Flexibilität, die es im Team braucht, um agil auf Veränderungen zu reagieren und proaktiv Chancen wahrzunehmen. Bescheidenheit öffnet für andere den Weg, das Beste aus sich und anderen herauszuholen und damit das Potenzial an Wissen, Ideen und Umsetzungsstärke der Mitarbeiterschaft zu verwirklichen.

Auf die Kultur, die Sie über die Bescheidenheit geschafft haben, bauen Sie mit Engagiertheit auf. Sie verlassen Ihren Schreibtisch und suchen das Gespräch, den Austausch. Im Kontakt mit anderen sammeln Sie Ideen und Erfahrungswerte. Sie bekommen mit, welche Trends aufkommen, was die Themen sind, die den Markt, die Wettbewerber, die Kunden, beschäftigen. Gleichzeitig bauen Sie Ihre Netzwerke aus und beziehen Ihr Umfeld in Ihre Überlegungen ein.

Die Schnelligkeit des Wandels und die Disruption vieler Geschäftsfelder erfordert Anpassungsfähigkeit. Um im Markt zu bestehen, gilt es, sich ständig neu auszurichten. Die Verfügbarkeit von Echtzeit-Informationen konfrontiert Sie nahezu täglich mit neuen Begebenheiten, die Entscheidungen, die gestern getroffen wurden, überholen. Anpassungsfähigkeit bedeutet hier seine Meinung zu ändern, Entscheidungen zu revidieren. Agil zu führen bedeutet, reaktionsfreudig zu sein – sei es auf neue Kundenbedürfnisse oder sich verändernde Umstände. Schnelligkeit wird heute belohnt. Die Samwer Brüder haben zuletzt mit Lazada in Windeseile Amazon Klone geschaffen.

Bei dem Hin und Her, den kurzfristigen Kurskorrekturen, die die Reaktionsfreudigkeit mit sich bringt, verliert man schnell den roten Faden. Die Antwort liegt in der Langzeitausrichtung. Visionär denken und handeln liefert den Zug – die Inspiration und die Orientierung. Der inspirierende Aspekt einer Vision erzeugt Energie, Motivation. Die Orientierung, die die Vision liefert, lenkt die Energie in die richtigen Bahnen und verknüpft die Motivation mit der Zielerreichung. Durch visionäres Agieren bieten Sie den notwendigen Kleber, der räumliche Distanz, Interdisziplinarität und Diversität verbindet.

Die folgenden Seiten führen Sie durch die vier Kompetenzen und zeigen auf, wie diese im Führungsalltag die Leistung Ihres Teams steigern können und wie Sie Ihre Führungsleistung im Umfeld der digitalen Transformation professionalisieren können.

5.1 Kompetenzdimension »Agil führen durch Bescheidenheit«

Es geht es nicht um das, was Sie sind und was Sie mitbringen. Es geht um das, was sie aus anderen machen können. Führung ist Mittel. Nicht Zweck.

Oder sagen wir es etwas philosophischer mit Sokrates (469–399 vor Christus): »Wer glaubt, etwas zu sein, hört auf, etwas zu werden.«

Bescheidenheit als wünschenswertes Merkmal für Führungskräfte überrascht vielleicht zunächst. Es ist nicht gerade das Bild, dass sich auftut, wenn wir an ehrgeizige, selbstbewusste Führungskräfte denken. In meiner Arbeit mit einem Finanzdienstleister vor fast zehn Jahren, wurde dies besonders deutlich. Führungskräfte wurden vornehmlich nach ihrer (fachlichen/funktionalen) Leistung ausgewählt – das beste Pferd im Stall bekommt die Führungsposition. So hat man es oft mit »Kenn ich, kann ich, hab ich schon gemacht, und die Antwort kenne ich auch«-Leitern zu tun. Und auch in anderen Branchen war der Chef meist der fachlich kompetenteste.

Diese Bild verändert sich bereits seit einiger Zeit. Die zunehmende Komplexität von Arbeitsbereichen und die Notwendigkeit interdisziplinärer Teams haben bereits in vielen Bereichen dazu geführt, dass Teammitglieder in bestimmten Themen tiefergehendes Wissen und mehr Erfahrung aufweisen als die Führungskraft. Und hieraus wurde ein Trend. Sie erinnern sich vielleicht an die Diskussion vor einigen Jahren, ob wir mehr Generalisten in Führungsfunktionen brauchen. Ausbildungsansätze wie Management Trainee Programme oder Management bezogene Studiengänge, auch der MBA, gewannen an Beliebtheit.

Mittlerweile gibt es Studien, die darauf hinweisen, dass es vielleicht nicht der richtige Ansatz ist, wirtschaftlich gut ausgebildete, jedoch fachfremde Führungskräfte einzusetzen. Interessant ist hier beispielsweise eine Studie aus dem Harvard Business Review (Artz/Goodall/Oswald 2016), in der fünfunddreißigtausend zufällig ausgewählte Mitarbeiter aus England und Amerika befragt wurden. Es zeigte sich, dass ein Chef, der in dem geführten Bereich fachlich kompetent ist, der wichtigste positive Einflussfaktor auf die Arbeitszufriedenheit der Mitarbeiter ist. In den USA war ein fachlich kompetenter Chef, der den Job seiner Mitarbeiter erledigen könnte, sogar wichtiger für die Arbeitszufriedenheit als das Gehalt. Eine niedrige Arbeitszufriedenheit wirkt sich auch direkt negativ auf die Leistung aus. Andere aktuelle Studien, die den Einfluss auf die Leistung direkt betrachten, kommen den Autoren nach zu ähnlichen Ergebnissen. So sind Krankenhäuser, die von einem Arzt geführt werden vermutlich erfolgreicher als jene, die von Generalisten (General Managers) geführt werden. US Basketballteams sind erfolgreicher, wenn sie von einem früheren Spieler geleitet werden. Formel-1-Teams profitieren von einem erfolgreichen früheren Rennfahrer in der Führung. Auch Universitäten sind erfolgreicher, wenn sie von Forschern geleitet werden.

Das heißt aber nicht, dass Sie als Führungskraft alles besser wissen. Im Gegenteil, wie Steve Jobs es ausdrückt: »Es macht keinen Sinn, schlaue Leute einzustellen und ihnen dann zu sagen, was sie tun sollen; wir stellen schlaue Leute ein, damit sie uns sagen können, was zu tun ist.«

Die digitale Transformation hämmert gerade den letzten Sargnagel auf das Bild der Führungskraft als umfassenden Experten auf dem Gebiet. Nicht nur arbeiten wir interdisziplinärer und zunehmend in losen, Unternehmensstrukturen übergreifenden Netzwerken. Die Geschwindigkeit des Wandels heute (und diese wird in Zukunft nur noch höher) konfrontiert uns täglich mit neuen Entwicklungen, Methoden, Erkenntnissen, die das Wissen und die Erfahrung jeder Führungskraft übersteigt. Und hier spielt Bescheidenheit eine Rolle.

Wenn Sie persönlich mit dem Konzept der Bescheidenheit hadern, sind Sie nicht alleine. Zugegeben ist Bescheidenheit als Komponente agiler, zukunftsgerichteter Führung für viele Unternehmen schwere Kost. Ein weltweit führender Versicherungskonzern hat genau dies erlebt. Eine HR-Managerin des Unternehmens teilte diese Erfahrung in einem Interview 2018, im Rahmen der Recherchen für unser Buch. Die Einführung von Bescheidenheit als eine Kompetenzdimension agiler Führung wurde zu einer holprigen Erfahrung. Die HR-Managerin resümierte, dass Führungskräfte es gewöhnt sind, auf ihrem Karrierepfad aufgrund ihres Expertenwissens bewundert zu werden. Eine Führungskraft, die offen zugibt, etwas nicht zu wissen, verliert in dem Versicherungskonzern schnell an Ansehen.

Andere Unternehmen machen ähnliche Erfahrungen. Hier wird deutlich, wie stark sich unser traditionelles Führungsmodell wandeln muss. Um einen nicht allzu radikalen Bruch zu schaffen, ist es hilfreich, auf die Kompetenzdimension »Visionär sein« zu verweisen. Eine Führungskraft, die nicht alles weiß, aber weiß, wo es lang geht – damit können sich Mitarbeiter und Führungskräfte eher anfreunden. Am Ende ist es nicht mehr als eine Frage der Ehrlichkeit. Es mag sein, dass Sie einiges von dem Gebiet, das Sie führen, wissen – das kommt Ihnen sicher zugute. Doch verfügen Sie wirklich über ausreichendes Wissen und Erfahrung, in der komplexen Welt von heute immer die richtigen Entscheidungen zu treffen, die Sie in der sich verändernden Welt von Morgen erfolgreich machen? Wahrscheinlich nicht.

Deshalb: Gönnen Sie sich eine Pause und lehnen sich zurück. Agil führen heißt auch »Mensch sein«. Sie müssen weder als Führungskraft noch als Fachkraft auf alles eine Antwort haben. Im agilen Team arbeiten bedeutet, sich auf andere stützen zu dürfen. Sie dürfen Fehler machen. Führen Sie nicht von oben herab, führen Sie auf Augenhöhe.

Definition Bescheidenheit

Bescheiden und demütig zu sein heißt in diesem Kontext, zu wissen, dass die aktuelle Geschwindigkeit des Wandels das eigene Wissen und die eigenen Erfahrungen übersteigen wird.

Sie können nicht mehr alles vorgeben. Genau dieses zu erkennen und damit umzugehen, ist die eine Stärke agiler Leader. Es braucht viel Offenheit, eine solche Haltung anzunehmen. Es geht auch um die Fähigkeit, Feedback zu akzeptieren und anzuerkennen, dass andere in manchen Bereichen mehr wissen als man selbst.

Google ist ein Unternehmen, bei dem Bescheidenheit in der Führung zum Erfolgsrezept gehört, wie folgendes Zitat zeigt.

Google schaut nach der Fähigkeit, einen Schritt zurückzugehen und die Ideen anderer Leute aufzunehmen, wenn diese besser sind. Es handelt sich um intellektuelle Bescheidenheit. Ohne Bescheidenheit ist man unfähig zu lernen.
Lazlo Bock, ehemaliger Senior Vice President People Operations bei Google
(zitiert in der New York Times)

Diese intellektuelle Bescheidenheit ist eine von zwei relevanten Aspekten der Bescheidenheit im Kontext agiler Führung. Der andere Aspekt hat etwas mit dem Verhältnis zwischen Führendem und Team zu tun. Das Thema wurde bereits am Anfang des Buches aufgegriffen – die autoritäre Führungskraft, die an der Spitze ihres Teams steht, hat heute keinen Bestand mehr. Ich würde nicht so weit gehen zu sagen, dass die Führungskraft nur ein gleichgestelltes Teammitglied auf derselben Stufe aller anderen ist. Sicher sind Sie Teil Ihres Teams in agilen Umwelten, aber Sie sind und bleiben eben auch Führungskraft. Wie Sie am Ende des Kapitels erfahren, ist die Führungskraft für eine Kultur des Respektes, der Augenhöhe und des Lernens (Stichworte Fehlerkultur und Feedbackkultur) verantwortlich. Sie sind formal Führungskraft, aber Ihre Kernaufgabe ist die Gestaltung der informalen Organisation. Also der Umgangsformen und Ausformung der ungeschriebenen Gesetze in Ihrem Bereich. Laut *Focus Money online* (August 2014), verdoppelt ein respektvoller Führungsstil die Zahl zufriedener Mitarbeiter. Und die Zufriedenheit fängt mit Ihnen an.

Es liegt in unserer Persönlichkeit verwurzelt, ob wir mehr oder weniger zu Bescheidenheit neigen. Und ich habe mit zahlreichen Führungskräften gearbeitet, die ihr Ego, zumindest aber ihre Position bedroht sehen, wenn sie sich (und vor allem ihrem Team) gegenüber solche Eingeständnisse machen. Zwei Hauptreaktionen kann man hier beobachten.

Reaktionen auf geforderte notwendige Bescheidenheit

Einige Führungskräfte arbeiten sich in jeden Bereich ein und versuchen, doch an der Spitze aller Entwicklungen zu stehen. Dies ist allerdings so zeitaufwendig, dass es auf Dauer keiner durchhält. Auch ist die Komplexität oft schlicht zu hoch. Sobald dieser Typ Führungskraft dies merkt, zweifelt er seine eigene Führungsfähigkeit an. Diese Unsicherheit spiegelt sich fast immer im eigenem Verhalten und führt dazu, dass auch das Team das Vertrauen in die Führungskraft verliert. Orientierungslosigkeit und unsicheres Verharren sind die Folge. Vielleicht geht der Krug ja an mir vorbei. Solche Personen sind gekennzeichnet durch einen sehr hohen Leistungsanspruch, den sie an sich selbst setzen. Sie gehen hart mit sich ins Gericht und sind gewissenhaft.

Leider tendiert dieser Führungstyp eben nicht dazu, sich Rat oder Hilfe zu erbitten. Hier gilt es für höhere Vorgesetzte, wachsam zu sein und frühzeitig das Gespräch mit entsprechenden Teamleitern zu suchen. Die Reaktion derartiger Führungskräfte ist Ausdruck ihrer inneren Verpflichtung zu ihrem Job und ihrer Wahrnehmung der Führungsrolle. Den Leistungs-

anspruch und Leistungswillen solcher Menschen sollte man immer wert-
schätzten. Gemeinsam kann erst nach neuen Wegen gesucht werden, wenn
ein Feedbackgespräch nicht als persönlicher Angriff oder Leistungstadel
gesehen wird. Wie später noch ausgeführt wird, sind die Möglichkeiten
gangbarer als gedacht.

Wenn Sie sich in dieser Beschreibung wiederfinden, dann hilft es Ihnen
vielleicht, sich mit der neuen Rolle von Führen auseinanderzusetzen und
zu lernen, wie und wodurch moderne Leader heute Mehrwert schaffen.
Wenn Sie durch die noch folgenden Kapitel lesen, sollte Ihnen eine Last
von den Schultern fallen. Agiles Führen ist einfacher, als Sie vermuten. Sie
müssen sich nur ein bisschen zurücklehnen und entspannen.

Dann gibt es die sehr ehrgeizigen und karriereorientierten Führungskräfte. Auch ihnen steht für intellektuelle Bescheidenheit bisweilen das eigene Ego im Weg. Die eigenen Leistungs- und Kompetenzgrenzen werden
schlicht nicht wahrgenommen. Werden sie dann aber doch sichtbar, wird
dieser Umstand oft versteckt und die Führungskraft versucht zu bluffen.
Hinter dem Bluff steht in der Regel aber nur die Angst, den Respekt als
Führungskraft zu verlieren. Oder auch die Berechtigung weiter Führungskraft sein zu dürfen. Und am Ende natürlich auch die eigene so hoch ein-
geschätzte Position. Dieses Spiel funktioniert meist recht gut, zumindest
für einige Zeit. Bis der Bluff auffliegt. Und schon zuvor kann man beobachten, wie die besten Teammitglieder sich nach anderen Rollen umschauen,
da unsere zur Arroganz tendierende Führungskraft sie nicht miteinbezieht
und ihr Potenzial ungenutzt lässt.

Es hilft hier oft eine neue Perspektive. Wenn die eigenen Grenzen nicht
mehr als Schwäche betrachtet werden, sondern als eine heute allgegen-
wärtige Tatsache, dann wird das Einräumen der Grenzen eigenen Wissens
und Könnens zur Basis erfolgreicher Zusammenarbeit. Anzuerkennen, dass
wir nicht immer die Experten sind und manchmal sogar schlichtweg überfordert sind, neue Entwicklungen zu begreifen (geschweige denn sie zu

kreieren), ist eine Notwendigkeit für eine konstruktive, produktive Zusammenarbeit auf Augenhöhe. Und damit Bedingung des Erfolges.

Bescheidenheit ist – wie erwähnt – etwas, das in unserer Persönlichkeit verankert ist. Das werden wir nicht ändern. Und das müssen Sie auch nicht. Bescheidenheit ist ein Gegenpol zu Überheblichkeit und Geltungssucht. Dies ist es, was es aufseiten der Persönlichkeit zu vermeiden gilt (hierzu erfahren Sie auch näheres in Abschnitt 7.7 zu persönlichkeitsbedingten Risikofaktoren). Ein Blick darauf, welche klassischen Führungskompetenzen hier relevant sind, macht deutlich, dass sie das Problem mangelnder Bescheidenheit zum Großteil schlicht durch Verhaltenskontrolle in den Griff kriegen können.

Schauen wir auf die klassischen Führungskompetenzen: Auf Kompetenzebene spielen hier vor allem zwei Führungskompetenzen eine Rolle.

1. Selbstführung

Hierzu gehört ein gutes Maß an Selbstkontrolle, die eigene Motivation aufrechtzuhalten und eine positive Einstellung zu zeigen. Wenn Sie nun in der Vergangenheit das Feedback erhalten haben, arrogant zu sein, ist die Selbstführung für Sie essenziell.

2. Professionalismus

Es geht um professionelles Verhalten, darum sein Handeln nach den Werten, Prinzipien und Standards der Firma auszurichten. Auch Führung ist eine Profession und als solche zu betrachten.

Die BMW-Group-IT, die bis 2019 zu 100 Prozent agil aufgestellt sein will, hat die eigene Unternehmenskultur als eines von vier Kernelementen (Kultur, Prozess, Struktur, Technologie) erklärt. Die Kultur wird bei BMW IT definiert durch Vertrauen, Respekt und Verantwortung, eigenverantwortliches Arbeiten sowie eine positive Feedbackkultur. In der Kultur wird dort ein Schlüssel für die agile Motivation und Schnelligkeit gesehen. Auch bei BMW-Group-IT können Sie erkennen, dass Bescheidenheit ein Muss ist. Ohne ein gewisses Maß an Bescheidenheit fällt es uns schwer, eigene Entscheidungskompetenz zugunsten eigenverantwortlichen Arbeitens an Teams abzugeben. Ohne ein gewissen Maß an Bescheidenheit können Sie nicht auf Augenhöhe führen und die Potenziale Ihrer Mitarbeiter durch Einbezug ausschöpfen.

Das Herzstück im agilen Arbeiten, ist das Befähigen und Ermächtigen (Empowerment) von Teams. Gemeint ist die Autonomie, Teams selbst entscheiden zu lassen und den eigenen Teams das erfolgreiche Arbeiten zu ermöglichen. Viele Führungskräfte streben das zwar nach Außen an, tappen dann aber immer wieder in die gleichen Ego-Fallen, die Ihnen agiles Arbeiten unmöglich machen.

Typische Agilitätsfallen von Führungskräften:
- Eine Initiative nach der anderen zu starten und so die Organisation zu überladen.
- Auch beliebt ist der »Könntest du nicht noch ...«-Fehler. Widerstehen Sie der Versuchung, Ihre Mitarbeiter für Ihre eigene Agenda zu benutzen. Lassen Sie Ihre Mitarbeiter selbstgesteuert ihr volles Potenzial entfalten.
- Das zwanghafte Setzen von Meilensteindaten und Deadlines, wo diese eigentlich nicht in dem Maße notwendig sind. Diese legen dem agilen Fluss eine Struktur auf, die nur um der Struktur willen besteht. Genaugenommen besteht die Struktur, damit Führungskräfte das Gefühl von Kontrolle haben.
- Dann haben wir das Problem des Nicht-loslassen-Könnens. Führungskräfte laden Teammitglieder ständig zu irgendwelchen Meetings ein, in denen sich die Führungskraft informieren will und ein Stück weit Kontrolle ausüben will. Jedes Meeting reist das Teammitglied aus der eng getackteten agilen Teamarbeit raus und stört den Prozess.
- Es gilt, dem Impuls zu widerstehen, ständig Input geben zu wollen, anstatt dem Team zuzuhören.

- Die nächste Herausforderung hat mit Vertrauen zu tun. Anstatt ständig nachzufragen, ob bestimmte Ideen oder Aspekte vom Team in der Entscheidungsfindung berücksichtigt wurden, vertrauen Sie darauf, dass das Team schon richtig entschieden hat. Werfen Sie immer wieder Aspekte auf, die das Team bereits abgehandelt hat, ziehen Sie Energie von der Lösung ab und zwingen das Team in Wiederholungsschleifen hinein.
- Schließlich gilt es, den eigenen Worten treu zu bleiben: Der beste Weg, dem Team den Wind aus den Segeln zu nehmen, ist immer wieder alles anders zu machen.

Vergessen Sie bitte unsere Eingangsworte nicht: Sie müssen nicht zu einer anderen Führungskraft oder gar zu einer anderen Person werden. Und Sie müssen nicht blind unseren Empfehlungen folgen. Das Ziel, eine erfolgreiche Führungskraft zu sein und zu bleiben, erreichen Sie am besten auf eine zu Ihnen passende Weise.

Verstehen Sie die folgende Liste daher als Anregung und Ideensammlung. Prüfen Sie, was zu Ihrer Situation, Ihrem Team und zu Ihnen passt. Nur so können Sie authentisch und glaubhaft agieren. Die Beispiele für ein Führen im Sinne der Kompetenz Bescheidenheit, sind was sie sind: Beispiele. Nicht mehr und nicht weniger. Im Folgenden haben wir Ihnen Wege, die andere Unternehmen bereits gehen mit Handlungsempfehlungen zusammengestellt.

Wege zu funktionierenden Fehler- und Feedbackkulturen

Bescheidenheit ist der Schlüssel, um zu verstehen, dass man nicht alle Antworten selbst hat und offen sein sollte, von anderen zu lernen. Um zu lernen, braucht es eine lebendige Fehlerkultur. Dem Fehlermachen und Versagen gegenüber offen zu sein und sich so zu verhalten, dass nachher daraus gelernt werden kann, ist die Voraussetzung in der digitalen Transformation mitzuhalten. So beschreibt ein HR-Manager im Bereich Digital eines weltweit führender Arzneimittelherstellers die Bedeutung von Bescheidenheit in einem Interview im Rahmen der Recherche zu diesem Buch (2018):

»Bei einer Fehlerkultur geht es um darum, dass Fehler gemacht werden dür-fen, dass offen über Fehler gesprochen wird und aus den Fehlern gelernt wird. Zentral ist hierbei, Feedback als Form der Wertschätzung und Unter-stützung zu sehen. Feedback zu bekommen ist ein Geschenk aus dem man lernen kann und das die Basis für die Entwicklung von Professionalität und persönlichem Wachstum darstellt.«

Keine Angst vor Fehlern (Spotify, Zalando, ein Pharmakonzern)
Spotify sprechen in ihrem »agile a la Spotify«-Manifesto explizit von einer Kultur ohne Schuldzuweisung und Angst. Zalando sieht vor allem Trans-parenz und gegenseitiges Vertrauen als Voraussetzung agilen Arbeitens. Im Kern geht es beiden Unternehmen um eine echte, gelebte Fehler- und Feedbackkultur.

Eine der Top-Führungskräfte eines Pharmaunternehmens ging einen Schritt weiter. Die Devise war nicht mehr, keine Angst vor Fehlern zu haben, son-dern Fehler als Maß für Erfolg zu akzeptieren, wie uns ein HR-Manager des Unternehmens im Interview im Rahmen der Recherche zu diesem Buch mitteilte. Er setzte seinem Team ein neues Ziel: Versage in 30 Prozent aller Fälle!

Wer Führen nach klassischer Command-and-Control-Denke gelernt hat, der dürfte Schwierigkeiten mit einem derart den Einzelnen wertschätzenden Führungsstil haben. Folgende Verhaltensweisen können Ihnen helfen, den Einstieg in eine funktionierende Fehler- und Feedbackkultur zu finden:

- Geben Sie dem Team gegenüber offen zu, wenn Sie das Gefühl haben, in einer Sache nicht genügend Information zu haben, um eine Ent-scheidung treffen zu können.

- Holen Sie bei fehlendem Wissen Ihr Team ins Boot. Gemeinsam können Sie weitere Informationen zusammentragen, oder zumindest die Meinungen der Teammitglieder in die Entscheidung einbeziehen.
- Geben Sie offen zu, wenn Sie einen Fehler gemacht haben und fordern Sie Ihr Team auf, das gleiche zu tun.
- Fragen Sie Ihre Mitarbeiter immer wieder nach Feedback und scheuen Sie sich nicht, dass Feedback, das Sie erhalten, mit anderen zu teilen.

Als Führungskraft gestalten Sie auch die Spielregeln, wie miteinander umzugehen ist. Stellen Sie daher Regeln auf, wie reagiert wird, wenn ein Fehler offen mitgeteilt wird. Dazu gehören insbesondere

- Dos: Wir geben Fehler offen zu; wir analysieren gemeinsam die Ursachen; wir lernen aus Fehlern
  Don'ts: Fehler werden nicht bestraft; wir machen den gleichen Fehler nur einmal
- Dos: Wertschätzung, konstruktiver Umgang, Lösungsorientierung
  Don'ts: Schuldzuweisungen, negative Konsequenzen

Formulieren Sie die Erwartung, dass man sich im Team gegenseitig Feedback gibt. Stellen Sie Feedbackregeln auf und lernen Sie mit ihrem Team, wie man Feedback gibt (zum Beispiel WWW-Regel, siehe Abschnitt 8.3).

Beispiel Schaffen einer Feedbackkultur (Zalando)

Zalando hat beispielsweise einen Feedback-Experten in jedem Team, der dabei unterstützt, eine Feedbackkultur konstruktiv zu leben.

Auch hier gilt, dass Sie als Führungskraft nicht alles alleine verantworten müssen. Ernennen Sie einen Teamcoach, der für das Leben der Fehler- und Feedbackkultur verantwortlich ist. Dieser kann immer mal wieder Miniworkshops abhalten, um zu sehen ob das Team noch auf dem richtigen Weg ist und wo Kurskorrekturen notwendig sind. Er kann auch Ansprechpartner für die Teammitglieder sein, die mit Themen wie Konflikten, Spannungen oder Hemmnissen im Team zu ihm kommen können.

Ein weiterer Ansatzpunkt ist das Schaffen von Kommunikationsstrukturen, die Austausch ermöglichen. Beispielsweise eine virtuelle Sammelstelle für Ideen oder Feedback. Sie können auch After Action Reviews etablieren. Das sind Sitzungen, in denen nach Abschluss eines Projektes folgendes besprochen wird: Was lief gut? Wo gibt es noch Verbesserungspotenzial? Was können wir lernen? Welche Maßnahmen leiten wir ab?

Beispiel After Action Reviews (ING Bank)

Die niederländische Bank ING schaute sich beispielsweise bei Google und Netflix eine Quartals-Geschäfts-Review ab. Hier berichtet jeder Tribe, was es im letzten Quartal erreicht hat und was es aus den Erfahrungen gelernt hat. Die größten Erfolge und die größten Niederlagen werden gefeiert. Diese Berichte sind frei zugänglich und Feedback von anderen Tribes (bestimmte Organisationseinheiten, siehe auch Seite XX) wird angeregt.

Beispiel Feedbackkultur mit Kunden (Microsoft)

Eine Feedbackkultur ist keineswegs auf das Unternehmen beschränkt. Sie brauchen immer und überall Feedback zu Ihren Produkten/Services – am besten direkt vom Kunden oder Endanwender. Windows 10 hat eine Nutzergruppe mit über sieben Millionen Nutzern, die neue Produkte testen und Feedback geben.

Vergessen Sie auch hier nicht: **Einbezug ist alles!**

Welche Ideen hat Ihr Team dazu, eine Fehler- und Feedbackkultur zu schaffen? Was erwartet Ihr Team dabei von Ihnen als Führungskraft?

Wege zum Führen auf Augenhöhe

Beispiel für echtes Führen auf Augenhöhe (Trivago)

Rolf Schrömgens, Gründer und CEO der Hotelsuchmaschine Trivago berichtet in der Wirtschaftswoche, wie selbst er eine Idee verkaufen muss. Wenn er als Chef mit einer neuen Idee an die Entwickler herantritt, läuft dies nicht in Form einer Auftragserteilung, sondern eher in Form eines Vorschlags. Auf diesen erhält er ein offenes Feedback. *Wenn Entwickler Ideen zu oft ableh-nen, dann nimmt Schrömgens an, dass derjenige, der sich die Ideen aus-denkt, womöglich nicht gut genug ist. Hiervon nimmt er sich auch nicht aus.*

Wie führen Sie Ihre Mitarbeiter?

Im Wesentlichen gilt es, drei Prinzipien zu achten:

* Führen Sie auf Augenhöhe.
* Behandeln Sie Ihre Mitarbeiter mit Respekt.
* Vertrauen Sie Ihren Mitarbeitern.

Beispiel für echte Freiräume (Spotify und MAN Trucks & Bus)
Der Unternehmensgründer und Vorstandsvorsitzender von Spotify, Daniel Ek, geht von folgender interessanter Annahme hierzu aus, wie das Magazin brand eins *in ihrem Beitrag »Nicht fragen. Machen.« von 2015 berichtet: Gute Mitarbeiter treffen in 70 Prozent der Fälle die gleiche Entscheidung, die ihre Chefs treffen würden. In 20 Prozent der Fälle sind die Entscheidungen der Mitarbeiter besser, da sie schlicht mehr Ahnung von dem Fachgebiet ha-ben. In den restlichen 10 Prozent liegen die Mitarbeiter daneben.*
Der CDO (Chief Digital Officer) von MAN Trucks & Bus, Christian Kaiser, bezeichnet Produktverantwortliche (product owner) als Mikro-CEOs. So weit kann Empowerment gehen.

Stellen Sie vor dem Team klar, dass es Ihre Aufgabe ist, dem Team und jedem einzelnen Mitarbeiter maximale Leistung zu ermöglichen. Sie sind Unterstützer, Vermittler und Coach. (Natürlich gehören noch weitere Auf-gaben zu Ihrem Profil, wie das Liefern der Vision, aber dazu später mehr.) Sagen Sie Ihren Mitarbeitern, dass Sie deren Meinung und Beiträge schät-zen und fordern Sie sie dazu auf, diese aktiv einzubringen. Bitten Sie Ihre Mitarbeiter, Ihre Annahmen kritisch zu hinterfragen. Teilen Sie Ihren Mitarbeitern mit, dass kritisches, aber konstruktives Feedback in Richtung Chef aber auch im Team untereinander erwünscht ist. Nur so werden Sie als Team vorankommen.

Wenn Sie diese Punkte abhaken, da Sie meinen, dass Ihre Mitarbeiter dies schon wissen, machen Sie es sich zu einfach. Die Erfahrung zeigt, dass solche Punkte explizit ausgesprochen werden müssen. Oft sogar mehrmals. Leben Sie Augenhöhe vor. Lassen Sie sich beispielsweise von Ihren Mitarbeitern zur Nutzung digitaler Tools coachen.

Um sich gegenseitig Feedback zu geben, braucht es ein gewisses Maß an Transparenz, was und wie der Kollege (und Sie) arbeitet. In agilen Organisationen dient hierzu das Scrumboard, auf dem jeder gut sichtbar an der Wand dokumentiert, wo er steht und was er (nicht) erledigt/geschafft hat.

Transparenz hilft, das notwendige Vertrauen aufzubauen. Vertrauen in Ihre Mitarbeiter liefert Ihnen auch die Basis zu delegieren. Bieten Sie Ihren Mitarbeitern maximale Freiräume zum Gestalten und Entscheidungen Treffen.

Um Ihre Mitarbeiter zu ermutigen und zu befähigen, die Gestaltungsfreiräume optimal zu nutzen, ist ein ganz wesentlicher Orientierungspunkt situatives Führen. Sie haben vielleicht schon einmal von dem Konzept gehört. Sie können sich dazu einlesen (*Situatives Führen* von Hersey/Blanchard 1977) um zu studieren, welches Führungsverhalten je nach »Reifegrad« des Mitarbeiters angemessen ist. Dahinter steht ein ganzes Modell. Im Endeffekt geht es lediglich darum, Mitarbeitern die Unterstützung anzubieten, die sie gerade brauchen. Um wirklich situativ zu führen, können Sie es sich daher auch einfacher machen: Sie fragen Ihre Mitarbeiter.

Folgende Fragen im Einzelgespräch können helfen: Was brauchst du von mir, um deine Ziele erreichen zu können? Wie kann ich dich dabei am besten unterstützen? Welche Erwartungen hast du an eine Führungskraft? Wenn du dich führen müsstest, wie würdest du das machen?

Wie führen Sie das Team?

Agiles Arbeiten stellt sich nicht von alleine ein. Als echte Führungskraft ist es Ihre Aufgabe, Ihr Team zu einem erfolgreich arbeitenden Team zu formen. Es geht nicht darum, agiles Arbeiten als Schauseite des eigenen Bereiches aufzusetzen, sondern Verhaltens- und vor allem Kommunikationsstrukturen vorzuleben, die aus Mitarbeitern eine echte Mannschaft machen.

Bescheidenheit im Verhalten erfordert in hohem Maße Selbstkontrolle und die Bereitschaft eigene Entscheidungskompetenzen zugunsten des Teams abzugeben.

Konkret bedeutet dies für Sie als Führungskraft, Teambildung zu ermöglichen und aktiv zu fördern. Über Workshops können Sie ein positives Teamklima und Vertrauen im Team aufbauen. Haben Sie ein Ohr für Konflikte und gehen Sie diese unverzüglich an.

Regen Sie den Austausch untereinander an und schaffen Sie Strukturen, die das Voneinanderlernen anregen (zum Beispiel Brown Bag Lunches, in denen ein Teammitglied von einem Themengebiet oder einer Erfahrung berichtet).

Sie helfen dem Prozess, indem Sie beispielsweise ein Team von Experten schaffen. Finden Sie in Einzelgesprächen heraus, wer welche relevanten Interessen hat. Interessiert sich einer Ihrer Mitarbeiter zum Beispiel für Trends in einem verwandten Geschäftsfeld, können diese eine wichtige Quelle zur Inspiration sein. Oder möglicherweise interessiert sich ein Mitarbeiter für eine neue Technologie, die für Ihren Bereich interessant ist. Lassen Sie den Mitarbeiter dann einen Plan erstellen, wie er sein Interesse in Expertenwissen wandeln kann. Beispiele für Maßnahmen wären Weiterbildungen (Kurse, eLearning), Anschaffen eines Buches, Austausch mit internen oder externen Kollegen, Beitritt in eine Interessensgruppe. Im Idealfall können Sie hier Ihr Netzwerk nutzen.

Andere Wege zu helfen, ist das Erstellen einer Kompetenzkarte. Erarbeiten Sie im Team (eventuell in einem kleinen Teamworkshop, sonst tut es auch das Spreadsheet im SharePoint), wer welche Kompetenzen und welches Wissen mitbringt. Im Idealfall tun Sie sich mit Kollegen zusammen und erstellen team- oder auch abteilungsübergreifend eine »interne Expertenliste« , auf die jeder Mitarbeiter zugreifen kann. So schöpfen Sie das Wissenspotenzial der Firma aus und regen strukturübergreifende Zusammenarbeit an. Ein interner Expertenstatus fördert nebenbei die Motivation des Einzelnen.

Überlegen Sie zusammen mit den Mitarbeitern, ob Lernpatenschaften oder Mentor-Mentee-Paare sinnvoll sein können. So können technologisch bewanderte Mitarbeiter andere darin coachen. Oder neue Mitarbeiter frische Ideen an Erfahrene weitergeben und erfahrene Mitarbeiter Geschäftswissen an die neuen weitergeben.

Als Führungskraft setzen Sie den Ton und sind verantwortlich dafür, dass dieser auch im Team gewählt wird. Mahnen Sie zu gegenseitigem Respekt und Offenheit – und Bescheidenheit. Je nach vorhandenem Teamklima, müssen Sie aktiv steuern, um zu verhindern, dass sich im Team durch neu gewonnene Freiheiten, neue implizite Machtstrukturen formen. Eine Subhierarchie basierend auf Ausbildungsniveau oder Berufserfahrung ist hinderlich für den gemeinsamen Erfolg. Jeder im Team wird an den Beiträgen und Erfolgen gemessen, die er heute und morgen bringt.

Schauen Sie hier auch kritisch auf die Belohnungsstruktur. Wonach richtet sich die Vergütung? Wer wird befördert? Setzen Sie Anreize zur Zusammenarbeit und gegenseitigen Unterstützung?

Wie positionieren Sie sich?

Sie geben Ihren Expertenstatus und viel Verantwortung ab. Anstatt der zu sein, der die Antworten gibt, sind Sie der, der die richtigen Fragen zum richtigen Zeitpunkt an die richtigen Leute stellt. Dies gibt Ihnen den Freiraum, einen echten Mehrwert als Führungskraft zu schaffen. So positionieren Sie sich, indem Sie Ihr Team/Ihren Bereich voranbringen. Investieren Sie Zeit in die drei agilen Verhaltensweisen.

Exkurs – Schlüsselfaktoren herausragender Teams bei Google

Google hat in seinem Aristotle Projekt (2002) untersucht, was herausragende Teams von anderen Teams bei Google unterscheidet. Natürlich haben wir es bei Google mit einem Internetunternehmen zu tun, die Ergebnisse sind jedoch mit dem generellen Forschungsstand zu Hochleistungsteams vergleichbar. Die Ergebnisse zeigen auf, wie agile Führung einen entscheidenden Beitrag zur Leistungsfähigkeit von Teams leisten kann. Die fünf zentralen Eigenschaften von Googles Hochleistungsteams sind:

1. Psychologische Sicherheit

Hier geht es um eine Kultur des Vertrauens und eine Fehlerkultur. Im Mittelpunkt steht die Frage, ob Teammitglieder das Gefühl haben, Risiken eingehen zu können und Fehler zu machen und sich dabei der Unterstützung des Teams sicher sein zu können.

2. Verlässlichkeit

Die Frage ist, ob sich die Teammitglieder aufeinander verlassen können. Zuverlässigkeit und Kompetenz sind dabei unverzichtbar. Ein Mitarbeiter kann dann volle Leistung bringen und ist dazu motiviert, wenn er weiß, dass der Kollege dies auch tut und die notwendige Kompetenz besitzt. Tägliche Stand-up-Meetings tragen zu der notwendigen Transparenz bei. Hier geht es also um das Thema aus dem Agilen Manifest, Projekte um motivierte und kompetente Mitarbeiter zu bauen.

3. Struktur und Klarheit

Ziele und Pläne müssen für alle klar sein, genauso wie die Rollenverteilung. Dies heißt nicht, dass es starre Strukturen braucht, sondern dass die Herangehensweise für jedes einzelne Arbeitspaket, dem sich das Team annimmt, geklärt sein muss. Die kurzen Zyklen der Arbeitspakete sorgen dafür, dass sich das Team immer wieder neu aufstellen kann, um den Anforderungen des nächsten Arbeitspakets bestmöglich gerecht zu werden.

4. Bedeutsamkeit/Sinnhaftigkeit der Arbeit
Ein recht altes Prinzip in der Arbeitspsychologie. Menschen wollen wissen, warum sie etwas tun. Sinnhaftigkeit erfahren Mitarbeiter in modernen Organisationen dadurch, dass sie sich an den Bedürfnissen des Kunden ausrichten. Dem Kunden einen Mehrwert bringen, ihn begeistern, schafft Bedeutsamkeit. Das andere Thema ist das Thema des Warums (Purpose), das in der Dimension »Visionär sein« aufgegriffen wird.

5. Einfluss der Arbeit
Ähnlich wie beim vierten Punkt geht es darum, wissen zu wollen, dass die eigene Arbeit einen Unterschied macht und warum sie wichtig ist. Auch hier liegt die Antwort in den meisten Fällen darin, welchen Unterschied die eigene Leistung im Leben des Kunden bewirkt.

5.2 Kompetenzdimension »Agil führen durch Anpassungsfähigkeit«

Wenn es nicht mehr um Sie geht, sondern um die Erreichung eines Zieles, bestimmt das Ziel Ihr Handeln. Anpassungsfähigkeit und Reaktionsfreudigkeit sind die Konsequenz.

Mit der Dimension Anpassungsfähigkeit bewegen wir uns nun in den Kompetenzen, die direkt erfolgsrelevant sind. Anpassungsfähigkeit ist heute eine Grundbedingung für Unternehmen, um im Wettbewerb zu bestehen.

Die Notwendigkeit, anpassungsfähig zu sein, ist in Zeiten rapider Veränderung selbsterklärend. Es geht um Reaktionsfähigkeit und -freudigkeit auf Veränderungen, die neue Chancen oder neue Risiken bedeuten. Die agile Führungskraft muss offen für neue Ideen und veränderungsbereit sein.

Agile Führungskräfte haben keine Angst, ihre Meinung zu ändern oder die Richtung zu wechseln, wenn äußere Einflüsse sich ändern. Lothar Raif, Head of Banking Support bei Credit Suisse beschreibt dies folgendermaßen. »Sie müssen sicher sein, dass Sie in der Lage, sind falsche oder schwache Entscheidungen zu korrigieren. Sie müssen in der Lage sein, sagen zu können, okay gestern sind wir links gegangen, basierend darauf gehen wir heute rechts. Es muss keine Schwäche sein. Es ist eine Notwendigkeit der Umgebung von heute« (Neubauer et al. 2017).

Anpassungsfähigkeit als Stärke. Gehen Mitarbeiter da mit?

Anpassungsfähigkeit passt nicht ganz zu unserer Vorstellung der berechenbaren, umsetzungsstarken und standfesten Führungskraft. Der Leader ist der Fels der Brandung. Heute links und morgen rechts gehen. Gestern begeistert von einer Idee, heute wird sie abgetan. Das Team hat sich auf eine Lösung eingestimmt, die Führungskraft schmeißt nach einem Telefonat mit dem Kunden alles um. Eine solche Flexibilität regt die eigene Mannschaft nicht gerade dazu an, dem Chef zu folgen. Ein Fähnchen im Wind mag man sagen. Es ist keine einfache Führungsaufgabe, Anpassungsfähigkeit und Flexibilität in der richtigen Perspektive zu vermitteln. Hierzu braucht es Kommunikation und Zielorientierung.

Erfahrungsgemäß ist es sehr fordernd und mitunter anstrengend, immer wieder allen zu erklären, warum man seine Meinung änderte oder warum ein Projekt (an dem hart und leidenschaftlich gearbeitet wurde), eingestellt wird. Aber es ist notwendig die eigenen Entscheidungen, gerade wenn sie einen Richtungswechsel darstellen, zu begründen und nachvollziehbar zu machen. Wenn Sie keine Transparenz schaffen und andere von Ihren Beweggründen nicht überzeugen können, sind es gerade Ihre motivierten Mitarbeiter, die Sie Gefahr laufen zu verlieren. Das Gleiche gilt übrigens auch für Stakeholder und Kunden. Auch hier müssen Sie die Meinungsänderung nachvollziehbar erläutern und erfolgreich verkaufen.

Also: Weg von dem Fähnchen-im-Wind-Bild für Anpassungsfähigkeit. Diese Metapher taugt nicht. Wie wäre es daher mit: Das Segel nach dem Wind setzen.

Je mehr Kurskorrekturen notwendig sind, desto wichtiger ist es für die Führungskraft, in die Zukunft zu blicken und das Ziel, die Vision nicht aus den Augen zu verlieren (mehr hierzu lesen Sie im dritten Abschnitt des fünften Kapitels zur Kompetenzdimension »Visionär sein«). Anpassungsfähigkeit auf der einen Seite und Standfestigkeit gemeinsam mit Berechenbarkeit auf der anderen Seite schließen sich nämlich keineswegs aus. Die agile Führungskraft hält an ihrer Vision fest. Dies ist auch die Botschaft, die Sie Ihren Mitarbeitern immer und immer wieder vermitteln müssen. Lenken Sie den Blick des Teams auf das große Ganze, die Vision, und schaffen Sie Transparenz über die Notwendigkeit von kurzfristigen Kurskorrekturen. Behalten Sie auch die behandelten Themen der Fehler- und Feedbackkultur sowie der lernenden Organisation im Hinterkopf. Wie hat das eingestellte Projekt oder die verworfene Idee uns vorangebracht? Wie bringt diese Korrektur uns weiter?

Deshalb: Entspannen Sie sich, erlauben Sie sich kurzfristige Meinungs- und Richtungswechsel.

Definition Anpassungsfähigkeit

Agile Führungskräfte akzeptieren, dass die einzige Konstante der stetige Wandel ist. Das Revidieren von Entscheidungen aufgrund von neuen Informationen ist eine Stärke und keine Schwäche.

Schauen wir auf klassische Führungskompetenzen: Auf Kompetenzebene spielen hier vor allem folgende vier Führungskompetenzen eine Rolle.

1. Veränderungsbereitschaft

Die Bereitschaft zur Veränderung fängt mit dem kritischen Hinterfragen des Istzustandes an oder zumindest mit genug Bescheidenheit, den Zustand nicht als bestmöglichen zu betrachten. Hierzu gehört auch Offenheit für Neues und Toleranz für andere Ansätze.

2. Veränderungsorientierung

Veränderungsorientierung geht über die Veränderungsbereitschaft heraus. Hierzu gehört, Veränderung aktiv anzuregen und voranzutreiben.

3. Flexibilität

Die Führungskraft reagiert leicht und schnell mit Veränderung auf sich verändernde Umstände. Flexible Anpassungen sind dabei wichtiger als das Folgen eines Plans.

4. Mehrdeutigkeitstoleranz

Die Führungskraft kann mit Unsicherheit und Unvorhersehbarkeit umgehen. Es geht darum, auch unter unklaren Bedingungen Entscheidungen treffen zu können und Mehrdeutigkeit auszuhalten.

Mit Unsicherheit und Ambivalenz umgehen zu können, scheint vielleicht banal. Wie wichtig diese Fähigkeit aber tatsächlich ist, zeigt sich beispielsweise in einem Interview, dass unsere Marktexpertin Nicole Neubauer, CEO von metaBeratung führt. Umgang mit Mehrdeutigkeit wird zu einem Differentiator. Der Eindruck der Managerin im HR-Bereich eines Versicherungskonzerns ist, dass es vor allem die Fähigkeit zum Umgang mit Mehrdeutigkeit ist, die Mitarbeiter und Führungskräfte jetzt (in Zeiten der agilen Transformation des Konzerns) aufblühen lässt. Und wie das folgende Beispiel zeigt, kann die Fähigkeit zum Umgang mit Unsicherheit auch zum Wettbewerbsvorteil werden.

Auf Impulse reagieren trotz Unsicherheiten (Automobilhersteller)
Fahrt für die Initialzündung bei einem der größten Anbieter von Premium-Pkw
vor einigen Jahren wurde bereits in der Finanzkrise aufgenommen, wie ein
Vice President, der bei der Transformation des Unternehmens beteiligt war,
im Interview im Rahmen der Recherchen für dieses Buch schilderte.

Einige der schwachen Signale aus 2008/2009, bei denen sich abgezeichnet
hatte, dass Mobilität sich verändern wird, zeichneten bis 2015 für das Unter-
nehmen bereits ein Bild. Das Unternehmen wollte vom Fahrzeuganbieter zu
einem Mobilitätskonzern werden. Dabei war es wichtig, Gestalter von Mobili-
tät zu sein und nicht dem Weg von anderen Anbietern zu folgen und am Ende
zur commodity zu werden. Wohlwissend, dass man noch nicht genau wusste,
wohin die Reise geht, wurde der Wandel eingeläutet.

Lesen Sie nachfolgend, welche Führungsverhaltensweisen und Maßnahmen
beispielhaft helfen, die Anforderungen der Dimension »Anpassungsfähigkeit« in der agilen Führung erfüllen.

Wege zu lernenden, flexiblen Kulturen

Anpassungsfähige Organisationen sind lernende, flexible Organisationen.
Dort geht es um drei zentrale Aspekte:

1. Grundsteine liegen in der Fehler- und Feedbackkultur (siehe den ersten
   Abschnitt des fünften Kapitels).
2. Es bestehen flexible Strukturen und Rollen.
3. Es herrscht Offenheit für Neues.

Wenn Sie die Anregungen unter der Dimension Bescheidenheit umsetzen,
werden Sie das Ziel der lernenden Organisation vielleicht schon erreichen.

Eine Besonderheit in der Digitalisierung stellt eine leitende HR-Angestellte eines Versicherungskonzerns in einem Interview heraus. Als eine der
Haupthürden für Organisationen, sich der Veränderung zu stellen, be-

schreibt sie das Phänomen, dass Leute Digitalisierung im Kontext neuer Technologien betrachten, nicht im Kontext von Verhalten. Viele Mitarbeiter und Führungskräfte sehen sich der technischen Entwicklung um sie herum ausgeliefert und gezwungen, sich daran anzupassen. Vielleicht ist dies ein Gedanke, den Sie auch in Ihrem Team finden. Dann gilt es für Sie als Führungskraft aufzuzeigen, dass neue Technologien lediglich Möglichkeiten kreieren, die von Menschen genutzt werden. Es geht darum, wie uns Technologie erfolgreicher machen kann.

Eine weitere Besonderheit gilt es an dieser Stelle noch zu beachten. Sie werden in dem Abschnitt zu der Dimension »Visionär sein« mehr darüber lesen. Kommen wir nochmals auf die Metapher mit dem Fähnchen zu sprechen. Erleben Ihre Mitarbeiter, dass mehr oder weniger wahllos auf Impulse von außen reagiert wird, alles mitgenommen wird, was Profit verspricht, entsteht doch das Bild des Fähnchens im Wind. Wenn Sie das Segel nach dem Wind setzen, dann haben Sie ein Ziel, eine Richtung, die Sie verfolgen.

Dies ist es, was Stabilität in der Veränderung ermöglicht. Es braucht daher eine klare Vision und gemeinsame Ziele sowie eine emotional attraktive Zweckbestimmung (warum tun wir, was wir tun – »Purpose«). Hieraus leiten sich gemeinsame Werte ab und eine starke Kultur kann wachsen.

Ihr Team, Ihre Mitarbeiter müssen über genügend Ressourcen und Entscheidungsfreiräume verfügen, um anpassungsfähig zu bleiben (zum Beispiel Weiterbildungen, anpassen von Strukturen und Rollen via Selbstregulation). Um die Impulse wahrnehmen und aufgreifen zu können, müssen Mitarbeiter Einblicke in den Markt und einen Draht zum Kunden haben. Um strategisch zu agieren, muss das Team außerdem gut darüber informiert sein, welche Richtung die Organisation eingeschlagen hat.

Wege zum Erreichen von Anpassungsfähigkeit

Wie führen Sie Ihre Mitarbeiter und Teams?

Um im heutigen Wettbewerb zu bestehen, braucht es anpassungsfähige Organisationen. Hier reicht es nicht, wenn Führungskräfte schnell reagieren und Richtungsänderungen vorgeben. Proaktive Anpassungsfähigkeit muss dort herrschen, wo konstruiert und gestaltet, produziert und geliefert wird.

Teams brauchen daher
1. die notwendigen Kenntnisse und Zugang zu Informationsquellen,
2. alle notwendigen Kompetenzen um Veränderungsmöglichkeiten zu erkennen, umzusetzen und zu prüfen sowie
3. alle notwendigen Freiräume, entsprechende Entscheidungen treffen zu können.

Beispiel für Anpassungsfähigkeit in der Praxis (Adidas)

Der Markenartikelhersteller Adidas rückt das Thema Flexibilität in das Zentrum seines agilen Ansatzes. Ansatzpunkt ist bei Adidas eine flexiblere Führung. Führungskräfte, die flexibel handeln statt sich an Standards zu orientieren. Das Onlinemagazin CIO von IDG beschreibt die vier Aspekte, die Agilität im Unternehmen ermöglichen sollen. Ein Punkt ist die Kompetenzerhöhung der Mitarbeiter. Dabei legen die Teams sogar selbst fest, wie Leistung zu bewerten ist. Flexibilität und Selbststeuerung gilt hier auch in der Weiterbildung, Mitarbeiter wählen ihre Trainingsinhalte selbst aus. Ein weiterer Aspekt ist Schnelligkeit. Bedient wird dieser durch ein Team, das Produktionsansätze entwickelt, über die individualisierte Produkte lokal hergestellt werden können. Schließlich soll die Reaktionsfähigkeit verbessert werden, indem Mitarbeiter und Führungskräfte ihre Veränderungsbereitschaft in sprint-basierten Reflexionszyklen herausfordern.

Bauen Sie Hemmnisse ab!

Um Mitarbeiter zur proaktiven Anpassungsfähigkeit zu befähigen und zu motivieren, gibt es eine Reihe von Aufgaben, die Sie als Führungskraft angehen können. Hierzu gehört zunächst das Abbauen von Strukturen und Prozessen, die die Anpassungsfähigkeit hemmen oder bremsen. Wenn motivierte Mitarbeiter, die Feedback schnell umsetzen wollen, ständig durch Prozesse wie lange Genehmigungsketten oder das Formulieren eines mehrseitigen Veränderungsantrages gebremst werden, entsteht Verschleiß. Solche Strukturen und Prozesse, die eine schnelle Anpassung verhindern, lassen sich am besten gemeinsam mit Ihren Mitarbeitern identifizieren. Lassen Sie Ihr Team Alternativen erarbeiten.

Fordern Sie Mitarbeiter auf, sich an den Anforderungen des Marktes/der Kunden zu orientieren. Wenn diese im Widerspruch zu internen Anforderungen stehen, suchen Sie gemeinsam mit Ihrem Mitarbeiter eine Lösung. Seien Sie dabei offen, alte Strukturen oder Prozesse anzupassen oder aufzugeben.

Was hierbei oft übersehen wird, sind starre Strukturen innerhalb eines Teams oder einer Abteilung, die Anpassungsfähigkeit hindern. Müssen morgen Aufgaben neu verteilt werden oder Teams neu zusammengesetzt werden, braucht es Mitarbeiter, die ein flexibles Rollenverständnis haben. Machen Sie Ihren Mitarbeitern klar, dass niemand einen Anspruch auf eine feste Rolle hat. Auch hier gilt es, Augenhöhe herzustellen, gegenüber den Mitarbeitern und im Team. Jeder hat eine Stimme, unabhängig von Seniorität oder anderen statusbezogenen Aspekten. Die Verteilung von Aufgaben und die Beteiligung an einem Projekt erfolgt nach Kompetenz. Dies ermöglicht Ihren Mitarbeitern ihr Potenzial voll auszuschöpfen und Ihnen die jeweils beste Rollenverteilung für die verschiedenen Projekte zu finden.

Bauen Sie Kompetenzen auf!

Beispiel für Vertrauen und Fördern der Mitarbeiter (Zalando)
Jan Bartels, Vice President für Product – Transactional Core Platform & Logistics bei Zalando Technology, beschreibt Zalandos (der führenden europäischen Online-Modeplattform) Führungskultur in einem Interview mit dem Handelsblatt, Anfang 2018, über drei Aspekte. Eine klare Vision macht dabei die erste Komponente Klarheit aus. Eine klare Vision führt zu klaren strategischen Zielen. Die zweite Komponente ist Vertrauen. Man vertraut darauf, dass die Mitarbeiter, wenn sie die Ziele kennen, den Weg auch selbst finden. Und die dritte Komponente, die gleichzeitig eines der Kernwerte von Zalando darstellt, ist Förderung. Es geht um das Fördern des Potenzials aller Mitarbeiter, auch jener, die bereits sehr gut ausgebildet sind.

Im Kern geht es bei dem Schaffen einer anpassungsfähigen Organisation um das Schaffen einer lernenden Organisation, wie oben erwähnt. Als Führungskraft bedeutet das für Sie, Lernen zu ermöglichen und zu fördern. Auch hier stellen Sie sich agiler auf, wenn Sie Ihren Mitarbeitern ermöglichen, Lernbedarf selbst zu ermitteln und sich selbstgesteuert weiterzubilden. Fordern und fördern Sie individuelle und selbstgesteuerte Weiterbildung und Entwicklung.

Unterstützend können Sie beispielsweise Learning Champions im Team herausbilden, die andere Mitarbeiter aktiv beim Lernen und Verändern unterstützen. Passieren kann dies über das regelmäßige Geben von Feedback genauso wie über das Vermitteln von Ressourcen und Lernangeboten.

Wenn zwei Mitarbeiter einen ähnlichen Lernbedarf haben, können diese eine Lernpartnerschaft bilden. Als Führungskraft können Sie hier helfen, Silos aufzubrechen, indem Sie Lernende aus verschiedenen Teams und Bereichen vernetzen. Bereichsübergreifende Lerngruppen, die an bestimmten Themen arbeiten, fördern nicht nur den Abbau des Silodenkens, sondern ermöglichen Synergien, die zu kreativen Einfällen führen.

Schließlich geht es um das Treffen kompetenter Entscheidungen. Hierzu ist Fachkompetenz wichtig, genauso wie Information. Stellen Sie sicher, dass alle wichtigen Kenntnisse (zur Vision, zum Markt et cetera) vorhanden sind. Ermöglichen Sie Zugang zu allen relevanten Informationsquellen. Schaffen Sie Strukturen, die das systematische Sammeln und Auswerten von Leistungsdaten und Feedback (intern oder Kunden) ermöglichen.

Und dann wäre da noch das Vorleben von und Motivieren zu flexiblem und proaktivem Verhalten. Das ist Führungsaufgabe. Setzen Sie Anreize und belohnen Sie flexibles und proaktives Verhalten. Dies gilt insbesondere dort, wo es weh tut.

Beispiele sind:
- Ein Mitarbeiter hinterfragt Ihren Vorschlag oder Plan kritisch.
- Ein Mitarbeiter schlägt eigenständig vor, Verantwortung an einen anderen Mitarbeiter abzugeben.
- Ein Mitarbeiter greift dem Kunden zuliebe nur noch zum Telefon und nicht mehr zur E-Mail.
- Ein Mitarbeiter hinterfragt offen die Idee, von der er anfangs so überzeugt war.
- Ein Mitarbeiter gibt konstruktives, aber kritisches Feedback an einen anderen.
- Ein Mitarbeiter holt auf eigene Faust Feedback beim Kunden ein.
- Ein Mitarbeiter bildet sich gezielt weiter und bringt sein Wissen ins Team ein.
- Ein Mitarbeiter hinterfragt die Notwendigkeit eines bestehenden Prozessschrittes.
- Ein Mitarbeiter bringt die Kundenperspektive in Überlegungen ein.
- Ein Mitarbeiter bringt neue Denkimpulse ins Team, indem er beobachtet und teilt, was die Konkurrenz macht.

Ermöglichen Sie Selbstorganisation!

Beispiel selbstorganisierter Teams (ING Bank)
Bart Schlattmann, ehemaliger COO der niederländischen Bank ING, berichtet 2017 in einem Interview mit McKinsey Quarterly, dass der Schlüssel zu dem Erfolg der Transformation der Firma in eine agile Organisation im »End-to-End«-Prinzip lag. Teams wurden ermächtigt, Services von der Erstellung des Konzeptes bis hin zum Ausrollen an die Endkunden zu überblicken und zu beeinflussen. Dieses ganzheitlichere Arbeiten gelang durch funktionsübergreifende Teams und Mitarbeiter, die rundere Kompetenzprofile erwerben und Autonomie genießen. Vereint wurden die Teams bei der gemeinsamen Ausrichtung auf die Bedürfnisse der Kunden und einem gemeinsamen Verständnis, wie Erfolg definiert wird.

Selbstorganisation in Teams zu ermöglichen, heißt gleichsam auch das Bilden starker Teams zu fördern. Entwickeln Sie das Team zu einem Hochleistungsteam, das zur Selbstregulation fähig ist. Achten Sie darauf, dass Zusammenarbeit im Team belohnt wird und gehen Sie sparsam mit Wettbewerbsanreizen zwischen Mitarbeitern um. Bauen Sie, wo es geht, Feedbackschleifen ein, die kontinuierlich Anreize für die Verbesserung der Zusammenarbeit im Team liefern.

Ein ganz wesentlicher Aspekt in selbstregulierenden Teams ist eine ganzheitliche Übernahme von Verantwortung. Hier geht es darum, dem Team »end-to-end« Verantwortung zu übertragen. Von der Ideenfindung zur Ideenformulierung, von der Umsetzung und Prüfung zur Lieferung, vom Einholen von Feedback zum Umsetzen des Feedbacks. Die Teamzusammensetzung ist dabei der Schlüssel. Alle Fachbereiche, die end-to-end involviert sind, müssen vertreten sein. Interdisziplinäre Teams sind daher das neue Muss.

Ihre Richtlinie muss sein, dem Team soweit wie möglich Autonomie zu ermöglichen. Besprechen Sie gemeinsam mit Ihrem Team, welcher Handlungsspielraum die Produktivität fördert und welche Rolle Sie einnehmen sollten, um das Team möglichst gut zu unterstützen. Ihr Team weiß in der Regel am besten, wie es sich aufstellen muss und was es von Ihnen braucht um erfolgreich zu sein und flexibel auf neue Anforderungen sowie Chancen und Risiken reagieren zu können. Investieren Sie Zeit in einen oder mehrere Teamworkshops. Dies ist zwar eine Investition, wird sich aber auszahlen und nimmt Ihnen viel (Denk-)Arbeit ab.

Ein häufiger Trugschluss ist, dass eine einmalige gründliche Absprache genügt. Dabei ist das regelmäßige Zusammensetzen und Reflektieren von Erfolgen und Misserfolgen wichtig, aus dem Ableitungen getroffen werden, wie die Zusammenarbeit im Team und mit Ihnen als Führungskraft immer weiter optimiert werden kann. Auch hier bleibt alles im Fluss.

Um selbststeuernde, anpassungsfähige Teams zu unterstützen, bieten sich manchmal sogenannte Change-Agenten an, die regelmäßig das Team herausfordern, auf neuen Ideen zu kommen und mit diesen zu arbeiten. Häufig findet man in agilen Organisationen einen Teamcoach, der darauf achtet, dass die Strukturen und Rollen flexibel bleiben und bei Konflikten hilft. Dies nimmt Ihnen viel Führungsarbeit ab und ermöglicht dem Team selbstständiger zu funktionieren.

An dieser Stelle wollen wir einen immer noch häufig anzutreffenden Zweifel ausräumen:

Ist Selbstregulation nur für White Collar Worker?

Die Antwort ist klar nein. Jeder, der seine Arbeit erledigen kann und den Zusammenhang versteht, in der seine Arbeit mit anderen Arbeiten im Team steht, kann sich selbst organisieren. Diejenigen, die die Arbeit tatsächlich ausführen, sind in der Regel auch die Experten, die wissen, wie die Arbeit effektiver gestaltet werden kann. Sorgen Sie nun noch dafür, dass Mitarbeiter auch die Gesamtzusammenhänge kennenlernen – die Bedeutung für ihre Arbeit für die Unternehmensstrategie oder (noch wichtiger) die Bedeutung ihrer Arbeit für den Kunden. Wenn die Bedürfnisse des Kunden explorieren, dann haben Sie Innovationspotenzial freigelegt. Nun muss es nur noch ausgeschöpft werden.

Beispiel für agile Teams in der Fabrikhalle (Siemens)

Ein Beispiel aus der Fertigung zeigt, dass auch jenseits der Büroarbeit Agilität geschaffen werden kann. Dr. Robert Harms, Fertigungsnetzwerkoptimierer bei Siemens Power & Gas in Berlin, der Kraftwerkssparte des Konzerns, sprach 2018 mit Christian Lorenz, Leiter des Hauptstadtbüros der Deutschen Gesellschaft für Personalführung (DGFP) über Selbststeuerung auf dem Hallenboden. Dr. Harms war mit der Aufgabe betraut worden, das Kernelement einer Gasturbine, den Brenner wieder inhouse herzustellen.

Das Projekt wurde als klassisches Fabrikplanungsprojekt angegangen, schließlich ging es um ein Investitionsvolumen von 12 Millionen Euro. Die klassischen Projektmanagementstrukturen schienen aber nicht recht zu greifen und die Mitarbeiter konnten nicht wirklich für das neue Projekt begeistert werden.

In der Folge entschied man sich, mit selbststeuernden Teams zu experimentieren. Es wurden kleine bereichsübergreifende (Fertigung, Planung, Qualität, Technologie) Teams gebildet und die Fertigung wurde in Teilfertigungen zerlegt. Die Teams erhielten dann die Verantwortung, ihre Teilfertigung aufzubauen und die volle Autonomie, die Arbeit zu gestalten und wo benötigt, Kollegen hinzuzuziehen.

Das Kernteam bestand aus dreißig Mitarbeitern, miteinbezogen wurden über einhundert. Zweieinhalb Jahre dauerte das erfolgreiche Projekt und entstanden ist dadurch eine Graswurzelbewegung. Der Ansatz selbststeuernder Teams verbreitet sich, in der Fertigung, aber auch jenseits davon.

Wie positionieren Sie sich?

Leben Sie Anpassungsfähigkeit vor. Hierzu gehört, Kurskorrekturen und Richtungswechsel sichtbar zu machen. Seien Sie transparent und kommunizieren Sie. Es gilt, lieber zu viel als zu wenig zu kommunizieren (wobei es Ansichten gibt, dass es ein zu viel an Kommunikation in dem Kontext gar nicht geben kann). Ändern Sie Ihre Meinung vor Ihrem Team, wenn dieses Sie eines Besseren überzeugt. Revidieren Sie eigene Entscheidungen, geben Sie Fehler zu.

Veränderungsbereitschaft ist naturgemäß ein vorübergehender Zustand, der endet, sobald eine Veränderung durchgeführt wurde. Sie müssen hier eng dranbleiben und Offenheit gegenüber weiterer Veränderung fördern und fordern. Wie Konfuzius (551–479 vor Christus) es sagte: »Wenn du die Absicht hast, dich zu erneuern, tu es jeden Tag.«

5.3 Kompetenzdimension »Agil führen durch Visionär sein«

Agilität ohne eine Vision ist ein Fähnchen im Wind. Durch eine Vision wird erst die Fahne zum Segel und kurzfristige Richtungsänderung zur Kurskorrektur.

Ob eine ausgeprägte Anpassungsfähigkeit und Reaktionsfreudigkeit ein tatsächliches Vorankommen ermöglicht und den Schritt von der Reaktion zur Aktion ermöglicht, hängt davon ab, ob eine starke Vision etabliert ist.

Definition Visionär sein

Agile Führungskräfte haben ein klares Gespür für die langfristige Ausrichtung, auch vor dem Hintergrund von kurzfristigen Unwägbarkeiten. Es geht um das Vorausblicken anstatt kurzfristig zu planen und um das Wissen, dass eine klare Vision viele kleine Richtungsänderungen kompensieren kann.

Visionär sein bedeutet, eine starke Vision zu kreieren, sie zu kommunizieren und ihr konsequent zu folgen. Um eine Vision zu entwickeln braucht es Folgendes:

- Sie brauchen fundierte Marktkenntnis und ein Gespür für Trends (blättern Sie hierzu noch einmal zurück zum Abschnitt 5.1 zu Hyperbewusstsein).
- Denken Sie kreativ und out of the box.
- Seien Sie offen gegenüber Neuem.
- Akzeptieren Sie anfängliche Widersprüchlichkeiten oder scheinbar absurde Ideen.
- Betrachten Sie Themenfelder aus einer übergeordneten Perspektive.
- Sie brauche eine starke Vorstellungskraft sowie einen Zukunftsfokus.
- Denken Sie in Lösungen, in Ergebnissen. Malen Sie ein Bild der Zukunft.

Nun sprudelt nicht jede Führungskraft voller kreativer, attraktiver Zukunftsideen. Das müssen Sie auch nicht. Wie Sie aber zu der Vision kommen, obliegt Ihnen. Obwohl man häufig mit der Annahme konfrontiert ist, dass die Vision von oben vorgegeben werden muss, darf man fragen, inwiefern das noch zeitgemäß ist.

Denken Sie an das, was Sie zur Dimension »Bescheidenheit« gelesen haben. Allein die Komplexität, mit der Sie konfrontiert sind, wenn Sie eine Vision schaffen wollen, legt den Einbezug anderer nahe. Auch die erforderliche Kreativität kann dadurch gefördert werden. Wir möchten Sie daher ermutigen, von dem visionären Potenzial Ihres Teams Gebrauch zu machen. Dies wird wahrscheinlich die Qualität der Vision erhöhen.

Trotz aller Beteiligung der Mitarbeiter, ist es eine Führungsaufgabe, eine Vision zu schaffen und zu halten. Dies bedeutet aber nicht, dass Sie eine Vision von oben vorschreiben. Rolf Schrömgens, Gründer und CEO der Hotelsuchmaschine Trivago beispielsweise hält nicht viel von Hierarchien und doch sieht er es als seine Aufgabe, eine Vision zu schaffen. In der Wirtschaftswoche beschreibt er, dass es um das Anzeigen einer Richtung geht, nicht das Vorgeben. Er glaubt nicht an Top-Down-Directive, aber an Top-Down-Inspiration.

Ist die Vision etabliert, haben Sie drei Aufgaben:
- Kommunizieren der Vision: So richten Sie die Mitarbeiter auf gemeinsame Ziele aus und inspirieren Fortschritt.
- Demonstrieren der Vision: Sie demonstrieren durch Vorleben. Die gute Führungskraft ist vor allem Vorbild.
- Hochhalten der Vision: Sie bleiben von kurzfristigen Misserfolgen unbeirrt und verteidigen die Vision bei jeder notwendigen Kurskorrektur.

Wenn die Vision steht, geht – oder ging – es im nächsten Schritt darum, die Vision so herunterzubrechen, dass eine Strategie mit einer klaren Planung abgeleitet werden kann. Heute ist das einfacher. Ein Stück weit darf die Vision abstrakt bleiben, solange sich ein greifbares Zukunftsbild ergibt. Eine Vision darf heute viel näher am Warum, am Sinnzweck sein und muss sich noch nicht in konkrete Produkte, Services oder Strukturen ausdrücken. Wie und durch was Sie die Zukunftsvision erreichen, gilt es auf dem Weg dorthin immer wieder zu modifizieren. Hier spielt das Hyperbewusstsein eine große Rolle. Externe Einflüsse müssen beobachtet werden und Veränderungen im Markt sowie Trends müssen stets in die Strategie einfließen. Eine starke Vision ist heute unabdingbar, um das Schiff durch unsichere Gewässer zu steuern. Auch wenn kurzfristige Kurskorrekturen nötig sind: Halten Sie an der Vision fest.

Schauen wir auf die klassischen Führungskompetenzen: Auf Kompetenzebene spielen hier vor allem fünf Führungskompetenzen eine Rolle.

1. Innovationsfähigkeit

Die Führungskraft gibt sich mit dem Status quo nicht zufrieden, hinterfragt Bestehendes und sucht stets nach neuen, besseren Lösungen. Sie entwickelt kreative Ideen.

2. Abstraktionsfähigkeit

Die Führungskraft löst sich gedanklich von den konkreten und spezifischen Umständen und kann Themen so verallgemeinern. Ideen setzt sie dann in den Kontext eines größeren Ganzen.

3. Lösungsorientierung

Die Führungskraft denkt in Lösungen und Ergebnissen. Wie könnte es gehen? Was wäre eine Lösung? Wie sieht Erfolg aus?

4. Zukunftsorientierung

Die Führungskraft richtet ihr Denken langfristig aus und blickt in die Zukunft.

5. Strategieorientierung

Die Verfolgung einer Vision bedarf einer Strategie. Die Führungskraft agiert planvoll und längerfristig in der Zielerreichung. Der Fokus gilt strategischen versus operativen Zielen. Das Gesamtkonzept, nicht die einzelnen Schritte stehen im Vordergrund.

Lesen Sie nachfolgend, welche Führungsverhaltensweisen und Maßnahmen beispielhaft die Anforderungen dieser Dimension erfüllen.

Wege zu einer innovativen, visionären Kultur

Drei wesentliche Fragen liegen an der Quelle einer innovativen, visionären und unternehmerischen Kultur. Eine Vision leitet sich oft aus dem Sinnzweck (Purpose) der Organisation, dem Sinnzweck Ihres Tuns ab. Es geht um die Frage nach dem Warum. Warum tun Sie, was Sie tun und was wollen Sie eigentlich erreichen? Es schließt sich oft die Frage danach an, wie Sie

Ihre Ziele erreichen, hier spielen Werte die entscheidende Rolle. Und dann haben wir die Frage nach der Ausrichtung – die Vision. Sinnzweck, Werte und Vision bilden ein sehr wirksames Trio, das eine Organisation transformieren kann.

Auch ohne die Transformation der Organisation vor Augen zu haben, sind die Fragen nach dem Warum, Wie und Wohin ein elementares Führungswerkzeug – auch und gerade in der agilen Führung. Visionär zu sein hilft der agilen Führungskraft, zwei wesentliche Elemente in der Kultur der Organisation zu verankern: das Wissen warum (wer sind wir und was wollen wir) und das visionäre Denken »think big« (was können wir).

Das Wissen warum bildet das erste Element: Sinnzweck (purpose). Eine Antwort auf die Frage, warum Sie tun, was Sie tun. Einen Sinn in der eigenen Arbeit zu erkennen, ist der vermutlich wichtigste Aspekt, wenn es um die Motivation von Mitarbeitern geht. Nichts ist inspirierender und liefert mehr inneren Antrieb, als es als sinnvoll zu erleben, was man tut. Gleichzeitig halten Mitarbeiter vieles aus. Veränderung und Unsicherheit stecken Mitarbeiter deutlich leichter weg, solange sie an die Sache (die Mission der eigenen Arbeit) glauben.

Beispiel der Warum-Frage (Airbnb und ABB)

Warum tut Airbnb, was es tut? Um den Markt zu disruptieren? Airbnb hat auf ihre Frage nach dem Sinnzweck eine erstaunlich einfache Antwort. Die Warum-Frage beantwortet das Unternehmen so: »Weil Reisen so viel intimer sein könnte und sollte, als das Übernachten in Hotels.« Und wo es hingehen soll, definiert Airbnb mit einer wieder einfachen und emotional ansprechenden Vision: »Millionen von Menschen in Echtzeit auf der ganzen Welt zu verbinden, über einen Marktplatz – so dass du überall hin gehören kannst.« Ein anderes gutes – wenn auch weniger konkretes – Beispiel ist die Mission von ABB (Asea Brown Boveri), einer der global führenden Technologiekonzerne der Energie- und Automatisierungstechnik. ABB beschreibt als ultimatives Ziel seiner Tätigkeit: Energie und Produktivität für eine bessere Welt.

Das zweite Element, das die visionäre Führungskraft in ihrer Organisation verankert, ist das visionäre Denken. Think big! Hier geht es darum, Scheuklappen abzunehmen und positiv in die Zukunft zu blicken. Visionäres Denken bedeutet, in Möglichkeiten, nicht in Begrenzungen zu denken, sich zu erlauben anzunehmen, dass alles möglich ist. Wird hier der Kunde und der Gewinn ins Zentrum gestellt, haben Sie bereits den Geist für unternehmerisches Denken geweckt.

Um Offenheit und Begeisterung für eine Vision zu schaffen, sollte zukunftsorientiertes und kreatives Denken zu der Kultur gehören. Es gibt eine Reihe an zielführenden Führungsverhaltensweisen, die Ihnen helfen können, Mitarbeiter über eine Vision zu inspirieren und zu motivieren. Sie lassen sich in vier Imperativen zusammenfassen, die nachfolgend noch erläutert werden:

Vier Imperative für Offenheit und Begeisterung für eine Vision

1. Schaffen Sie ein Wir-Gefühl!
2. Teilen Sie die Vision (mit)!
3. Leben Sie vor!
4. Prüfen Sie!

Imperativ 1: Schaffen Sie ein Wir-Gefühl!

Es ist das Gemeinsame, das verbindet. Das gemeinsame Verständnis vom Warum, gemeinsame Ziele und eine gemeinsame Vision. Eine Organisation mit einer starken Vision hat in der Regel auch eine starke Identität, die ein Wir-Gefühl bei den Mitarbeitern fördert. Haben Sie das Gefühl, dass sich so Recht kein Wir-Gefühl einstellen will, gibt es ein paar Tricks. Dies ist einmal der gemeinsame Feind. Der verbindet. Diskutieren Sie die Konkurrenz im Markt, warum ist Ihr Unternehmen das bessere? Warum ist Ihre Lösung die bessere? Gegen welches Problem kämpfen Sie an?

Airbnb kämpft zum Beispiel gegen die Anonymität, die Reisenden in den Unterkünften begegnet. ABB kämpft für eine bessere Welt und hat sich der Nachhaltigkeit verschrieben. Wie sieht es bei Ihnen aus? Kämpfen Sie gegen unsinnige Verpackungslösungen? Lange Transportwege? Lange Wartezeiten für die Kunden? Komplizierte Prozesse?

Die Diskussion, die Sie mit Ihrem Team führen können, wird Probleme und »Gegner« benennen, die sie immer wieder auf Ihre Mission beziehungsweise Ihre Vision bringen werden. An dieses Thema lässt sich auch eine weitere, sehr wirksame Frage, die die Identität stärkt, anhängen: Worauf seid ihr stolz? Ein weiterer Trick, den Sie anwenden können, bleibt da Wir-Gefühl aus, ist das Thema Werte. Wie alle möchten Werte in unserem Handeln erkennen. Ein gemeinsames Verständnis davon, was einem wichtig ist und welche Werte das Verhalten steuern, verbindet. Formulieren Sie hierzu gemeinsam mit Ihrem Team, welche Werte Sie in Ihrer Arbeit leiten sollen. Hat Ihre Organisation bereits Werte definiert, lassen Sie Ihr Team damit arbeiten: Was bedeuten die Werte für uns? Wo spiegeln Sie sich in Ihrer Arbeit wider?

Beispiel für agile Werte (AstraZeneca und ein Unternehmen aus der Versicherungsbranche)

AstraZeneca, ein Pharmaunternehmen mit weltweit 61.500 Mitarbeitern definierte im Rahmen einer agilen Transformation beispielsweise die folgenden Werte: Kundenorientierung, technische Vorreiterrolle, operative Exzellenz, Zusammenarbeit und Einfachheit (Fallstudie von Scaled Agile).

Es geht auch einfacher wie ein Unternehmen aus der Versicherungsbranche zeigt, das Nicole Neubauer interviewt hat. Das Unternehmen hat fünf Werte definiert, von denen einer Agilität ist. Das Wertemodell ist mittlerweile einige Jahre alt. Dies hat den Vorteil, dass das Unternehmen nun Agilität aus dem Wertemodell aufgreifen kann und die agile Transformation hieraus aufbaut – ohne Altes umwerfen zu müssen.

Beispiel mit »Warum und Wie« in die agile Transformation
(William Hill PLC)

William Hill PLC, einer der größten Buchmacher in England, startete seine agile Transformation damit, ihren Sinnzweck, ihr Warum zu finden. Davon berichtet die Firma in ihrem Blog. Die Firma wurde 1934 gegründet und kann entsprechend lange zurückblicken. Warum gibt es die Firma? Als Sinnzweck formulierten sie: »Wir glauben daran, eine unterhaltsame und erinnerungswerte Erfahrung zu schaffen, die unsere Kunden lieben und der sie vertrauen.«

William Hill ging dann einen Schritt weiter und fragte nach dem Wie. Wie erreichen sie den Sinnzweck? Hier definierte die Firma: »Wir erreichen dies über ein tiefes Verständnis von den Wünschen unserer Kunden, über das Liefern von Innovation in einer sich stetig verbessernden und mitreißenden Arbeitsumgebung.«

Über das »Wie« werden bereits agile Prinzipien ausgedrückt. In diesem Falle geht es um die agilen Prinzipien der Kundenorientierung, kontinuierlichen Verbesserung und des Einbezugs anderer.

Als dritten Schritt ging das Unternehmen zu Beginn seiner agilen Transformation daran, Werte zu definieren. Auf acht Werte legten sie sich fest: »Denke an den Kunden; Fordere den Status quo heraus; Fokussiere auf die Fakten; Übernehme Verantwortung; Sei transparent; Liefere häufig einen Mehrwert; Lerne und passe dich an; Ermutige Teilnahme.« Diese acht Werte geben ziemlich genau wieder, was die drei kritischen Verhaltensweisen und die vier Kompetenzen agiler Führung vermitteln.

Imperativ 2: Teilen Sie die Vision (mit)!

Bei diesem zweiten Imperativ geht es nicht nur darum, dass die Vision allen bekannt sein soll. Natürlich ist dies eine Bedingung. Eine Vision, die ich nicht kenne, kann mich weder inspirieren, noch mir Orientierung geben. Eine Vision, die meine Kollegen nicht kennen, kann nicht sonderlich wichtig sein.

Um sicherzustellen, dass alle mit der Vision vertraut sind, arbeiten Sie mit Ihrer Vision/der Vision Ihres Unternehmens. Visualisierungen sind hilfreich. Welches Bild verbinden Sie mit der Vision? Welche Ideen hat das Team? Finden Sie ein passendes Bild/Symbol und hängen Sie es auf. Vielleicht will Ihr Team auch selbst ein Kunstwerk gestalten, dass die Vision veranschaulicht?

Die Vision mitzuteilen, meint auch, sich als Führungskraft mitzuteilen. Teilen Sie mit, wie Sie persönlich zu der Vision stehen. Was bedeutet die Vision für Sie? Warum glauben Sie an die Vision? Was inspiriert Sie? Was motiviert Sie jeden Tag? Was waren Zweifel, die Sie auflösen konnten.

Denken Sie daran, dass Kommunikation kein Monolog ist. Regen Sie Fragen an. Geben Sie die Fragen zurück ins Team. Regen Sie die Diskussion im Team an.

Imperativ 3: Leben Sie vor!

Der dritte Imperativ findet sich in den Prinzipien agiler Führung immer wieder. Hier geht es vor allem um Walk the Talk. Lassen Sie auf Worte Taten folgen. Belohnen Sie konsequent erwünschtes Verhalten – Verhalten, das im Einklang mit der Vision und den damit verbunden Werten steht – und unterbinden Sie Verhalten, das den Erfolg behindert, die Werte missachtet oder Ähnliches.

Setzen Sie die richtigen Prioritäten. Verleihen Sie zielrelevanten Projekten Priorität und sparen Sie hier nicht an Ressourcen. Setzen Sie Ihre besten Mitarbeiter an Ihre wichtigsten Projekte und halten Sie ihnen den Rücken frei.

Beispiel: Wie jeder zum Unternehmer wird (Areva)

Der bayrische Kraftwerksbauer Areva wollte seinen Mitarbeitern eine kreative Start-up-Mentalität einhauchen. Wie das Beratungsunternehmen Capgemini Consulting in einer Studie 2017 berichtet, beauftragte das Unternehmen sie-

ben Mitarbeiter, die vom internen *Talent Management* ausgewählt wurden, damit, Ideen für neue Produkte und Lösungen zu finden. Die Mitarbeiter hatten hierfür ein Jahr lang Zeit und wurden sechs Wochen freigestellt. Sie arbeiteten, ganz im *Start-up*-Stil mit Gründungsberatern zusammen. Fortschritte posteten die sieben im Firmenintranet, wo die Botschaft verbreitet wurde, dass alle im Unternehmen gebraucht werden, um voranzukommen.

Das Beispiel von Areva zeigt, wie sich Unternehmergeist über spezielle Initiativen fördern lässt. Vielleicht sogar wichtiger als das Ergebnis einzelner Initiativen, ist die Signalwirkung. In diesem Beispiel sehen die Mitarbeiter, dass die Firma bereit ist, in Innovation zu investieren, sie sehen aber auch: Innovation geht alle an.

Leben Sie vor, indem Sie Entscheidungen, auch gegen Widerstände, treffen, die die Vision unterstützen. Zeigen Sie, wo auch Sie Einschnitte hinnehmen, um dem großen Ganzen zu dienen.

Imperativ 4: Prüfen Sie!

Auch der vierte Imperativ ist ein fester Bestandteil agiler Führungsprinzipien. Es geht aber weniger um Kontrolle, sondern um das Einholen von Feedback, das Anpassen und das gemeinsame Lernen. Eine Vision soll inspirieren und Orientierung geben. Tut Sie es? Fragen Sie Ihr Team. Was steht dem im Wege? Identifizieren Sie Prozesse, Strukturen, Verpflichtungen, die einem erfolgreichen Arbeiten entgegenwirken oder die nicht mit den Werten und der Vision in Einklang stehen. Ändern Sie diese. Ist dies nicht möglich, überlegen Sie mit dem Team, wie Sie damit umgehen können beziehungsweise wie Sie diese Aspekte im wahrsten Sinne des Wortes, umgehen können. Was braucht das Team von Ihnen? Mehr Orientierung? Wie kann das aussehen? Mehr Inspiration? Wie können die Mitarbeiter sich mehr Inspiration holen? Denken Sie daran, dass Sie Führungskraft sind – Sie müssen nicht alle Antworten haben, aber Sie müssen die richtigen Fragen stellen.

Wie führen Sie Ihre Mitarbeiter?

Wenn Sie die Prinzipien oben beherzigen, werden diese zu einem Teil der Mitarbeiterführung.

Das einzige, das an dieser Stelle noch zu beachten ist, ist sich nicht nur auf Teamsituationen zu stützen. Diese werden oft doch von den gleichen Mitarbeitern dominiert. Und auch wenn wirklich jeder die gleiche Stimme hat (Gratulation – dann sind Sie bereits weit gekommen!), einigen Mitarbeitern fällt es leichter und sie ziehen es vor, ihre Gedanken in einem Zweiergespräch zu äußern beziehungsweise ihre Fragen in kleinerem Kreis zu stellen. Machen Sie die Punkte daher auch in Einzelgesprächen zum Thema.

Wie führen Sie das Team?

Eine Kultur, in der eine starke Identität und Vision motiviert, inspiriert und Orientierung gibt, ist ein idealer Nährboden für Mitarbeiter und Teams, die Initiative ergreifen und unternehmerisches Denken und Handeln an den Tag legen. Die beschriebenen Imperative gelten sowohl für die Mitarbeiter- als auch für die Teamführung. Wie auch in der Mitarbeiterführung, gibt es in der Teamführung ebenfalls einen weiteren Aspekt, der beachtet werden sollte: Stichwort selbstgesteuerte Teams.

Beziehen Sie das Team nicht nur in Lösungsfindungen ein. Lassen Sie das Team, wo es geht, selbstständig die Lösung erarbeiten und umsetzen. Übertragen Sie, wo möglich die vollständige Verantwortung für einen Aufgabenbereich, ein Produkt, ein Projekt et cetera an Ihr Team. End to end. Sobald ein Ziel definiert ist (SMART – spezifisch, messbar, ambitioniert, realistisch, terminiert), ziehen Sie sich raus.

Überlassen Sie es dem Team, das Vorgehen zu bestimmen und zu planen, die Aufgaben und Rollen innerhalb des Teams selbst zu verteilen, den Fortschritt selbst zu kontrollieren.

Sagen Sie Ihrem Team, dass Sie jederzeit für Fragen zur Verfügung stehen und Unterstützung bieten, wo Sie gebraucht werden. Ihre Aufgabe ist es, dem Team den Rücken frei zu halten und Hindernisse aus dem Weg zu räumen. Denken Sie an ein Formel-1-Team.

Dem ein oder anderen Leser werden sich gerade die Nackenhaare sträuben. Denken Sie an das, was Sie bereits gelesen haben. Es geht um Loslassen und um Vertrauen. Entspannen Sie sich, machen Sie die Augen zu, wenn Sie müssen. Wenn etwas schiefgeht, lernen Sie daraus. Nur so kommen Sie voran. Ihr Job ist es, Menschen und Teams zu entwickeln.

Eine gute Führungskraft ist, die, die sich selbst überflüssig macht. Keine Angst, Sie werden noch gebraucht ... Sie sollen und dürfen die gewonnene Zeit nun anders investieren.

Wie positionieren Sie sich?

Je mehr und je vollständiger Sie delegieren und Ihr Team sowie einzelne Mitarbeiter empowern, Ihnen also Entscheidungsverantwortung übertragen, desto erfolgreicher wird Ihr Bereich. Gleichzeitig gewinnen Sie neue Zeitressourcen. Dies erlaubt Ihnen Ihren Bereich voranzubringen und als Führungskraft im Unternehmen zu wachsen. Um sich nicht ganz überflüssig zu machen, sondern – im Gegenteil – neuen Wert zu schöpfen, können Sie Schwerpunkte für Ihr Handeln setzen:

Schwerpunkt 1: Bringen Sie den Bereich voran!
Schwerpunkt 2: Bringen Sie andere Bereiche voran!
Schwerpunkt 3: Bauen Sie Ihren Verantwortungsbereich aus!
Schwerpunkt 4: Entwickeln Sie sich und Ihr Netzwerk!
Schwerpunkt 5: Machen Sie sich sichtbar!

Bringen Sie den Bereich voran!

Bringen Sie Ihren Bereich voran. Arbeiten Sie an neuen Zielen, Chancen und Möglichkeiten. Denken Sie zurück, was Sie zu der erfolgskritischen Verhaltensdimension Hyperbewusstsein gelesen haben. Hier haben Sie die Zeitersparnis, die Sie brauchen, um das Ohr am Markt beziehungsweise am Kunden zu haben, um Trends aufzuspüren und frühzeitig zu reagieren. Nur so sind Sie der Konkurrenz immer einen Schritt voraus.

Sie können sich hier auf Implikationen für Ihre eigenen Bereich konzentrieren, oder Sie denken breiter – funktionsübergreifend. Bringen Sie andere Bereiche voran! Engagieren Sie sich bereichsübergreifend. Bieten Sie Erfahrungswissen an und seien Sie offen, von anderen Bereichen zu lernen. Suchen Sie nach Synergien aber halten Sie auch die Augen nach Ideen offen, von denen andere Bereiche Ihres Unternehmens profitieren können.

Wachsen Sie!

Signalisieren Sie nach oben, an Ihren Chef, dass Sie neue Kapazitäten haben. Vielleicht ergibt sich eine Möglichkeit, Ihren Verantwortungsbereich auszubauen? Dies muss nicht immer ein Mehr an Verantwortung bedeuten. Vielleicht möchten Sie sich in ein neues Gebiet einarbeiten, eine funktionsübergreifende Initiative voranbringen oder schlicht Neues lernen? Gibt es neue Möglichkeiten zur Zusammenarbeit innerhalb oder auch außerhalb des Unternehmens? Wie können Sie hierbei Ihr Netzwerk ausbauen? Suchen Sie nach Möglichkeiten, sich selbst »on-the-Job« weiterzuentwickeln, welche Herausforderungen gibt es, die Sie reizen? Haben Sie Ideen für neue Initiativen? Investieren Sie auch in Lernen.

Und schließlich: Schaffen Sie Sichtbarkeit! Feiern Sie Ihre Erfolge mit dem Team. Verwenden Sie Zeit darauf, Ihre Erfolge/die Erfolge Ihres Teams sichtbar zu machen. Entwickeln Sie Best Practices, die Sie mit anderen Bereichen teilen können. Achten Sie aber darauf, sich nicht mit fremden Federn zu schmücken – geben Sie die Anerkennung an Ihr Team.

Sollte das Thema Vision für Sie neu – oder unbeliebt – sein, lassen Sie es bitte nicht unter den Tisch fallen. Gehen Sie das Thema an! Visionär zu denken und zu handeln verleiht der agilen Führung ihre Zugkraft.

Wie einfach es sein kann, visionäres Denken bei sich und anderen zu fördern und die Kraft einer Vision freizusetzen, lesen Sie in dem folgenden Tipp.

Tipp – visionäres Denken fördern! Kraft der Vision freisetzen durch lösungsorientiertes Denken.
Verinnerlichen Sie die folgenden Regeln für wichtige Diskussionen im Team:

1. Wir lassen andere ausreden.
2. Jeder hat eine Stimme.
3. Wir tun Ideen nicht gleich ab und bewerten sie auch nicht.
4. Wir knüpfen an die Ideen der anderen an.
5. Je ausgefallener die Idee, desto besser, da sie den Radius möglicher Lösungen vergrößert.

In einem zweiten Schritt werden Ideen dann natürlich diskutiert, bewertet und priorisiert. Wenn das Klima im zweiten Teil der Diskussion am Anfang noch ins Negative umschwenkt (Beiträge wie »funktioniert nicht«, »bringts nichts«, »schon probiert« ...), ändern Sie das mit lösungsorientierten Fragen.

Beispiele:
1. Was wäre eine Lösung?
2. Wie könnte man Idee x erfolgreich umsetzen? Wie würde es möglich werden?
3. Was an der (abgelehnten) Idee können wir aber aufgreifen?

Hier kann man auch gut mit Szenarien arbeiten. Wir nehmen vorweg, dass etwas möglich ist und erörtern dann, wie es möglich würde.

1. Stellen wir uns vor, sechs Monate sind vergangen und wir kommen wieder hier in diesem Raum zusammen, diesmal um den Erfolg des Projektes zu feiern. Wie haben wir das geschafft? Was haben wir verändert (Regeln, Strukturen, Prozesse)? Was hat uns geholfen?

2. Angenommen, wir haben eine Lösung für das Problem gefunden. Wie sieht sie aus? Was waren relevante Aspekte?

Sie werden merken, dass das konsequente Einhalten der obigen Regeln in initialen Diskussionen schnell das Teamklima verändert. Diskussionen werden wertschätzender, offener und kreativer. Durch den lösungsorientierten Ansatz werden Blockaden im Denken aufgelöst. Wenden Sie diesen Ansatz auch für sich selbst an.

5.4 Kompetenzdimension »Agil führen durch Engagiertheit«

Agile Führung passiert nicht im Vakuum. Sie wollen ein System beeinflussen – knüpfen Sie daran an.

Engagiertheit beschreibt die soziale Komponente agiler Führung. Die Dimension ist eng verzahnt mit Bescheidenheit. Während Bescheidenheit jedoch viel mit einer inneren Haltung zu tun hat, bezieht sich Engagiertheit auf Ihr Verhalten nach Außen hin. Kombiniert wird die zwischenmenschliche Haltung mit einem Interesse an Entwicklungen am Markt und aufkommenden Trends.

Definition Engagiertheit
Agile Führungskräfte möchten internen und externen Stakeholdern zuhören, mit ihnen interagieren und kommunizieren. Sie bleiben neugierig und verfolgen aufkommende Trends.

Zur Engagiertheit gehört für die agile Führungskraft nicht nur, den Austausch mit Kollegen, Mitarbeitern und Stakeholdern, intern und extern, zu suchen. Die zunehmende Organisation in unternehmensübergreifenden Netzwerken erfordert auch die aktive Vernetzung und den Austausch innerhalb von den verschiedensten Interessensgruppen. Und schlussendlich gilt es, die vielleicht entscheidende Komponente nicht zu vergessen: der Kontakt mit Kunden. (Hierauf gehen wir in den folgenden Kapiteln noch ein.)

Dabei wird eine Komponente immer wichtiger, die im klassischen Leadershipdenken eine eher untergeordnete Bedeutung hat: Das Zuhören. Engagiert Führende müssen mehr denn je zuhören können. Wer andere Köpfe wirklich nutzen, fördern und fordern möchte, der darf nicht als narzisstische Persönlichkeit mit einseitigem Kommunikationsbedürfnis daherkommen.

Wenn agil bedeutet, dass möglichst viele im Unternehmen denken, dann ist der neue Job der Führungskräfte, genau dieses Denken zu fördern und guten Ideen ihren Weg zu bahnen. In der alten Command-and-Control-Denke hat vornehmlich die Führungskraft die Ideen und kennt die Richtung, die Mitarbeiter hingegen setzen um. Im agilen Alltag ist die Rollenaufteilung anders. Impulse können aus den verschiedensten Quellen kommen. Der neue Anspruch ist daher, nicht mehr die eigenen Ideen nach vorne zu bringen, sondern die besten Ideen zu finden und für die Organisation nutzbar zu machen. Engagiertheit lässt sich somit in den agilen Arbeitsalltag übersetzen als ständig neugierig und auf der Suche nach neuen Ideen zu sein. Daher gehen Sie aus sich heraus und werden Sie Chief Listening Officer.

Sie haben richtig gelesen: Werden Sie zum Chief Listening Officer. Denn in lebendigen, agilen Unternehmenskulturen nehmen Viele Verantwortung wahr und bringen sich ein. Das Fördern einer solchen Haltung ist Ihre Aufgabe. Der Austausch, der mit Kollegen, Mitarbeitern und Stakeholdern gesucht werden muss nimmt zu, wie auch die interne und externe Vernetzung. Die folgende Übersicht zeigt die Veränderungen auf:

Mitarbeiter und Kollegen	• Input, Ideen und Fragen von Mitarbeitern fördern • Klarheit schaffen und Orientierung geben • Informieren, inspirieren, motivieren Fokus: Hören Sie zu und fragen Sie nach. Ermuntern Sie offenen Gedankenaustausch.
Interne und externe Stakeholder	• Input, Ideen und Fragen der Stakeholder fördern • Informieren, überzeugen Fokus: Kommunizieren Sie und hören Sie zu: Zu Beginn gilt erst mal, verstärkt zuzuhören, um die Anforderungen und Vorstellungen der Stakeholder zu verstehen.
Interessens-gruppe und Netzwerke	• Fragen stellen • Information einholen Fokus: Information aufschnappen, Stories mitverfolgen. Heute geht es in diesem Kontext nicht mehr um Selbstdarstellung und Eigenwerbung. Es geht um Kooperation, gemeinsames Entwickeln und Teilen von Ideen, gegenseitige Unterstützung. Suchen Sie daher nach Möglichkeiten, wie Ihr Netzwerk von Ihnen profitiert.

Engagiertheit liegt in unserer Persönlichkeit verwurzelt. Extravertierten liegt es eher im Blut, Kontakt zu suchen und auszubauen. Wenn Sie eher introvertiert sind, heißt das nicht, dass Sie weniger talentiert sind, das notwendige Engagement zu zeigen, aber es kostet Sie vermutlich mehr Energie. Der Schlüssel für introvertierte Führungskräfte liegt darin, das Gespräch schneller auf die eigentlichen Themen zu lenken. Spricht eine introvertierte Person über ein Thema, das sie interessiert, ist dies meist ein Selbstläufer.

Das Gespräch auf Trends und zukünftige Marktchancen zu lenken kann alleinstehend schon eine sehr erfolgreiche Maßnahme sein, um Mitarbeiter einzubeziehen und Ideen zu mobilisieren. Ein Beispiel aus der Versicherungsbranche zeigt dies. Im Rahmen der Recherchen zu diesem Buch hat Nicole Neubauer einen weltweit führenden Anbieter von Versicherungen mit Hauptsitz in der Schweiz zu deren Transformationsbemühungen in ein zukunftsorientierteres, agileres Unternehmen, interviewt. Das Unternehmen setzt zunehmend digitale Technologien ein. Unser Interviewpartner in leitender HR-Funktion, schätzt die Versicherungsbranche allerdings als eher langsam im Anpassen an die Veränderungen im Markt ein. Die Bankbranche wird als deutlich schneller erlebt. Führungskräfte und Mitarbeiter befinden sich also in der Situation, dass sie zwar schon mitten in der Digitalisierung stecken, verwandte Branchen aber an ihnen vorbeiziehen sehen. Dieses Spannungsfeld führt intern dazu, dass Mitarbeiter selbst Trends verfolgen und sich Gedanken machen, was agil sein für sie und das Unternehmen bedeuten kann.

Es lohnt sich daher, Trends und Innovationen, sowie Chancen für das eigene Unternehmen zum Thema mit Ihren Mitarbeitern zu machen. Sei es im Einzelgespräch, im Team oder auch über Diskussionsforen auf firmeninternen Medien. Sind Sie eine eher introvertierte Führungskraft, werden Sie merken, dass Sie die Interaktionen mit anderen und die Gespräche zu diesem Thema zunehmend weniger Energie kosten, ja, sogar Spaß machen, sobald Sie sich das Thema Zukunftstrends in Ihrer Branche zu eigen gemacht haben.

Teil der Kompetenzdimension »Engagiertheit« ist anderen zuzuhören. Aktiv zuzuhören ist eine Kunst. Dies ist etwas, das sehr extravertierten Menschen in der Regel etwas schwerer fällt. Extravertierte Führungskräfte sind sozial aufgeschlossen und es fällt ihnen leicht, eine Unterhaltung aufzubauen und aufrechtzuerhalten. Der Ansatz ist hier oft eher oberflächlich. Zuzuhören und eine echte Beziehung aufzubauen kostet Extravertierte wiederum mehr Energie und erfordert gezielten Fokus. Mehr dazu erfahren

Sie auch im Kapitel zur Persönlichkeit agiler Führungskräfte (Kapitel 7). Schauen wir auf die klassischen Führungskompetenzen: Auf Kompetenzebene spielen hier vor allem fünf eine Rolle.

1. Soziale Kompetenz

Soziale Kompetenz ist die Voraussetzung dafür, dass Ihre Kontakt- und Netzwerkinitiativen erfolgreich und nachhaltig sind. Bei sozialer Kompetenz geht es im Wesentlichen um die Fähigkeit, seine Ziele in und durch soziale Interaktionen zu erreichen. Dazu gehört die Fähigkeit, die Bedürfnisse anderer zu erkennen, Empathie und kommunikatives Geschick.

2. Networking

Der Führungskraft fällt es leicht, Kontakt zu anderen herzustellen und Beziehungen aufrechtzuhalten. Da es im Geschäftskontext um Netzwerke geht, die der Führungskraft helfen, ihre Ziele zu erreichen, kommt die Fähigkeit hinzu, relevante Kontakte zu identifizieren und aus den Beziehungen Nutzen zu ziehen

3. Mikropolitisches Geschick

Mikropolitisches Geschick erfordert ein taktisches Gespür kombiniert mit ausreichend sozialer Kompetenz. Es darum, Personen und Strukturen so zu beeinflussen, dass eigene Ziele erreicht werden. Es handelt sich dabei in der Regel um die eigene versteckte Agenda, beispielsweise Karriereziele. Einige Führungskräfte setzen Mikropolitik mit einer egoistischen Manipulation anderer gleich. Diese kann dazu gehören, aber oft geht es um die strategische Positionierung von einem selbst, der eigenen Abteilung oder auch von Ideen. Methoden sind beispielsweise das gezielte Weitergeben oder Vorenthalten von Information, Einbezug Einzelner oder auch sich einen Mentor zu suchen.

4. Kommunikationsfähigkeit

Es geht um die Fähigkeit, sich so auszudrücken, dass bei anderen die beabsichtigte Botschaft ankommt. Zwei weitere Elemente sind aktives Zuhören und das richtige Interpretieren der Botschaften (verbal und nonverbal) anderer, welche nicht nur für die Beziehungsebene wichtig sind, sondern auch ermöglichen, Missverständnisse oder Widerstände schnell wahrzunehmen und darauf reagieren zu können. Im Wirtschaftskontext gilt es die Kompetenz um ein Gespür für die richtigen Kanäle, den richtigen Zeitpunkt und die richtige Intensität der Kommunikation zu ergänzen.

5. Kundenorientierung

Hier geht es um die Orientierung, die Bedürfnisse von vorhandenen und potenziellen Kunden befriedigen zu wollen. Dies bezieht sich auf die bekannten Bedürfnisse, aber auch auf die latenten Bedürfnisse, die dem Kunden noch gar nicht bewusst sind. Kundenorientierte Führungskräfte lassen ihr Verhalten von den Bedürfnissen der Kunden steuern und richten Produkte, Services und auch Strukturen darauf aus.

Lesen Sie nachfolgend beispielhaft, über welche Führungsverhaltensweisen und Maßnahmen Sie Engagiertheit als agile Führungskraft demonstrieren können.

Wege zu einer Kultur der Inklusion und Kundenorientierung

Wenn wir von einer engagierten Kultur sprechen, sprechen wir von einer Kultur, die Einbezug, Austausch und Zusammenarbeit großschreibt und sich durch eine starke Service-/Kundenorientierung am Kunden ausrichtet.

Einer Kultur des Engagements liegt die Kultur zugrunde, die über Bescheidenheit geschaffen wurde. Durch Bescheidenheit in der Führung haben Sie Augenhöhe und Vertrauen geschaffen. Das Klima und die innere Haltung der Mitarbeiter sind grundsätzlich auf ein respektvolles, produktives und voneinander lernendes Miteinander ausgerichtet.

Über Engagiertheit in der agilen Führung bringen Sie nun Fluss rein und sorgen dafür, dass das Miteinander auch tatsächlich passiert und immer größere Kreise zieht. Hier müssen Sie als Führungskraft aktiv werden. Zunächst geht es darum, eine kooperative – Win-win-Kultur nicht nur vorzuleben, sondern auch gezielt zu fördern. Dies gelingt über unterschiedliche Rahmenbedingungen, auf die wir weiter unten eingehen werden, funktioniert aber nur dann, wenn sich Zusammenarbeit und vor allem Austausch unter den Mitarbeitern und auch über das Unternehmen hinaus, auszahlt. Entsprechend muss das Belohnungssystem Ihrer Organisation ausgerichtet sein. Und die Basis muss stimmen. Wenn Sie Austausch aktiv fördern wollen und auch den Aufbau und die Pflege von Kontakten innerhalb und außerhalb der Organisation anregen wollen, sollte den Mitarbeitern hierzu auch die entsprechende Zeit zur Verfügung stehen (seien es Treffen in Interessensgruppen oder gemeinsame Mittagessen). Wenn Sie das Netzwerken zu einem Teil des Jobprofils werden lassen wollen, müssen diesem auch Ressourcen gewidmet werden (zum Beispiel für kostenpflichtige Netzwerkveranstaltungen oder um den Kunden, sofern es die Regulationen erlauben, zum Mittagessen einzuladen).

An dieser Stelle müssen Sie als Führungskraft auch eine klare Orientierung geben um alte Feinde der Inklusion zu entmachten:

- Auflösen des Silodenkens
- Auflösen des Hierarchiedenkens

Halten Sie Ihre Augen offen und beobachten Sie, wen Ihre Mitarbeiter in Projekte einbeziehen. Achten Sie auf Warnsignale, wenn nur oder überwiegend Kollegen aus der eigenen oder direkt angrenzenden Abteilung miteinbezogen werden, oder wenn sich die Auswahl auf Kollegen gleicher oder höherer Hierarchieebenen beschränkt. Stellen Sie sicher, dass Kollegen aufgrund von deren Motivation, Kompetenzen und speziellen Erfahrungen ausgewählt werden.

Schließlich gilt es in einer Kultur der Inklusion und Kundenorientierung, den Blick nach außen, auf den Kunden, zu richten. Messen Sie sich und jeden Ihrer Mitarbeiter an der Zufriedenheit Ihrer Kunden.

Der Kunde und seine Probleme, Herausforderungen, Chancen und Bedürfnisse müssen im Mittelpunkt der internen Diskussionen stehen. Im Mittelpunkt jeder Besprechung, Planung, Strategie. Es geht darum, den besten Service, das beste Produkt zu liefern – der Kunde ist der neue Chef. Nicht mehr nur König, er ist auch Chef. Das Ausrichten der Organisation an den Bedürfnissen der Kunden, entscheidet über das Bestehen oder Untergehen am Markt.

Beispiel einer vollständigen Ausrichtung auf den Kunden (Lilly und weiteres Pharmaunternehmen)

Die deutsche Niederlassung des Pharmaunternehmens Lilly mit circa tausend Mitarbeitern ging diesen Weg, wie Haufe (Hornung 2018) berichtet. Simone Thomsens, Geschäftsführerin, hatte die Vision, neue Maßstäbe in der Pharmabranche zu setzten, indem sie Lilly zum menschlichsten und kundenfreundlichsten Pharmaunternehmen Deutschlands macht. Am Anfang stand die Vorgabe, sich entlang der Service Value Chain am Kunden auszurichten, alles andere gliederte sich ein.

Ein weiteres Pharmaunternehmen ging einen ähnlichen Weg. Die Transformation des Unternehmens kam erst dann richtig in Gang, als eine neue Führungsperson im Bereich Digital einen anderen Fokus setzte, einen Fokus auf den Mehrwert, den das Unternehmen für seine Kunden schafft. Diese neue Perspektive veränderte die Art und Weise, wie das Unternehmen die Chancen der Digitalisierung für sich wahrnahm. Der Fokus auf den Kunden und damit verbunden auf die Frage, wie man den Mehrwert, den man dem Kunden bietet, noch erhöhen kann, kamen Themen der digitalen Transformation ganz von alleine auf die Agenden. Dies teilte ein HR-Manager im Bereich Digital eines weltweit führenden Arzneimittelherstellers, Forschungskonzerns und Anbieters von Gesundheitsprodukten uns in einem Interview mit.

Engagiertheit in der agilen Führung können Sie über eine Reihe einfacher Maßnahmen entfalten. Auch hier gilt es, Engagiertheit zu einem Teil Ihres Führungsstils zu machen und es gleichsam in Ihrer Organisation zu fördern und zu fordern. Im Abschnitt zu der erfolgskritischen Verhaltensweise Hyperbewusstsein (Abschnitt 4.1) haben Sie bereits darüber gelesen, wie Kontakte gezielt zu dem Gewinn von Informationen genutzt werden können, aber auch wie Sie Strukturen für den Austausch schaffen können. Darüber hinaus können zielführende Führungsverhaltensweisen helfen, die Möglichkeiten für den Austausch schaffen und Zusammenarbeitsformen organisieren sowie eine Kommunikation über vielfältige (Zwei-Weg-) Kanäle.

Möglichkeiten für den Austausch schaffen

Als Führungskraft haben Sie die entscheidenden Möglichkeiten, über Veranstaltungen und über Strukturen Austausch zu fördern. Eine ganz einfache Maßnahme ist es, Meetings, die ohnehin anstehen und möglichst mit funktionsübergreifenden Parteien geplant sind, mit einer gemeinsamen Mittags- oder Kaffeepause zu verbinden. Dies fördert den »zufälligen« Austausch zwischen Mitarbeitern, der nicht nur eine Beziehung aufbaut und pflegt, sondern auch das Gespräch auf Themen lenkt, die anders womöglich nicht aufgekommen wären. Die besten kreativen Ideen stammen oftmals aus zufälligen Austauschen. Bitte machen Sie aber nicht den ehrgeizigen Fehler eines »Working Lunches«, dieser ermöglicht keinen freien Austausch.

Eine andere Maßnahme, die Sie oder Ihr Team ergreifen kann, ist das Organisieren von themengebundenen Austausch- oder Netzwerkveranstaltungen. Interessante Themen (zum Beispiel Digitalisierung) mobilisieren oft die Mitarbeiter aus den unterschiedlichsten Bereichen innerhalb der Organisation. Regelmäßiger funktionsübergreifender Austausch führt hier und da auch zur Zusammenarbeit und hilft, das Silodenken zu überwinden. Vielleicht organisiert jemand in Ihrer Organisation bereits solche Veranstaltungen? Prima, dann nehmen Sie Teil oder schicken einen

Ihrer Mitarbeiter. Wenn nicht, können Sie hier tätig werden. Beispiele sind offene After-Work-Veranstaltungen (idealerweise jedoch während der Arbeitszeit).

Interessant sind offene Interessens- oder sogar Projektgruppen, denen man sich freiwillig und interessensbasiert anschließen kann. Viele Unternehmen arbeiten mit offenen Foren zum Thema »Auswirkungen und Chancen der Digitalisierung für unser Geschäft«, um Mitarbeiter in die Diskussion einzubeziehen und Ideen zu generieren. Nach unseren Erfahrungen stoßen solche Veranstaltungen in der Regel auf offenes Interesse.

Abteilungs- und funktionsübergreifende Workshops sind ein anderes Mittel. Hier braucht es gemeinsame Themen. Fehlen diese noch, kann auch ein punktueller Einbezug Sinn machen. Der Einbezug von Kollegen aus dem Business in Workshops der zentralen Funktionen zum Beispiel. Vielleicht kann ein Kollege mit Kundenkontakt die Kundenperspektive einbringen, wenn es in einem Workshop zum Beispiel um die Strategie der Personalabteilung, der IT-Abteilung oder des Marketings geht. Auch Kunden direkt können einbezogen werden.

Ein weiterer Weg ist der Aufbau von systematischen Beziehungen. Ein gutes Beispiel sind bereichs- oder funktionsübergreifende Mentorprogramme. Diese können generationsübergreifend aufgebaut werden oder klassisch zwischen erfahrenen und wenig erfahrenen Mitarbeitern. Gruppen kollegialer Unterstützung sind auch ein effektiver Weg. Hier tun sich Mitarbeiter verschiedener Bereiche zusammen, die an ähnlichen Problemstellungen arbeiten oder mit ähnlichen Themen konfrontiert sind. Man teilt hier Kollegen die eigene Situation mit und sucht gemeinsam nach Ideen und Lösungen und bietet an manchen Stellen Unterstützung an, sei es auch nur dabei, den anderen an sein Vorhaben immer wieder zu erinnern. Solche Gruppen können auch karriereorientiert zusammengestellt werden, beispielsweise eine Gruppe agiler Coaches, eine Gruppe Abteilungsleiter oder beispielsweise weibliche Potenzialträger. Den Ideen sind hier keine

Grenzen gesetzt. Über moderne Medien wie Yammer können sich solche Gruppen auch spontan bilden.

Ganz undogmatisch können Sie sich auch selbst zum Instrument des Austausches machen. Nutzen Sie Ihr Netzwerk um das Netzwerk Ihrer Mitarbeiter gezielt zu erweitern. Vermitteln Sie zwischen Mitarbeitern oder Kollegen oder Kunden. Eine Führungskraft, die gut vernetzt ist und anderen hilft, gute Kontakte zu knüpfen und ihr Netzwerk systematisch zu erweitern, wird als effektiv erlebt.

Neben dem Initiieren von Kontakten und Veranstaltungen können Sie Austausch auch nachhaltig anregen, indem Sie Räume und Strukturen schaffen. Auch hier liegt der Fokus auf dem zufälligen Austausch, also Austausch, der sich von alleine wahrscheinlich nicht ergeben würde (zum Beispiel abteilungs- oder funktionsübergreifend). Ihr Team hat hier vielleicht auch gute Einfälle zu Strukturen und Räumen, die den Austausch fördern. Zahlreiche Ideen kommen in Frage. Beispiele sind eine gut platzierte Kaffeeküche oder ein Pausenraum, der Mitarbeiter aus verschiedenen Abteilungen dient.

Schließlich gilt es, auch bei der Kommunikation darauf zu achten, dass Sie Kanäle nutzen, die tatsächlich über zwei Wege verfügen, also Dialoge ermöglichen. Posten Sie beispielsweise Neuigkeiten im firmeninternen Netzwerk, aktivieren Sie die Kommentarfunktion und antworten Sie auf Kommentare. Ideenhotlines oder -portale sind eine andere Idee. Wo möglich, können auch soziale Medien genutzt werden.

Wege zum engagierten Führen

Blicken wir nochmals auf den Führungsalltag. Oft sind es die kleinen, beiläufigen Verhaltensweisen einer Führungskraft, die eine Kultur entscheidend beeinflussen. Auch ist die direkte Mitarbeiterführung Ihre Gelegenheit, Kundenorientierung zum Teil des Mindsets Ihrer Organisation zu machen.

Wie führen Sie Ihre Mitarbeiter?

Zunächst mal ganz banal – lassen Sie Ihre Bürotür offen (falls Sie noch über den altmodischen Luxus eines Einzelbüros verfügen). Eine agile Führungskraft ist zudem nur selten in ihrem Büro anzutreffen, sie findet man in der Regel dort »wo die Action ist«. Die agile Führungskraft ist bei ihren Mitarbeitern, trifft sich mit Kunden und Kollegen, hält sich auch öfter in der Kaffeeküche auf.

Wenn Sie allgemein den Austausch im Team und darüber hinaus fördern wollen, vergessen Sie dabei nicht, selbst den Austausch mit Ihren Mitarbeitern zu suchen. Fragen Sie Ihre Mitarbeiter nach Input, Ideen und Kritik. Vereinbaren Sie regelmäßige Einzelgespräche, deren Agenda Platz für spontane Anliegen und Diskussionen lässt, sowie den unstrukturierten Austausch von Gedanken und Ideen beinhaltet. Machen Sie es zum Standard, viele verschiedene Perspektiven (Kollegen, Kunden …) in Überlegungen und Planungen miteinzubeziehen.

Führungsaufgabe ist es, Kundenzentriertheit quasi in die DNA der Mitarbeiter einzuschreiben. Das ist gar nicht so schwer, denn Mitarbeiter suchen nach Sinnhaftigkeit. Wie Frauke Polier, Senior Vice President für People & Organisation bei Zalando, im Geschäftsbericht der Firma von 2016 schildert, wollen Mitarbeiter heute mehr machen, als nur ihren Job. Dabei wird die Bedeutung der Arbeit auch über das Unternehmen hinaus immer wichtiger.

Diesem Bedürfnis begegnen Sie mit einem starken Warum (Purpose; siehe den Abschnitt zu Visionär). Um ein Warum zu verfolgen, das auch die Kundenorientierung fördert, lohnt es sich, den Blick auf den Einfluss zu richten, den die eigene Arbeit im Leben oder in der Arbeit des Kunden hat. Welchen Unterschied machen Sie in der Arbeit/im Leben Ihrer Kunden? Fällt Ihnen zunächst nichts ein, geben Sie nicht gleich auf. Wenn Zalando, ein Online-Schuhhändler, seinen Mitarbeitern Sinn in ihrer Arbeit vermitteln kann, können Sie das auch.

Unterschätzt wird häufig, dass wahre Kundenorientierung eine tief greifende Veränderung in der Ausrichtung des Unternehmens bedeutet: Der Fokus darf nicht mehr auf Profit liegen, sondern auf Kundenzufriedenheit. Der Fokus darf auch nicht mehr auf dem Produkt liegen, sondern darauf, was das Produkt für den Kunden bedeutet. Die Kundenerfahrung muss im Mittelpunkt stehen.

Natürlich kann sich der Mitarbeiter nur am Kunden orientieren, wenn er ihn kennt – wenn er weiß, was der Kunde tut, wie er es tut, warum er es tut und was dem Kunden wichtig ist. Eine klare Sicht auf den Kunden ist jenseits von Verkauf und Kundenbetreuung häufig schwer einzurichten. Es gibt aber zahlreiche Möglichkeiten, die zumindest gefühlte Nähe zum Kunden zu schaffen.

Beispiel für Nähe zum Kunden schaffen (ING, Spotify)
ING Niederlande beispielsweise implementierte ein neues Onboarding-Programm, das beinhaltete, dass jeder neue Mitarbeiter eine Woche im Callcenter Kundenanrufe entgegennimmt. So wird jeder Mitarbeiter gleich zu Beginn direkt mit Anliegen und »der Stimme des Kunden« vertraut gemacht. Ein offensichtlicher Ansatz ist es, Kunden zu rekrutieren: Spotify beispielsweise stellt Musikliebhaber ein. So waren und sind Ihre Mitarbeiter gleichzeitig auch Ihre Kunden. Einen ähnlichen Ansatz verfolgen manche Sportartikelhersteller, die vermehrt Sportler einstellen.

Für Ihren Bereich bietet sich vielleicht ein halbtägiges Über-die-Schulter-Schauen im Kundenservice an. Mitarbeiter mit direktem Kundenkontakt, beispielsweise aus dem Beschwerdemanagement, könnten auch ins Team eingeladen werden und dort die Kundenperspektive etwas näherbringen.

Andere Wege sind das Teilen von Kundenfeedbacks oder Erfahrungsberichten von Kunden selbst, an denen deutlich wird, wie die Leistung Ihrer Mitarbeiter einen Unterschied für den Kunden macht. Zeigen Sie auf, wie jeder Einzelne im Team dazu beiträgt. Ein Königsweg ist sicherlich, Kunden einzuladen oder – noch besser – Kunden zu besuchen. Richten Sie für die Zukunft einen direkten Draht zwischen Team und Kunden ein (zum Beispiel über Feedbackschleifen).

Fragen Sie sich also: Kennen meine Mitarbeiter den Endkunden? Das Potenzial selbstgesteuerter Teams setzen Sie dann frei, wenn das Team selbst weiß, woran es sich orientieren kann.

Wie positionieren Sie sich?

Agile Führungskräfte sind Initiatoren von Engagement. Versetzen Sie sich durch ein robustes Netzwerk in die Lage, Kontakte vermitteln und initiieren zu können. Seien Sie die Verknüpfung mit dem Markt, das Gesicht Ihres Unternehmens in externen Interessensgruppen und das Ohr am Kunden.

6.
Bereit zur Umsetzung?
Agile Führung in Aktion

● ●

Durch die vorherigen Kapitel haben Sie einen guten Eindruck davon gewonnen, wie sich agile Führung in konkreten Alltagsführungsführungssituationen ausdrückt. Sie können nun Ihr Wissen prüfen und so ermitteln, ob Sie schon bereit sind für agiles Führen.

Wie würden Sie sich verhalten?

Lesen Sie bitte die sechs nachfolgenden Szenarien und überlegen Sie, wie Sie sich verhalten würden. Am Ende des Kapitels finden Sie einen Auswertungsschlüssel.

Stellen Sie sich beim Lesen auch die Frage, welche der vorgestellten Verhaltens- und oder Kompetenzdimensionen im jeweiligen Szenario relevant sein könnten? Weiterhin können und sollten Sie sich überlegen: Welche der Antwortalternativen spiegeln am besten agile Führung (agil), welche am wenigsten (nicht agil) und welche zeigen zumindest Ansätze eines agilen Führungsverhaltens (im Übergang) wider?

Situation 1: Ein Teammitglied entwirft einen Prozess zu einer innovativen Kundenlösung. Der Prozess ist jedoch nur lückenhaft definiert und scheint das Problem noch nicht ganz ideal zu lösen. Was tun Sie?

a. Ich nehme mir Zeit, vervollständige und finalisiere den Prozessentwurf. Mit einer Halb-Lösung kommen wir dem Kunden nicht – es braucht Qualität in unserer Arbeit.

b. Ich gebe den Startschuss, wir rollen das Ganze aus und holen uns Feedback ein. Die Optimierung kommt später – und in Zusammenarbeit mit dem Kunden.

c. Ich setze erst nochmals kurz mein Team dran, aus diesem Entwurf eine finale Lösung zu produzieren – hier braucht es Zusammenarbeit und Kreativität.

Situation 2: Ein Konkurrenzunternehmen hat vor Kurzem einen Service für Kunden digitalisiert. Bei Ihnen läuft der Prozess momentan offline. Und sehr erfolgreich. Was tun Sie?

a. Gar nichts – Erfolg ist Erfolg und unsere Kunden sind zufrieden. Das Risiko einer Veränderung gehe ich nicht ein.

b. Ich betreibe etwas Recherche. Ist das Konkurrenzunternehmen wirklich auf dem allerneusten Stand? Welche latenten Kundenbedarfe könnten noch besser bedient werden? Wir entwickeln schnell eine eigene Lösung.

c. Wir ziehen nach – ein Zurückfallen können wir uns nicht leisten. Auch wir werden den Prozess digitalisieren, so schnell wie möglich. Unsere Kunden werden hiervon umgehend in Kenntnis gesetzt. Schnell handeln ist gefragt.

Situation 3: Im Team gibt es schon länger Spannungen. Einige erfahrenere Mitarbeiter bestehen auf das Belassen bestimmter Rollen im Team, aufgrund ihrer Seniorität und bisherigen Erfolge, die Sie ihnen zugestehen müssen. Dies scheint die neuen, weniger erfahrenen Teammitglieder etwas auszubremsen. Ihr Team ist nach wie vor sehr erfolgreich. Was tun Sie?

a. Wir müssen innovativ bleiben. Barrieren gefährden dies. Auch wenn es wehtut – ich stelle alle im Team gleich. Was zählt, ist der Erfolg, den die Mitarbeiter heute und morgen erzielen. Dies werde ich klar kommunizieren.

b. Gar nichts – wir sind innovativ unterwegs. »Never change a winning team!«

c. Das Team braucht mich hier nicht, ich mische mich hier nicht ein. Selbstgesteuerte Teams sind die Teams der Zukunft.

d. Hier heißt es zuhören. Und überzeugen, dass wir flexible Strukturen brauchen. Zusammen erarbeiten wir, wer welche Rolle in welchem Projekt einnimmt. Seniorität ist dabei nicht entscheidend.

Situation 4: Einer Ihrer Mitarbeiter hat im Alleingang einen Prozess umgestellt. Um ihn kundenfreundlicher zu gestalten, hat er ihn mit Social Media verknüpft. Beim Kunden wurde dies nicht gerade mit Begeisterung aufgenommen. Was tun Sie?

a. Ein Alleingang ist oft nötig um keine Zeit zu verlieren. Hier ist ein Lob fällig. Aber auch ein Review. Aus Fehlern können wir lernen. Wir müssen die Lösung nochmals unter neuem Licht betrachten, und unsere Kunden fragen, wie diese Lösung denn einen Mehrwert hätte schaffen können.

b. Hier ist offensichtlich etwas schiefgelaufen. Ich wurde nicht informiert und es wurde kein Approval angefragt. Das kann ich so nicht durchgehen lassen. Bei den Kunden werden wir uns nun auch entschuldigen. Die Beziehung zum Kunden dürfen wir uns durch solche Fehler nicht verbauen.

c. Ein Alleingang ist oft nötig um keine Zeit zu verlieren. Hier ist ein Lob fällig. Kunden wissen oft nicht, was sie eigentlich wollen. Ich gebe etwas Zeit. Sobald sich die Kunden daran gewöhnt haben, wird der Mehrwert sicher gesehen.

Situation 5: Sie haben für Ihren Bereich eine starke Vision und Ihr Team steht voll hinter Ihnen. Bisher scheinen die Projekte und Maßnahmen, die Sie aus der Vision abgeleitet haben, aber nicht recht zu greifen beziehungsweise den Bereich nicht wirklich voran zu bringen. Was tun Sie?

a. Das kann ich nicht ignorieren, hier ist Handeln gefragt. Vielleicht ist die Vision zu hochgegriffen. Vielleicht müssen wir eine neue Vision definieren. Wir re-evaluieren und richten uns neu aus.

b. Ich halte an meiner Vision fest. Auch wenn der Erfolg erst mal ausbleibt. Die Projekte und Maßnahmen müssen jedoch überdacht werden – haben wir etwas falsch eingeschätzt? Hat sich die Situation geändert?

c. Eine Vision ist nicht in Stein gemeißelt. Wir konzentrieren uns erst mal auf das Erreichen schneller Erfolge. Sobald wir erfolgreiche Maßnahmen und Projekte definieren und umsetzen konnten, blicken wir wieder auf das große Ganze und leiten gegebenenfalls eine neue Vision ab.

Situation 6: Sie stecken mitten in einem innovativen Projekt. Es läuft alles nach Plan. Nun wird Kundenfeedback laut. Möglicherweise bringt die Lösung doch nicht den gewünschten Effekt. Was tun Sie?

a. Die Idee wurde von uns in einem aufwendigen Prozess entwickelt und wir sind hier innovativ unterwegs. Wir geben Gas und schließen das Projekt schneller als geplant ab. Es gilt, schnell zu liefern. Dann sehen wir im nächsten Schritt, ob Änderungen erfolgen müssen.

b. Wir können nicht jedem kleinen Trend nachrennen. Unsere Lösung macht nach wie vor Sinn. Ich stehe zu meiner Entscheidung. Wir machen weiter wie geplant. Wer sich wie ein Fähnchen im Wind verhält, kommt nicht voran.

c. Wir re-evaluieren das Projekt zusammen mit den Kunden. Vielleicht lagen wir falsch und müssen etwas anpassen oder nach einer neuen Lösung suchen.

Auswertungsschlüssel:

Situation	Relevanteste Dimensionen	Agil	Ansatzweise agil	Nicht agil
1	Schnelles Handeln	b	c	a
2	Hyperbewusstsein, Informierte Entscheidungsfindung	b	c	a
3	Bescheidenheit, Engagement	d	a	b, c
4	Schnelles Handeln, Hyperbewusstsein	a	c	b
5	Visionär sein	b		a, c
6	Hyperbewusstsein, Anpassungsfähigkeit	c	a	b

Und wie haben Sie abgeschnitten? Haben Sie sich in allen Situationen bereits agil verhalten können? Hat das Lesen der bisherigen Kapitel dieses Buchs Ihnen bereits neue Handlungswege aufgezeigt und haben Sie vielleicht zu Antwortkategorien gegriffen, die Sie ohne das Kennenlernen agiler Verhaltensdimensionen eher nicht gewählt hätten?

7.
Ihre Persönlichkeit
als agile Führungskraft

● ●

Agiles Führen ist Handwerkszeug. Sie haben drei erfolgskritische Verhaltensweisen kennengelernt und vier Kompetenzen, die erfolgreiches Führen in Zeiten der digitalen Transformation ermöglichen. Sie haben außerdem erfahren, wie Sie positive eigene Verhaltensweisen stärken und Defizite bei Verhaltensweisen und in bestimmten Kompetenzfeldern kompensieren können. Agil führen hat überwiegend damit zu tun, wonach Sie Ihr Handeln ausrichten und wie Sie in Alltagsführungssituationen reagieren. Agil Führen ist aber auch eine Frage des Mindset, wie aus dem HAVE-Modell hervorgeht. Alte Annahmen über Mitarbeiterführung müssen Sie hinterfragen und gegebenenfalls korrigieren.

Bei Verhaltensweisen, Kompetenzen und Mindset geht es darum, Erfahrungen, die Sie bisher gemacht haben und Kompetenzen, die Sie bisher gelernt haben, zu nutzen und – wo nötig – anzupassen. Wir glauben, dass so jeder zu einer agilen Führungskraft werden kann.

Wenn Sie an Ihrer Entwicklung von Führungsagilität arbeiten, werden Sie merken, dass Ihnen das eine leichter und das andere schwerer fällt. Der Grund dafür liegt in Ihrer Persönlichkeit. Je nachdem welcher Typ ich bin, passen Eigenschaften der agilen Führungskraft mehr oder weniger zu mir als Person. Sind Sie beispielsweise eher extravertiert, zeigen Sie vermutlich bereits ein gutes Maß an Engagiertheit in der Führung und es wird Ihnen leichter fallen, die Kompetenzdimension »Engagiertheit« in Ihrem Führungsstil weiter auszubauen. Sind Sie eher introvertiert, fällt Ihnen dieser Aspekt agiler Führung möglicherweise eher schwer, kostet Sie mehr Energie. Trotzdem können Sie auch als introvertierte Person agil führen. Hierzu müssen Sie sich nicht in eine extravertierte Person verwandeln. Vielmehr gilt es hier, Ihren eigenen (eher introvertierten) Weg zu finden, Engagiertheit in der Führung zu leben. Den »geborenen agilen Leader« gibt es nicht.

Sie sind, wer Sie sind. Und das ist gut so. Damit Sie auf Ihre eigene Art erfolgreich agil führen können, sollten Sie sich jedoch zunächst damit auseinander setzen, was Sie für ein Typ sind und wo in Ihrer Persönlichkeit

Ihre individuellen Potenziale liegen. Wenn wir im Einklang mit unseren Eigenschaften und Motiven handeln, sind wir nicht nur zufriedener und authentischer, sondern auch erfolgreicher.

Deshalb widmen wir uns in diesem Kapitel und nachfolgenden Kapiteln dem Thema Persönlichkeit. Im Mittelpunkt agiler Führung steht der Mensch!

Vieles ist durch die Digitalisierung im Fluss und diejenigen, die offen für Neues und andere Menschen sind, nehmen an der Veränderung teil. Die anderen verlieren.

Bei all dem sprechen viele Experten direkt oder nebenbei über die Anforderungen an Menschen, die es ja trotz Internet of things und einer zunehmenden Kommunikation Maschine zu Maschine (M2M) immer noch gibt und geben wird. Veränderungsbereit sollen sie sein, netzwerken sollen sie können und offen sein für Neues. Das neue Ideal der Führungskraft lässt sich dann auch beschreiben als lächelnden, ambitionierten Teamplayer, der inkludiert und integer ist, Neues offen annimmt, informiert urteilt und täglich opportunistisch bahnbrechende Entscheidungen trifft. Die neuen Leader führen ohne zu führen, quasi indirekt mit hoher strategischer Selbsterkenntnis und Selbstkontrolle. Wer hat diese Personen schon mal gesehen? Wir nicht!

Betrachten wir nur Netzwerkfähigkeit und Offenheit für Neues. Beide Eigenschaften sind Schlüssel zum Erfolg in der Zukunft. Die Welt ist typischerweise normalverteilt, was heißen soll, dass 50 Prozent der Menschen Netzwerke bedienen können und 50 Prozent der Menschen offen für Neues sind. Aber fast niemand verfügt über beide Eigenschaften zu 100 Prozent. Die gute Nachricht ist, dass man Menschen nach solchen Kriterien auswählen, beurteilen und einstellen kann. Doch was macht man mit der bestehenden Belegschaft? Oder mit denen am linken Rand der Normalverteilung? Einfache Antwort: Dieser Teil der Mitarbeiter muss sich die neu geforderten Fähigkeiten eben antrainieren. Das ist alles andere als leicht, aber ohne Alternative. Mitarbeiter wie Führende brauchen Unterstützung, um über sich hinauszuwachsen.

Die eigene Persönlichkeit gibt die Marschrichtung in Gegenden vor, in denen ich mich schon zuhause fühle. Sollte die neue digitale Welt aber (noch) nicht mein Zuhause sein, muss ich mich vielseitiger aufstellen und meine Komfortzone verlassen. Unternehmen und Organisationen können sich die Persönlichkeit des Menschen und ihre Analyse viel besser zunutze machen, als das heute in den meisten Unternehmen geschieht. Ein genauerer Blick auf sich und seine Mitmenschen könnte helfen, die Weichen für passende Persönlichkeitsentwicklungen zu stellen und die jeweils geeignete Form (Coaching, Seminar, E-Learning, Selbststudium) dafür zu wählen. Gerade wenn es darum geht, ganze Teams und Mannschaften wirklich agil zu machen, würde ein stärkerer Blick auf den Menschen oftmals helfen.

7.1 Welche Rolle spielt Ihre Persönlichkeit?

Entsprechen Sie nicht dem gesuchten Persönlichkeitsprofil, lassen Sie sich davon nicht abschrecken. Im Gegenteil, stellen Sie es heraus und zeigen Sie, was Sie von Kollegen unterscheidet, was Ihren einzigartigen Beitrag zum Unternehmenserfolg ausmacht. Einige der besten Netzwerker, die mir in meiner Beratungstätigkeit begegnet sind, waren introvertierte Menschen. Sie bildeten stabile Beziehungen in Eins-zu-eins-Situationen. Einige der Führungskräfte, die sich nach einer Veränderung am schnellsten anschlossen, waren konservative Pragmatiker, die das Ziel überzeugte. Sie rissen die übrigen Mitarbeiter mühelos mit. Einige Führungskräfte hingegen, deren Mitarbeiter sich besonders wertgeschätzt und gefördert fühlten, hatten nahezu keine zwischenmenschliche Sensitivität, aber sie waren authentisch und ehrlich. Eine Orientierung nur an irgendeinem Leitbild der idealen Führungskraft oder des idealen Mitarbeiters bringt so wenig.

Zwar kommen Sie an bestimmten Verhaltensweisen nicht vorbei und müssen sich diese, so sie nicht in Ihrer Natur liegen, aneignen. Die Wege hierzu sind aber glücklicherweise vielseitig. Wir hoffen Ihnen in den vorhergehenden Kapiteln aufgezeigt zu haben, wie Sie agile Führung auf unterschiedliche Art und Weise erreichen können und welcher Ressourcen Sie sich dabei bedienen können.

Nun wollen wir mit Ihnen eine Ebene tiefer gehen und anschauen, welche Persönlichkeitseigenschaften einer agilen Führungskraft entsprechen. Agiles Führen ist ein erlernbares Handwerk. Das haben wir Ihnen aufgezeigt. Aber agile Führung definiert sich auch im Führungsstil und hat sehr viel mit bevorzugten Verhaltensmustern, unseren Tendenzen und Neigungen zu tun. Das Selbst als Summe des eigenen Wissens, der eigenen Prägungen und Vorerfahrungen ist immer da. Wir können es gar nicht ablegen, selbst wenn wir möchten. Als Teil des Unbewussten wirkt es immer und bestimmt unser Verhalten zumindest mit.

Wenn Sie bereits die wünschenswerten Persönlichkeitseigenschaften für agiles Führen besitzen, bedeutet dies, dass Sie mit einer höheren Wahrscheinlichkeit auch Verhaltensweisen eines agilen Leaders zeigen. Dinge, die Ihnen noch fehlen, werden Sie weiterhin mit hoher Wahrscheinlichkeit leichter erlernen können als andere. Die eigene Persönlichkeit zutreffend zu kennen, ist ein wichtiger Schlüssel für agiles Führen, aber auch für jeden anderen Führungsstil. Eine solche strategische Selbsterkenntnis kann Ihr Wettbewerbsvorteil im Karrierewettstreit sein. Je präziser Sie sich erkennen, eigene Stärken identifizieren und Ausbauen, aber auch eigene Schwächen erkennen und kompensieren lernen, umso leichter werden Sie jede Situation meistern können.

Daher möchten wir Ihren Blick schärfen: Kennen Sie Ihre agilen Eigenschaften? Erkennen Sie agile Führungseigenschaften bei anderen?

Denken Sie zurück an die Abschnitte zu den agilen Kompetenzen wie Bescheidenheit, Anpassungsfähigkeit, ein Visionär sein oder Engagiertheit. Wo sind Sie besonders stark? Wo sind Sie eher schwach? Haben sie schon überlegt, die eine oder andere Führungsverhaltensweise oder -aufgabe zu delegieren? Wer von ihren Mitarbeitern ist dort stark, wo Sie zum Beispiel bei sich noch Schwächen verspüren? Wie ist es um agile Verhaltensweisen Ihrer Mannschaft generell bestellt? Ihre Aufgabe als Führungskraft (und nicht nur als agile Führungskraft) ist, stets die richtigen Leute für den richtigen Job (sei es innerhalb des Teams oder als Nachwuchsführungskraft) zu finden. Ihre Aufgabe ist auch, Ihr Team strategisch in Richtung Agilität zu fördern und zu entwickeln. Je klarer Sie daher sich und Ihr Umfeld einschätzen können, umso leichter werden Sie Fortschritte erzielen können.

Im Folgenden werden wir daher versuchen eine präzisere Sicht auf das Konstrukt Persönlichkeit zu werfen. Unsere Firma, die MetaBeratung, hat zusammen mit Hogan Assessments, einem weltweit führenden Anbieter von Persönlichkeitsassessments die Frage erörtert, welche Persönlichkeitseigenschaften die Kompetenzen agiler Führung unterstützen und Persönlichkeitseigenschaften identifiziert, anhand der ein Persönlichkeitsprofil des idealen agilen Leaders beschrieben werden kann. Man könnte sagen, dass wir sehr intensiv unseren Blick dahingehend geschärft haben, valide zu erkennen, Menschen mit besten Voraussetzungen für agile Teams zu erkennen.

Bevor wir aber näher auf dieses Idealprofil eingehen, lassen Sie uns den Rahmen setzen und ein paar Dinge klarstellen.

1. Kompetenzen, die für erfolgreiche agile Führung notwendig sind, decken weit mehr ab als Persönlichkeitseigenschaften. Kompetenzen umfassen Fertigkeiten, Fähigkeiten, Wissen und Kenntnisse.
2. Es gibt nicht das eine ideale Persönlichkeitsprofil, welches die perfekte agile Führungskraft oder den perfekten agilen Mitarbeiter ausmachen würde. Die Komplexität der Faktoren, die zu erfolgreicher Führung beitragen, ist nun einmal hoch.

3. Die richtigen Persönlichkeitseigenschaften machen Sie nicht automatisch zu einer guten agilen Führungskraft. Hierzu gehört unter anderem auch das richtige Mindset, Motivation, kognitive Fähigkeiten und diverse Führungskompetenzen, inklusive der besprochenen agilen Führungskompetenzen.

Warum also eigentlich der Fokus auf die Persönlichkeit? Bereits im 19. Jahrhundert gingen Autoren der Frage nach, wie sich Führende von Geführten unterscheiden. Damals ging man nach der Great-Man-Theorie (Carlyle 1841; Galton 1869), dass nur Menschen mit einer bestimmten Persönlichkeit für Führungspositionen geeignet sind. Seit Mitte der 1980er-Jahre findet die Vorhersagekraft von Persönlichkeitsmerkmalen für Arbeitsleistung und Erfolgskriterien breite Anerkennung. Mittlerweile existieren unzählige Studien, die die Relevanz der Persönlichkeit für beruflichen Erfolg nachgewiesen haben. Und diese ist nicht zu unterschätzen.

Persönlichkeitseigenschaften sind häufig bereits Teil der Kompetenzdefinitionen. Hinzu kommt, dass sie unser Verhalten steuern. Sie beeinflussen, welche Art von Situationen wir aufsuchen und wann wir welche Kompetenzen anwenden. Persönlichkeitseigenschaften legen außerdem fest, wie leicht wir uns bestimmte Kompetenzen aneignen können und welcher Führungsstil uns am leichtesten von der Hand geht.

Laut Werner Sarges (2005), einem der bekanntesten Herausgeber von Forschungsliteratur zum Thema Managementdiagnostik, schätzen Experten, dass über 90 Prozent der Beschäftigungsverhältnisse aufgrund von einer unzureichenden Passung des Persönlichkeitsprofils einer Person zu den Anforderungen der Stelle beendet werden.

7.2 Was meinen wir mit Persönlichkeit? Drei Seiten

Wir betrachten Persönlichkeit breit gefasst, um der Komplexität des Themas und der Menschen etwas gerechter zu werden. Wir betrachten Persönlichkeit auf drei Seiten:

1. Die Sonnenseite der Persönlichkeit.

2. Die Seite der Antreiber. Was motiviert uns?

3. Die dunkle Seite der Persönlichkeit. Was lauert in uns?

Die Forscher von Hogan Assessment haben in Zusammenarbeit mit metaBeratung jene Persönlichkeitseigenschaften, Motive und dunkle Eigenschaften identifiziert, die für den Erfolg agiler Führungskräfte eine Rolle spielen.

1. Die Sonnenseite der Persönlichkeit

Dieser Bereich umfasst das Minimum an Persönlichkeitseigenschaften, anhand derer sich Menschen zuverlässig voneinander unterscheiden lassen. Basierend auf dem bekanntesten und bestuntersuchten Modell in der Persönlichkeitspsychologie, dem Big Five Modell, kann das Verhalten von Menschen anhand von fünf Faktoren charakterisier werden. Diese fünf großen Persönlichkeitseigenschaften sind:

- emotionale Stabilität,
- Introversion – Extraversion,
- Verträglichkeit,
- Gewissenhaftigkeit und
- Offenheit für Erfahrungen.

Diese Persönlichkeitseigenschaften beschreiben unseren inneren Autopiloten. Das heißt aus ihnen lässt sich recht gut vorhersagen, wie ein Mensch sich natürlicherweise verhalten würde, wenn er frei wählen könnte und nicht weiter versucht, sein Verhalten gemäß bestimmter Erwartungen zu steuern. Autopilot also. Wir fragen: Wie ist die Persönlichkeit der agilen Führungskraft gestrickt? Was sind typische Eigenschaften agiler Führungskräfte? Welche meiner Persönlichkeitseigenschaften unterstützen agiles Führungsverhalten?

Dr. Robert Hogan, eine Koryphäe auf dem Gebiet der Persönlichkeitsforschung spricht bei Persönlichkeit im engeren Sinne von der Bright Side der Persönlichkeit. Im Deutschen könnte man auch von der Sonnenseite einer Person sprechen, also der Mensch, der sich zeigt, wenn alles im normalen Modus verläuft.

2. Die Seite der Antreiber – Was motiviert uns?

Was motiviert uns? Nach was streben wir? Motive und Antreiber wirken sich zwar nicht direkt auf unsere Leistung aus. Jedoch sagen sie etwas darüber aus, was uns motiviert, welches Umfeld wir aufsuchen oder kreieren wollen und welche persönlichen Ziele wir anstreben.

Was motiviert die typische agile Führungskraft? Für Sie als Leser gilt es hier zu reflektieren, was an agiler Führung für Sie motivierend ist. Nicht selten erleben wir, dass es gerade die Motive einer Führungskraft sind, die die Kultur im Team oder Verantwortungsbereich der Führungskraft prägen. Sich dessen bewusst zu werden, ist der Ausgangspunkt zur Veränderung der Kultur.

3. Die Dunkle Seite der Persönlichkeit. Was lauert in uns?

Die dunkle Seite unserer Persönlichkeit beschreibt, welche extremeren Tendenzen in uns verankert sind, die sich in der Regel nur dann zeigen, wenn wir unter großem Druck oder im Stress sind und unsere normale Verhaltenskontrolle nicht mehr zuverlässig funktioniert.

Das Konzept der dunklen Seite geht auf Dr. Robert Hogan zurück. Er beruft sich auf Forschung zu dem sogenannten Management Derailment: Entgleisungstendenzen im Management. Dahinter stehen zahlreiche Studien, die Faktoren untersuchten, die die Karriere von talentierten Führungskräften aus der Bahn werfen. Im Wesentlichen geht es uns hier darum, aufzuzeigen, welche Faktoren Ihrer Persönlichkeit Ihre Führungskarriere in einem agilen Umfeld gefährden können. Ziel ist, sich die Risiken bewusst zu machen und entsprechend Maßnahmen zur Eindämmung zu entwickeln.

7.3 Disruption klassischer Führungsbilder

Diejenigen von Ihnen, die bereits Erfahrungen mit Ihrem Persönlichkeitsprofil sammeln durften und sich angehört haben, welche Eigenschaften als Prädiktoren von Führungserfolg gelten, sollten im Folgenden besonders genau hinschauen. Denn: Die digitale Transformation mischt nicht nur Geschäftsfelder auf, sondern stellt auch unsere Führungsprinzipien auf den Kopf. So sind Persönlichkeitseigenschaften, die Unternehmen bisher als förderlich für Führungserfolg betrachten, unter Umständen nicht mehr so relevant. Und – noch wichtiger – Persönlichkeitseigenschaften, die wir bisher als wenig hilfreich angesehen haben, sind heute möglicherweise erfolgsentscheidend.

Vielleicht sind Sie nach klassischer Betrachtung also keine oder bestenfalls eine durchschnittliche Führungskraft. Im agilen Kontext aber bietet Ihre Persönlichkeit vielleicht ideale Voraussetzungen für die Übernahme der Führungsrolle. Und vielleicht wissen Sie das noch gar nicht?

Seit Jahrzehnten wählen wir Führungskräfte nach bestimmten Kriterien aus, hierunter auch bestimmte Persönlichkeitseigenschaften. Es scheint, als hätte sich in der Forschung gerade ein ideales Profil etabliert (das hier und da noch differenziert wird), schon heißt es umdenken. Die Anforderungen haben sich durch die Digitalisierung massiv verändert und die ersten Studien zeigen: Auch Führungskräfte müssen sich verändern.

Schon länger wird in der Forschung diskutiert, inwiefern einige etablierte Prädiktoren (Vorhersagevariablen) des Führungserfolges differenzierter betrachten werden müssen. Eine Variable für Führungserfolg war bisher hohe Gewissenhaftigkeit. Diese Eigenschaft steht aber nun der geforderten Flexibilität in Zeiten rascher Veränderung im Wege. Ein anderes Beispiel ist Verträglichkeit. Während Führungskräfte hier traditionell niedrigere Ausprägungen zeigen, fordern Veränderungen in der Arbeitswelt ein verstärktes Einbeziehen und Eingehen auf die Bedürfnisse der Mitarbeiter. Dies erfordert ein gewisses Maß an Verträglichkeit.

7.4 Das agile Persönlichkeitsprofil

Wichtig bei dem Anstoßen und begleiten einer Persönlichkeitsentwicklung mit dem Ziel agiler(er) Führung ist es, einen neuen und frischen Blick auf die eigenen Stärken zu richten. Viele Führungskräfte können Ihnen sicherlich ihre Stärken und Schwächen im Schlaf aufzählen. Doch Persönlichkeitseigenschaften, die bisher als Stärken galten, sind im Zuge der digitalen Transformation nicht mehr unbedingt erfolgsrelevant. Und – wichtiger – Eigenschaften, die bisher als Schwächen abgetan wurden, sind nun möglicherweise erfolgskritisch.

Welche Persönlichkeitseigenschaften braucht die agile Führungskraft? Nochmals: Eigentlich keine bestimmten. Agile Führung ist lernbar. Es handelt sich um Handwerkszeug der Führung. Aber es handelt sich auch um einen Stil – um Verhaltensmuster, die von unterschiedlichen Persönlichkeitseigenschaften mehr oder weniger unterstützt werden. Somit können Führungskräfte neue Stärken entdecken und bisher ungenutzte Potenziale ausschöpfen. Personen, die entsprechend ausgeprägte Persönlichkeitseigenschaften haben, zeigen mit einer höheren Wahrscheinlichkeit Charakteristiken des agilen Leaders und können jene leichter erlernen.

Welche Eigenschaften der Sonnenseite fördern also den Erfolg als agile Führungskraft?

Hogan Assessments hat über Expertenurteile anhand unterschiedlicher Methoden geprüft, welche Persönlichkeitseigenschaften besonders relevant im Kontext agiler Führung sind. Eine Recherche in dem massiven Archiv, das unzählige Studien zum Zusammenhang von Persönlichkeitseigenschaften und Kompetenzen und beruflicher Leistung enthält, hat dann spezifiziert, welche der Eigenschaften tatsächlich – das heißt empirisch, über Studien nachgewiesen – einen Einfluss auf Leistung in diesem Kontext haben. Die Ergebnisse zeigen, nicht alles hat sich in diesem Zusammenhang verändert. Einige klassische Führungseigenschaften sind nach wie vor relevant. So zeichnet sich auch die agile Führungskraft zunächst mal über Ziel- und Wettbewerbsorientierung aus, Initiative und klaren Führungsanspruch.

Offenheit für Erfahrungen mit den Aspekten Offenheit für Neues und Interesse am Neuen, Neugier und Lernbereitschaft spielt ebenso eine wichtige Rolle. Diese Führungseigenschaft ist nicht neu, scheint heute aber relevanter denn je. Das Gespür für und Interesse an neuen Trends und Konzepten hilft sowohl dabei, visionär zu sein und anpassungsfähig, als auch Wissen zu sammeln, bevor Entscheidungen getroffen werden. In Zeiten des Big Data trägt dies wesentlich zu der Qualität der Entscheidungen und der Stärke der Vision bei.

Auch für Führungskräfte 4.0 ist Geselligkeit relevant. Gesellige Führungskräfte suchen den Austausch mit anderen und bauen leicht und gerne Netzwerke auf – innerhalb der Organisation und mit Externen. Eine ideale Voraussetzung, um intern über innovative Gedanken oder disruptive Ideen anderer zu stolpern und extern davon zu erfahren, was sich bei den Kunden oder der Konkurrenz entwickelt.

Interpersonelle Sensitivität spielt ebenfalls eine Rolle – sei es bei den fruchtbaren Kontakten oder bei der Fähigkeit, andere einzubeziehen und die Kompetenz anderer zu berücksichtigen, mindestens da, wo man die eigenen Grenzen erreicht. Da Wissen schnell veraltet und zunehmend interdisziplinäre Arbeitsgruppen gefragt sind, sind ein Bewusstsein eigener Grenzen hinsichtlich Wissen und Kompetenz sowie der konstruktive Einbezug anderer unverzichtbar.

Die eigentliche Disruption im Führungsprofil passiert bezüglich Gewissenhaftigkeit. Hierzu gehören Fleiß, Ordnungsstreben und Strukturiertheit, sowie die Tendenz, alles zu planen. Gewissenhaftigkeit ist traditionell als Prädiktor für Führungserfolg anerkannt (und auch empirisch bestätigt). Einige bisher erfolgsrelevante Facetten der Gewissenhaftigkeit sind im disruptiven Umfeld digitaler Transformation nun eher hinderlich. Erfolgreiche agile Führungskräfte zeigen niedrigere Ausprägungen von Besonnenheit und Sorgfältigkeit. Flexibilität ist gefragt. Dies unterstützt nicht nur die Anpassungsfähigkeit, sondern liefert die Grundlage für die Fähigkeit, schnell zu handeln. Geschwindigkeit vor Perfektion zu setzen.

Es bleibt dabei, dass agile Führung Handwerkszeug ist, also gelernt werden kann – egal welches Persönlichkeitsprofil die Führungskraft mitbringt. Der Einbezug der Persönlichkeitsebene hilft jedoch, clever und nachhaltig an die Kompetenzentwicklung heranzugehen.

7.5 Welche Motive ermöglichen agile Führung?

Was Sie in Ihrem Leben motiviert, Ihnen Zufriedenheit schenkt, ist etwas sehr Individuelles und auch Privates. Ihre Motive sind auch, im Gegensatz zu Persönlichkeitseigenschaften und den dunklen Eigenschaften, von denen wir im nächsten Kapitel berichten, nicht direkt relevant für Ihre Leistung und auch nicht Teil Ihrer Kompetenzen. Trotzdem spielen Motive in der agilen Führung eine Rolle, auf drei Ebenen:

1. Motive und Antreiber beeinflussen, welche Situationen sie bevorzugen und in welchem Umfeld Sie sich wohlfühlen.

Eine Frage hier ist beispielsweise die kulturelle Passung zu einem Arbeitgeber. Eine Person mit einem hohen Traditionsmotiv und einem hohen Sicherheitsmotiv fühlt sich vermutlich in einem stabilen Traditionsunternehmen wohler als in einem Start-up.

2. Motive und Antreiber beeinflussen, welche Art von Tätigkeiten Sie erfüllen.

Ein hohes Altruismusmotiv bewegt manche beispielsweise zu ehrenamtlicher Arbeit, aber vielleicht auch zu einer Mentorenrolle auf der Arbeit. Personen mit einem hohen Anschlussbedürfnis fühlen sich zum Beispiel oft in Tätigkeiten wohl, die das Gruppengefühl stärken. Sie sind häufig auch Mitglieder in Vereinen.

3. Motive und Antreiber beeinflussen das Umfeld, dass Sie für Ihre Mitarbeiter kreieren und die Art, in der Sie Ihre Mitarbeiter versuchen zu motivieren.

Dies ist, da wir annehmen, dass alle anderen von den gleichen Dingen motiviert werden, wie wir. Wir bieten anderen automatisch jene Reize oder Belohnungen an, die für uns selbst motivierend wirken. Wir vergessen zu hinterfragen, ob diese überhaupt für den jeweils anderen auch motivierend wirken, beziehungsweise ob hier ein ganz anderer Anreiz gebraucht wird.

Aus der Forschung wissen wir, dass es typische Führungsmotive gibt. Das heißt Menschen, die sich für eine Führungslaufbahn interessieren, zeigen häufiger als andere ein starkes Motiv nach Macht und oft auch nach Anerkennung. Beides sind Bedürfnisse, die die Führungsrolle gut befriedigen kann. Sie sind in einer Machtposition, in der Sie Menschen und Entscheidungen beeinflussen können und erhalten Anerkennung über Ihren Führungsstatus. Erinnern Sie sich, was Sie in Abschnitt 1.2 zu den Veränderungen in der Arbeitswelt und dem Spannungsfeld für Führungskräfte (Abschnitt 2.2) gelesen haben. Macht, Kontrolle und Status sind Aspekte, die durch die neuen Arbeitsweisen und das agile Führen immer weiter an Bedeutung verlieren. Die Konsequenz ist zum einen, dass viele Führungskräfte sich neu orientieren müssen und Aspekte in der neuen Art zu führen finden, die sie motivieren. Zum anderen heißt das aber auch, dass in Zukunft anders motivierte Menschen Führungspositionen anstreben werden, denen Status zum Beispiel weniger wichtig ist.

Wichtig ist zu wissen, dass Motive natürlich nicht nur auf der Arbeit befriedigt werden. Manche Motive spielen für die Arbeit eine größere Rolle als andere. Grundsätzlich gilt, dass je besser Ihre Motive in Ihrem Privatleben befriedigt werden, desto weniger ist Ihre Arbeitsmotivation von einem bestimmten Aspekt abhängig. Wenn Sie beispielsweise viel Anerkennung für eine Tätigkeit erfahren, die Sie neben der Arbeit ausführen, ist Ihre generelle Arbeitsmotivation weniger abhängig davon, wie viel Anerkennung Sie gerade im Job bekommen.

Hogan Assessments hat hier über den gleichen Ansatz, den wir bereits zu den Persönlichkeitseigenschaften beschrieben haben, identifiziert, welche Motive im Kontext von agiler Führung relevant sind. Was sagen uns die Ergebnisse? Sie zeigen, welche Motive durch agile Führung angesprochen werden. Personen mit diesen Motiven werden einen agilen Führungsstil als erfüllender wahrnehmen, als andere. Agile Führungskräfte sind typischerweise durch die folgenden Motive angetrieben:

1. Machtstreben
Auch die agile Führungskraft hat das Bedürfnis, Einfluss auszuüben. Dieses bezieht sich in dem Fall aber nicht direkt auf Personen. Die agile Führungskraft will Einfluss ausüben indem sie die Richtung vorgibt – eine Vision hat und vorantreibt. Auch handelt die agile Führungskraft nach dem Motto Wissen ist Macht. Sie verfolgt Trends und Entwicklungen.

2. Zugehörigkeit (Anschlussmotiv)

Die agile Führungskraft strebt danach, Teil eines Netzwerkes oder einer Interessensgemeinschaft zu sein und findet Führungsverhaltensweisen, die der Dimension »Engagiertheit« zuzuordnen sind, erfüllend.

3. Altruismus

Der Altruismus agiler Führungskräfte spiel, ebenfalls für die Dimension »Engagiertheit« eine Rolle. Hier ist die Führungskraft angetrieben, andere unterstützen zu wollen. Die Rolle als Teamcoach, die wir in Abschnitt 3.3 beschrieben haben liegt ihr. Auch ist es für die Führungskraft erfüllend, Bedürfnisse des Kunden zu erspüren und sie erfüllen zu können.

Agile Führungskräfte haben in der Regel ein sehr niedriges Bedürfnis nach:

1. Sicherheit

Bei dem heutigen raschen Wandel und der Notwendigkeit zum schnellen Reagieren und schnellen Anpassen, überrascht es nicht, dass Personen ohne großes Bedürfnis nach Sicherheit, sich hier wohler fühlen. Ein anderer Aspekt ist aber zusätzlich relevant. Hyperbewusstsein fordert den Umgang mit Unsicherheit, mit vagen Vermutungen, sich unklar abzeichnenden Trends. Diese vage Information in eine Entscheidungsfindung einzubauen, liegt ebenfalls Personen mit niedrigerem Sicherheitsbedürfnis mehr, denn hier geht es um das Eingehen von Risiken.

2. Tradition

Führungskräfte mit einem hohen Bedürfnis nach Tradition schätzen bewährtes Vorgehen, schätzen es, sich an einer langen Tradition zu orientieren. Agiles Führen bedeutet allerdings nach vorne zu schauen und sich an den Bedürfnissen des Kunden zu orientieren, auch wenn dies neuartige und unkonventionelle Lösungen erfordert.

3. Anerkennung

Führungskräfte, die ein hohes Anerkennungsmotiv haben, wollen für das was sie leisten, wissen und können anerkannt werden. Sie gelten gerne als Experten. Sie sehen, wie das hinsichtlich der Dimension »Bescheidenheit« ein Problem darstellen kann. Die agile Führungskraft steht nicht mehr auf der Bühne (höchstens dann, wenn sie ihre Vision vorstellt), sondern fördert andere. Die Scheinwerfer sind auf das Team gerichtet.

Eine Sonderrolle spielt das Bedürfnis nach wissenschaftlicher Erkenntnis. Menschen mit einem ausgeprägten Bedürfnis nach wissenschaftlicher Erkenntnis, knacken gerne intellektuelle Nüsse, sie möchten erfahren, was wie funktioniert und warum. Sie sind motiviert, sachkundige Entscheidungen zu treffen, da ihnen das Sammeln und Analysieren von Informationen Spaß macht. Genau dieses Motiv ist ihnen dann aber im Weg, wenn es um das schnelle Agieren geht. Hier geht es nicht um das geistige Durchdringen einer Lösung, sondern um das Ausprobieren. Schnell handeln statt nachdenken spricht eher Menschen mit einem niedrigen Bedürfnis nach wissenschaftlicher Erkenntnis an. Denken Sie an die Warnungen in Abschnitt 4.4. Bei den drei Verhaltensweisen wird ein Gleichgewicht benötigt. Was das Motiv nach wissenschaftlicher Erkenntnis angeht, ist hier eine durchschnittliche Ausprägung möglicherweise von Vorteil. So kann man Motivation in beiden Dimensionen finden – »Hyperbewusstsein« und »Schnelles Agieren«.

Sich mit der Motivebene in diesem Zusammenhang auseinanderzusetzen, ermöglicht ein vertieftes Verständnis davon, worum es bei agiler Führung geht und was dabei wichtig ist. Unsere Motive liegen sehr dicht bei unseren Werten. Dieses Thema greifen wir im Kapitel 11 zur Unternehmenskultur wieder auf.

Wenn es Ihnen jetzt wie vielen anderen geht, kommen Sie ins Nachdenken. Vielleicht legen Sie eigentlich schon Wert auf Anerkennung, Status und Kontrolle und sind ehrlich gesagt nicht so altruistisch unterwegs. Auch brauchen Sie sich nicht irgendwo zugehörig zu fühlen, sondern sind eher unabhängig. Dann sind Sie eine typische Führungskraft. Und agile Führung hin oder her – sie bringen damit mit, was klassische Führung ausmacht. Das wird Ihnen auch im agilen Umfeld helfen, eine starke und charismatische Führungskraft zu sein. Jedoch müssen Sie hier und da ein paar Einschnitte machen, hier und da sich und Ihre Bedürfnisse zurücknehmen, um das Team voranzubringen. Die Rolle als Teamcoach wird Sie vermutlich nicht voll ausfüllen. Dann nehmen Sie dies als Ansporn. Investieren Sie Ihre Energie darein, das Team zur Selbststeuerung zu befähigen und zu ermuntern. Je unabhängiger das Team von Ihnen arbeitet, desto mehr Freiraum gewinnen Sie, sich anderen Führungstätigkeiten zu widmen. Der Vision, der Strategie, dem Bilden von Einfluss innerhalb des Unternehmens.

7.6 Wo liegen die Derailer der dunklen Seite? Karriereentgleisungen vorbeugen

In den oberen beiden Kapiteln haben Sie erfahren, wie sich die agile Führungskraft basierend auf ihren Persönlichkeitseigenschaften normalerweise verhält und was sie motiviert, was sie anstrebt. Dank jahrzehntelanger Forschung wissen wir, welche Persönlichkeitseigenschaften den beruflichen Erfolg beeinflussen.

Unsere Persönlichkeit trägt allerdings nicht nur zu unserem Erfolg im Beruf bei. Persönlichkeit trägt auch zu unserem Misserfolg bei, unserem Scheitern.

Ungefähr jede zweite Führungskraft kommt irgendwann an einen Punkt, an dem die Karriere zu einem Ende oder Stillstand kommt. Von einer solchen Entgleisung (in der englischen Literatur: Derailment) spricht man, wenn die Führungskraft entlassen oder herabgestuft wird, oder die Karriere auf einem Abstellgleis endet beziehungsweise stagniert. Häufig steckt die Persönlichkeit der Führungskraft dahinter.

Ein Ansatz, Entgleisungen entsprechend zu erklären, ist der Ansatz der sogenannten Dark Side of Personality – die dunkle Seite der Persönlichkeit (Robert Hogan). Solche dunklen Eigenschaften oder Risikofaktoren, wie wir sie mal nennen wollen, werden durch Persönlichkeitseigenschaften, die Verhaltenstendenzen unter normalen Umständen beschreiben (zum Beispiel Extraversion oder Gewissenhaftigkeit), nicht abgedeckt.

Vielleicht haben Sie so etwas schon mal erlebt. Eine eigentlich umgängliche Führungskraft vergreift sich in einem stressigen Meeting auf einmal im Ton, unterbricht andere und wertet sie ab. Oder Ihr Chef entpuppt sich als Choleriker, wenn die Situation sich anspannt. Oder Ihr Chef, dessen Bürotür normalerweise immer offen ist, zieht sich, wenn unter Druck, stundenlang in sein Büro zurück und will nicht gestört werden. Eine andere Führungskraft verliert unter großem Druck auf einmal ihre Fähigkeit Entscheidungen zu treffen, überanalysiert alles und sieht überall nur noch Risiken. Wenn Ihnen der Gedanke durch den Kopf geht »so kenn ich den ja gar nicht«, dann sind Sie vermutlich gerade Zeuge der dunklen Seite Ihres Chefs geworden.

Wahrscheinlich kennen Sie es auch von sich selbst. Wird der Druck zu hoch, sind Sie nervlich angespannt oder einfach übermüdet, rutscht Ihnen vielleicht das ein oder andere raus, was Sie normalerweise nicht gesagt hätten. Zumindest nicht so. Wie verhalten Sie sich, wenn Sie sich in die Ecke gedrängt fühlen? Versuchen Sie, sich herauszuwinden, indem Sie andere bewusst manipulieren? Oder spüren Sie einfach eine maßlose Enttäuschung und geben auf? Oder haben Sie vielleicht mal das Feedback bekommen, dass Sie zu viele Ideen liefern, die zudem zu abstrakt sind?

Dunkle Eigenschaften sind also Merkmale, die in Situationen beobachtet werden können, in denen wir unser Verhalten weniger kontrollieren können (oder wollen). Wenn selbstregulierende Strategien, die wir im Alltag einsetzen um unser Verhalten bestimmten Standards anzupassen, an Wirkung verlieren.

Wann unsere dunkle Seite sichtbar wird, ist individuell sehr verschieden. Einige reagieren auf Provokationen, wo ein Gegenüber genau die richtigen Knöpfe drückt, um Sie aus der Fassung zu bringen. Ihre Integrität oder Kompetenz anzweifelt zum Beispiel oder Sie als zu emotional abtut. Andere reagieren mehr auf Zeitdruck oder überhöhte Erwartungen. Für andere ist das Risiko von Fehlverhalten besonders groß, wenn sie übermüdet sind.

Ihre dunkle Seite lässt sich genauso messen, wie Ihre Persönlichkeitseigenschaften. Das bekannteste Verfahren zur Messung solcher individuellen Risikofaktoren ist das Hogan Development Survey (HDS; Hogan/Hogan 1997). Hier werden elf unterschiedliche Verhaltenstendenzen, die wir in solchen Stresssituationen zeigen, unterschieden. Beispiele dieser Eigenschaften sind anmaßend, pedantisch, draufgängerisch oder distanziert. Sie beschreiben überzogene Reaktionen, extremes Verhalten. In der unten stehenden Tabelle finden Sie die elf aus der Forschung bekannten Derailment-Faktoren. Wo erkennen Sie sich wieder?

Elf Management-Derailment-Faktoren	
Sprunghaft	Launisch, leicht genervt, schwer zufrieden zu stellen und emotional instabil
Skeptisch	Misstrauisch, zynisch, reagiert überempfindlich auf Kritik, fokussiert auf Negatives
Vorsichtig	Zögerlich, widerwillig gegenüber Veränderungen, risikoscheu, langsame Entscheidungsfindung
Distanziert	Unnahbar, gleichgültig den Gefühlen anderer gegenüber, wenig kommunikativ
Passiver Widerstand	Nach außen kooperativ, aber innerlich reizbar, stur und unkooperativ
Anmaßend	Überhöhtes Selbstvertrauen, arrogant, überzogenes Selbstwertgefühl
Draufgängerisch	Charmant, risikofreudig, testet Grenzen aus, sucht den Nervenkitzel

Buntschillernd	Dramatisch, sucht nach Aufmerksamkeit, unterbricht andere, schlechter Zuhörer
Fantasiereich	Kreativ, exzentrisch im Denken und Handeln
Pedantisch	Akribisch genau und präzise, schwer zufriedenzustellen, Neigung zum Mikromanagement
Dienstbeflissen	Möchte gefallen, handelt ungern unabhängig oder gegen die allgemeine Meinung

Tabelle entnommen aus der Hogan HDS Broschüre von metaBeratung

Inwiefern eine dunkle Eigenschaft wirklich ein Karriererisiko darstellt, hängt von mehreren Faktoren ab. Auch in welchem Maße eine Eigenschaft überhaupt destruktiv wirkt, hängt von vielen Faktoren ab. Die Unternehmenskultur ist ein wichtiger Faktor, oder auch das Tätigkeitsfeld. Der Risikofaktor »anmaßend« kann beispielsweise in Unternehmen mit sehr wettbewerbsorientierter Ellbogenkultur gar Voraussetzung für Karriere sein. Auch hier gilt aber, werden die Ellenbogen einmal zu oft oder gegenüber den falschen Personen ausgefahren, können sie die Karriere beschädigen. Stellen Sie sich die Hardliner-Führungskraft vor, deren Arroganz dazu führt, dass sich das eigene Team von ihr abwendet. Dies passiert nicht von heute auf morgen, aber irgendwann ist der Bogen überspannt. In einem kooperativen Umfeld, in dem Teamwork unabdingbar ist, kann anmaßendes Verhalten ganz schnell das Aus bedeuten.

Eine starke Dienstbeflissenheit unter Stress mag in manchen Tätigkeitsfeldern, in denen Vorgaben streng eingehalten werden müssen, durchaus erwünscht sein. Ein Beispiel wäre das Militär, oder der Sicherheitssektor. Auch für Ärzte ist ein dienstbeflissenes, sehr gründliches Vorgehen erwünscht. Verlangt die Situation aber einmal eine spontane Reaktion oder ungewöhnliche Maßnahmen, kann eine hohe Dienstbeflissenheit einer angemessenen Reaktion im Wege stehen. Felder, in denen häufig selbst und schnell Entscheidungen gefällt werden müssen, oder disruptive Ideen gefragt sind, ist Dienstbeflissenheit von vornherein hinderlich.

Fantasiereichtum birgt für Führungskräfte in einem kreativen Umfeld das Potenzial, Karriere zu machen, wenn Sie sich mit den besten Ideen hervortun. Geraten Sie aber unter Druck, sei es, da sie in letzter Zeit keine neue Idee hatten, oder vielleicht die falschen Ideen vorangetrieben haben, reagieren Sie panisch, indem Sie immer mehr Ideen produzieren, die immer abstrakter und weniger gehaltvoll werden. Sie verlieren ihre Glaubwürdigkeit. In einem Umfeld, indem es primär um die Umsetzung von Lösungen geht, begibt sich eine Führungskraft, die sich auf das Entwickeln neuer Ideen statt auf die Umsetzung vorhandene Ideen konzentriert, schnell auf ein Abstellgleis.

7.7 Risikofaktoren? Vier Entgleisungstendenzen

Die digitale Transformation schafft nun ein Umfeld, das von Veränderung, Geschwindigkeit und Chancen geprägt ist. In diesem Umfeld kristallisieren sich (nach Hogan Assessments) vor allem die folgenden vier dunklen Eigenschaften als Risikofaktoren heraus: (zu) anmaßend, (zu) vorsichtig, (zu) distanziert, (zu) dienstbeflissen. Wie genau stehen diese Faktoren mit agiler Führung in Verbindung?

Vier karrieregefährdende Eigenschaften:

1. Anmaßend

Arroganz, genauer, eine hohe Ausprägung der dunklen Eigenschaft »anmaßend«, kann sich negativ auswirken. Überhebliche Führungskräfte tendieren dazu, sich zu überschätzen und eigene Schwächen oder Wissenslücken nicht anzuerkennen. Darüber hinaus zeigen anmaßende Führungskräfte die Tendenz, andere abzuwerten oder geringzuschätzen. Der heutige notwendige Einbezug vieler Köpfe findet so nicht statt. Und auch wenn sich die anmaßende Führungskraft überwindet und andere als Experten mit ins Boot holt: Wo Überheblichkeit gezeigt wird, ist keine Kommunikation auf Augenhöhe möglich. Denken Sie an das Kapitel zur Bescheidenheit, in dem von Fehler- und Feedbackkultur die Rede war. Arrogantes Verhalten der Führungskraft macht Anstrengungen, die kulturelle Basis für agiles Arbeiten zu schaffen, schnell zunichte. Auch für das Funktionieren selbstgesteuerter Teams, braucht es eine Führungskraft, die vertraut und Fähigkeiten und Entscheidungen des Teams als gleichwertig, wenn nicht als den eigenen überlegen, anerkennt.

2. Vorsichtig

Eine hohe Ausprägung in Vorsicht, Übervorsicht, kann sich ebenfalls negativ auswirken. Zu große Vorsicht kann zu einem möglichen Stillstand führen. Agil führen bedeutet, ein Mindset zu begrüßen, in welchem Risiken eingegangen werden und Versuche gestartet werden, in dem experimentiert wird. Bevor man etwas anpassen kann, muss man zunächst etwas starten. Eine große Vorsicht ist weder notwendig noch von Vorteil, wenn zunächst mal Teillösungen oder Zwischenergebnisse gebraucht werden, um zu prüfen und zu evaluieren, wo man richtig und wo man falsch liegt. Schnelles Agieren verträgt sich ebenfalls nicht mit zu vorsichtigen Herangehensweisen. Jede erneute Abwägung oder Rückversicherung oder Prüfung kostet Zeit. Gerade heute liefert Schnelligkeit einen Wettbewerbsvorteil, den man durch zu vorsichtiges Verhalten, durch Zögern, verspielt.

3. Distanziert

Eine hohe Ausprägung in »distanziert« geht mit der Tendenz, sich unter Stress zurückzuziehen einher. Das Alleinlassen des Teams in stressigen Momenten kann die Folge sein. Eine Führungskraft, die sich in turbulenten Zeiten zurückzieht, zeigt nicht die für agile Führung notwendige Engagiertheit. Agile Führungskräfte müssen andere involvieren und im Austausch bleiben – auch unter Stress. Die Führung von selbstgesteuerten Teams gibt der Führungskraft über das Delegieren von ganzheitlichen Entscheidungsprozessen neue Freiräume, in denen sie sich anderen Führungsaufgaben widmen kann und sich auch zurückziehen kann. Selbstgesteuerte Teams brauchen die Führungskraft dann, wenn sie alleine nicht weiterkommen. Hier muss die Führungskraft dann unmittelbar präsent sein und einer Tendenz, sich unter Stress zurückzuziehen widerstehen. Und auch in Zeiten, wo das Team Sie nicht braucht – nutzen Sie die gewonnene Zeit um sich weiter zu vernetzen, mehr von Trends mitzubekommen. Wer sich unter Stress zurückzieht, ist auf sich alleine gestellt, statt von dem Netzwerk und den Kontakten Gebrauch zu machen und gemeinsam Lösungen zu finden.

4. Dienstbeflissen

Eine hohe Ausprägung in »dienstbeflissen« kann dazu führen, dass Entscheidungen nicht selbstständig getroffen werden. Der Fokus wird zu sehr darauf gelegt, die Dinge ordentlich zu machen und sich nach allen Seiten hin abzusichern (das Okay einzuholen). Die Tendenz, es allen recht machen zu wollen, behindert schnelles Handeln. Es kann auch dem Kundenfokus im Wege stehen, dem Ausrichten seines Verhaltens an den Bedürfnissen des Kunden und nicht der internen Stakeholder. Es ist auch fraglich, in welchem Maße eine Führungskraft, die sich vor selbstständigen Entscheidungen scheut, Entscheidungsmacht an ihr Team delegiert und diese dann respektiert, statt sie von höheren Ebenen autorisieren zu lassen.

Das Herauskristallisieren dieser vier Risikofaktoren bedeutet nicht, dass die übrigen ignoriert werden können. Vielmehr soll es eine Hilfestellung zur Priorisierung sein, wenn Führungskräfte an ihrer dunklen Seite arbeiten wollen. Mehr dazu im Abschnitt 7.9.

7.8 Hinderliche Eigenschaften

Was ist, wenn wir Tendenzen für einige Risikofaktoren gar nicht zeigen? Oder keine Risikofaktoren im Sinne hoher Ausprägungen aufweisen? Sind wir dann fein raus? Nein, leider nicht. Schlechte Nachrichten für diejenigen ohne eindeutige Risikotendenzen. Und gute Nachrichten für jene, die ein stark ausgeprägtes Risikoprofil haben. Denn auch hier gibt es jede Menge Grau zwischen Schwarz und Weiß.

Aus der Zusammenfassung des Forschungsstandes zu der Beziehung zwischen Dark Side und Führungsleistung geht hervor, dass einige Studien auch positive Korrelationen zwischen dunklen Eigenschaften und Führungsleistungskriterien finden. Seit 2015 berücksichtigen Anwender daher, dass eine mittlere oder auch höhere Ausprägung einer dunklen Eigenschaft von Vorteil sein kann. Überraschend kommt das für Sie vermutlich nicht – Sie haben ja bereits weiter oben gelesen, dass das Risiko, das mit einzelnen Eigenschaften verbunden ist, auch durchaus vom Kontext abhängt. Die ursprüngliche Annahme, dass eine hohe Ausprägung dunkler Eigenschaften ein Entgleisungsrisiko darstellt und eine niedrige Ausprägung schlicht die Abwesenheit dieses spezifischen Risikos kontraproduktiven Verhaltens, muss folglich revidiert werden. Studien deuten darüber hinaus darauf hin, dass auch eine sehr niedrige Ausprägung ein Risiko zu ungünstigen oder extremen Führungsverhaltensweisen darstellen kann.

Neben den vier karrieregefährdenden Entgleisungstendenzen, die sich über jeweils eine hohe Ausprägung der dunklen Eigenschaft zeigen, können so auf der anderen Seite auch sehr niedrige Ausprägungen einer dunklen Eigenschaft zum Problem werden. Erweitern wir unseren Fokus, betrachten wir insgesamt eine große Bandbreite an Risikofaktoren – genauer gesagt spielen zehn der elf dunklen Eigenschaften eine Rolle (alle außer »draufgängerisch«) für Misserfolg in agiler Führung. Da agile Führung recht vielseitige Kompetenzen erfordert, ist dies nicht überraschend.

Wir haben also vier dunkle Eigenschaften, die klassische Risiken für die agile Führungskraft darstellen, indem eine hohe Ausprägung zu karriereschädigendem Verhalten führen kann: anmaßend, vorsichtig, distanziert, dienstbeflissen.

In niedriger Ausprägung zeigen sich vier weitere Merkmale negativ mit Führungserfolg assoziiert:
1. (nicht/zu wenig) phantasiereich,
2. (nicht/zu wenig) buntschillernd,

3. (nicht/zu wenig) skeptisch und
4. (nicht/zu wenig) pedantisch.

Und ein bereits etablierter Risikofaktor wird zusätzlich sichtbar:
5. (nicht/zu wenig) dienstbeflissen.

Dienstbeflissenheit stellt also in hoher Ausprägung ein Risiko für den Karriereerfolg dar, kaum Dienstbeflissenheit könnte sich jedoch auch negativ auf die Leistung auswirken. Wie genau stehen diese Faktoren mit agiler Führung in Verbindung?

1. Kaum phantasiereich
Wenig phantasiereichen Führungskräften fehlt oft die notwendige Kreativität und Neuartigkeit in ihren Ideen sowie das Vorstellungsvermögen für neuartige Zielzustände. Es braucht eine Führungskraft, die das notwendige Selbstbewusstsein hat, ungewöhnliche Ideen zu vertreten. Es braucht eine Führungskraft, die voll in einer Idee aufgeht, um andere mitzureißen. Ohne eine starke Vision und deren inspirierende Visualisierung, greift agile Führung nicht und führt eher zum Chaos.

2. Kaum buntschillernd:
Die beste Vision nutzt nichts, wenn sie nicht inspirierend vorgetragen wird. Es braucht zumindest ein wenig von einer buntschillernden Persönlichkeit, die das Zentrum der Aufmerksamkeit sucht, um für ihre Idee/Vision zu begeistern. Charisma und ein wenig dramatisieren ist dabei hilfreich.

3. Kaum skeptisch:
Führungskräfte, die kaum zur Skepsis tendieren, laufen Gefahr, Experten oder Institutionen zu viel Vertrauen zu schenken. Ein unabhängiger Blick, der Neues entdecken kann, fehlt so. Auch kann es sein, dass vorhandene Daten und Schlüsse nicht genügend hinterfragt oder kritisch beleuchtet werden.

4. Kaum pedantisch:

Ein sehr niedriger Wert kann bedeuten, dass Details oder vage Information als unwichtig abgetan werden. Wenn es um das Aufspüren von Trends geht, können so wichtige Hinweise unbeachtet bleiben. In der Entscheidungsfindung kann eine zu geringe Detailorientierung bedeuten, dass zu wenig Information in der Entscheidung berücksichtigt wird. Kleinigkeiten, die das große Bild entscheidend verändern könnten, gehen unter.

5. Kaum dienstbeflissen:

Eine Person, die keinerlei Dienstbeflissenheit zeigt, tendiert dazu, Entscheidungen generell ohne Einbezug anderer zu treffen, Rat anderer nur widerwillig einzuholen und sich Entscheidungen anderer nicht anzuschließen. Sie sehen, wie eine solche Tendenz mit partizipativer Führung und dem Empowerment von Teams in Konflikt geraten kann.

7.9 Umgang mit Derailern und hinderlichen Eigenschaften

Wie ersichtlich ist, gibt es jede Menge Potenzial zum Scheitern in agiler Führung. Die Frage muss daher sein, wie diese Risiken gedämmt und abgeschwächt werden können. Dunkle Eigenschaften sind Teil unserer Persönlichkeit und als solche relativ stabil – wir werden sie nicht ändern. Und das sollten wir auch gar nicht, da diese Eigenschaften geholfen haben, uns dahin zu bringen, wo wir heute sind. Trotzdem können sie aber destruktiv für unsere Karriere und Beziehungen sein. Es gibt verschiedene Wege, unsere Risikofaktoren davon abzuhalten zu Weichenstellern der Entgleisung zu werden. Ein Weg wäre, Situationen, in denen wir Schwierigkeiten mit der Selbstkontrolle haben, zu vermeiden. In der heutigen Arbeitswelt Stress oder Müdigkeit zu vermeiden, scheint allerdings unmöglich. Sich aus einer Situation für ein paar Minuten zu entfernen, ist allerdings möglich, wie beschrieben.

Ein anderer Ansatz ist das Erhöhen der persönlichen Resilienz oder das Arbeiten an unserer Stresstoleranz. Dies kann uns helfen, besser mit Stress umzugehen und uns von Stress und Druck weniger schnell in die Ecke treiben zu lassen. Karrieregefährdendes Verhalten rutscht uns dann weniger häufig raus, aber es bleibt ein Risiko.

Wie erwähnt, diese Eigenschaften gehen nicht weg und wir können sie oft zu unserem Vorteil nutzen. Daher bietet es sich an, sich mit ihnen zu beschäftigen. Der beste Ansatz für eine nachhaltige Entwicklung ist, zunächst Selbsterkenntnis zu gewinnen und die persönlichen Risikofaktoren zu verstehen. Beobachten Sie sich selbst, fragen Sie einen guten Kollegen nach Feedback. Sobald Sie herausgefunden haben, welche Verhaltensweisen Sie in bestimmten Situationen vermeiden wollen, arbeiten Sie an dem Wie. Was treibt Sie in die Enge? Was provoziert Sie? Was stresst Sie? Was sind Ihre emotionalen Triggerpunkte? Solche Situationen gilt es dann – wo möglich – zu vermeiden. Wo das nicht möglich ist – wahrscheinlich für die meisten Situationen – bereiten Sie sich gedanklich darauf vor.

Ein Beispiel wäre dies: Ein Reviewmeeting für ein bereits stark verspätetes Projekt steht an. Das letzte Mal sind Sie hier etwas laut geworden, da Sie die ewigen Ausreden leid sind. Bereiten Sie sich also darauf vor, mit den gleichen oder ähnlichen Ausreden konfrontiert zu werden und überlegen Sie, welche ruhige Reaktion Sie anstelle des Lautwerdens zeigen können. Ein Beispiel wäre: »Wir sind leider noch immer in der gleichen Situation wie bei unserem letzten Meeting und wie Ihr wisst, ist mir da etwas der Kragen geplatzt. Dafür möchte ich mich entschuldigen. Ich halte es aber nicht für zielführend, sich weiter mit Ausreden oder Erklärungen zu beschäftigen. Lasst uns daran arbeiten, wie wir die Verspätung aufholen können und das Projekt wieder auf die Bahn zu bringen. Welche Ideen habt Ihr?«

Finden Sie sich unvorbereitet in einer Situation, in der Ihr Stresspegel steigt, werden Sie sich dessen bewusst und greifen auf etwas zurück, dass Ihnen hilft, etwas runterzukommen. Dem was Ihnen hilft, sollten Sie zuvor einige Überlegungen widmen. Beliebte Techniken sind: kurz den Raum verlassen (Kaffee holen, austreten, frische Luft, ein angeblich wichtiger Anruf), die Vogelperspektive einnehmen (zum Beispiel: »Was werde ich in zwei Jahren über diese Situation denken?«), analysieren (konzentrieren Sie sich darauf, zu analysieren, was zu dieser Situation geführt hat/ was die Beweggründe der Beteiligten sind, das nimmt den Fokus von Ihnen). Im nächsten Abschnitt finden Sie unter Punkt 4 weitere Hinweise. Es geht folglich nur darum, über Verhaltenskontrolle und -änderung die mögliche entgleisende Wirkung unserer Risikofaktoren zu verhindern oder abzuschwächen. Die dunkle Seite definiert uns nicht. Sie macht nur einen Bruchteil unseres Verhaltens aus. Aus verschiedenen Studien wissen wir jedoch, dass es diese Entgleisungstendenzen sind, die selbst den Karrierezug ausgezeichneter Führungskräfte irgendwo entlang der Strecke vom Weg abbringen können. Es gilt die Gefahr zu bannen und sich wieder auf das zu konzentrieren, was uns voranbringt.

7.10 Persönlich wachsen im agilen Kontext

Das Nachdenken über die eigene Persönlichkeit, Selbstbeobachtung und das Einholen von Feedback ermöglichen eine strategische Selbstkenntnis. Und Wachstum. Keine Stärken und Potenziale bleiben unentdeckt und ungenutzt. Unsere Persönlichkeit trägt direkt zu unserem Erfolg bei. Daher ist es immer lohnenswert, das eigene Potenzial voll auszuschöpfen. Es geht um Wachstum.

Was kann ich tun?
1. Stärken stärken.
2. Hilfreiche Verhaltensweisen ausbauen.
3. Schwächen abbauen oder kompensieren.
4. Risiken vermeiden.

Zu 1) Stärken stärken

Wo liegen meine Stärken? Welche agilen Führungskompetenzen oder welche der agilen Führungsverhaltensweisen liegen mir? Machen Sie diese sichtbarer. Widmen Sie den Dingen, die Sie besonders gut können, mehr Zeit. Bringen Sie sich gezielt auch in andere Bereiche ein; wo können Sie Ihre Stärken noch unterstützend einbringen? Machen Sie sich einen Namen.

Zu 2) Hilfreiche Verhaltenstendenzen ausbauen

Sie sind eigentlich recht kreativ und haben ein Interesse an Geschäftsstrategien, das Thema war aber bisher in Ihrer Arbeit nicht relevant? Seien Sie initiativ, entwickeln Sie eine Strategie für Ihren Bereich, die die Unternehmensstrategie fördert. Sie sind eigentlich recht umsetzungsorientiert, fokussieren sich aber eher auf das Entwickeln neuer Ideen, da das führungsmäßiger ist? Drehen Sie den Spieß um, fördern Sie Ideen aus Ihrem Team und unterstützen Sie bei der Umsetzungsplanung. Sie sind mittelmäßig offen für Neues und durchschnittlich interessiert an Trends und neuen Entwicklungen. Das Thema wird immer wichtiger, bauen Sie Ihre Tendenz aus, geben Sie Ihrem Interesse Raum und nutzen Sie auf der anderen Seite, dass Sie bestehende Strukturen schätzen und nicht nur der Veränderung willens verändern, sondern einen Nutzen sehen müssen. Fokussieren Sie darauf.

Zu 3) Schwächen abbauen oder kompensieren

Hierzu können Sie nochmals zurück zum fünften Kapitel blättern, wo pro agiler Führungskompetenz Vorschläge ausgeführt sind. Stichworte hierzu sind Delegieren oder das Einrichten von Prozessen oder Routinen. Werden Sie hier aber auch kreativ: Mit welchen Ihrer Stärken, können Sie eigentlich das gleiche Ziel erreichen?

Zu 4) Risiken abwenden

Beobachten Sie Ihr Verhalten unter Stress. Welche schlechten Erfahrungen haben Sie in der Vergangenheit gemacht? Was sind für Sie Methoden, die destruktives Verhalten verhindern können? Erst mal ruhig durchatmen oder bis zehn zählen, bevor Sie reagieren? Sich komplett aus der Situation zurückziehen (vielleicht müssen Sie austreten? Oder Sie tun, als ob gerade ein wichtiger Anruf reinkommt? Oder sind offen, Sie brauchen mal frische Luft/eine kurze Pause?)? Offen sein – »ich habe die Tendenz unter Stress xy zu tun – bitte gebt mir einfach direkt ein Feedback, wenn ich zu viele Ideen auf einmal nenne/euch ins Wort falle/zu sehr auf die Details blicke«? Finden Sie heraus, was für Sie funktioniert.

Woher weiß ich, an was ich arbeiten soll?

1. Beobachten Sie sich selbst und vergleichen Sie Ihre Reaktionen mit denen anderer. Wie unterscheiden Sie sich von anderen? Was ist daran für Ihre Leistung von Vorteil? Was sind Ihre Alleinstellungsmerkmale? Wo wird Ihnen der Unterschied zum Nachteil?
2. Holen Sie sich Feedback. Welche Wünsche haben andere an Sie, die die Zusammenarbeit noch verbessern können?
3. Finden Sie heraus, welche Erwartungen bestehen. Wer wird in Ihrer Organisation befördert? Wer wird entlassen? Hier bekommen Sie einen Eindruck, was erwünschtes und unerwünschtes Verhalten et cetera ist. Erfragen Sie auch Erwartungen. Wie sieht für Ihre Mitarbeiter eine gute Führungskraft aus? Welche Erwartungen hat Ihr Chef an Ihre Führungsrolle? Was ist ihm wichtig? Welche Anforderungen könnten auf der nächsten Ebene relevant werden?

Beispiele:

a) Sie fallen anderen öfter ins Wort, als Ihre Kollegen das tun? Sie vergreifen sich mal im Ton? Wurden Sie schon mal als arrogant bezeichnet? Dann neigen Sie zu dem Risikofaktor »anmaßend«. Schärfen Sie Ihr Bewusstsein und halten Sie sich in stressigen Situationen gezielt zurück. Statt Kommentare abzugeben, stellen Sie offene Fragen.

b) Sie reden deutlich mehr als andere in Meetings? Sie sind oft der/die letzte, der/die den Meetingraum verlässt? Sie haben ein großes Netzwerk? Dann sind Sie vermutlich eher extravertiert. Gut, dann nutzen Sie Ihre Stärke. Kommunizieren Sie strategisch. Nutzen Sie die Interaktionen gezielt dazu, Unterstützung für eine Idee zu erlangen, Input zu etwas einzuholen, andere ins Boot zu holen, sich zu informieren. Statt oberflächlichen Austausch oder das Erzählen Ihrer Storys. Achten Sie darauf, dass Sie in Ihrem Netzwerk besonders in die Beziehungen investieren, die relevant für Ihre Arbeit sind. Manchmal ist weniger mehr. Achten Sie darauf, Beziehungen zu vertiefen und Ihrem Gegenüber einen Mehrwert zu schaffen.

c) Sie haben ein starkes Altruismusmotiv? Gut, Sie sind wirklich am Wohl Ihrer Mitarbeiter interessiert und versuchen auf deren Bedürfnisse einzugehen. Wenn es darum geht, jemand anderem zu helfen, sind Sie sofort dabei. Das zahlt sich aus, denn die meisten wissen das zu schätzen, Sie bilden eine starke Führungsbasis und ein hohes Commitment bei Ihren Mitarbeitern. Sie schaffen eine Kultur des Miteinanders, fördern Kooperation und gegenseitige Unterstützung. Schärfen Sie Ihren Blick für die möglichen Problematiken, die Altruismus in einer Führungsrolle mitbringen kann. Ihnen fällt es vielleicht schwer, nein zu sagen oder zu delegieren, was dazu führt, dass Sie zu viel arbeiten. Aber auch dazu, dass Sie anderen die Entwicklungschancen nehmen. Andere nutzen Ihre Gutmütigkeit vielleicht hier und da aus und zeigen nicht vollen Einsatz. Sie schätzen vermutlich den Aufwand, den der andere in eine Aufgabe steckte und sehen so über Unzulänglichkeiten im Ergebnis hinweg. Der Führungsrolle, Standards höher zu setzen, Ziele zu erreichen, Höchstleistung zu erzielen, werden Sie so nicht gerecht. Wenn Sie sich Ihrem Altruismus bewusst sind, nutzen Sie ihn. In andere zu investieren, an andere zu glauben und sie zu fördern, kann sich auszahlen – aber Führung bedeutet, dies geknüpft an bestimmte Erwartungen an Leistung, Verhalten und Zielerreichung zu tun. Fordern Sie mehr. Und Sie werden merken, da Sie selbst so viel in andere investieren, werden andere auch bereit sein, für Sie die extra Meile zu gehen, wenn Sie sie darum bitten.

Wie entwickle ich meine Persönlichkeit?

Indem Sie Ihre Einstellungen und Annahmen hinterfragen sowie Ihr Verhalten ändern und damit neue Erfahrungen sammeln. Ein weiterer Weg, den wir oft vergessen, ist uns etwas abzuschauen. So lernen die Kinder. Suchen Sie sich Vorbilder für bestimmte Verhaltensweisen in Ihrem Umfeld, beobachten Sie und übernehmen Sie, was zu Ihnen passt. Es ist übrigens egal wie alt Sie sind. Neuere Studien zeigen, dass sich Persönlichkeit noch bis ins hohe Alter, zum Teil recht deutlich, entwickeln kann (zum Beispiel Specht/Egloff/Schmukle 2011).

Auch wenn Sie die Entwicklungstipps und Anregungen zu Agilität fördernden Führungsverhaltensweisen umsetzen, werden Sie merken, wie dies gleichermaßen auch Ihre Persönlichkeit entwickelt.

Verhaltensweisen, die Ihnen zuerst nicht so lagen, die ungewohnt waren und Ihnen vielleicht etwas gezwungen vorkamen, werden Teil Ihres alltäglichen Verhaltens. Veränderungen, die Sie anfangs einiges an Fokus und Energie kosteten, werden Teil Ihrer Komfortzone. Nichts anderes ist Persönlichkeitsentwicklung. Dann wird es Verhaltensweisen geben, die Sie zwar an den Tag legen können, Sie aber schlicht weiterhin viel Überwindung und Energie kosten. Dann verbiegen Sie sich nicht. Finden Sie Alternativen, die Ihren Tendenzen entsprechen.

Hier ein Beispiel: Für eine ausgeprägt introvertierte Führungskraft ist häufig Small Talk ein Reizthema. Wenn möglich meiden introvertierte Menschen, den scheinbar überflüssigen Plausch. Was kann also ein mehr in sich gekehrter Mensch tun?

1. Zunächst ist es ratsam, sich schlicht ein Small-Talk-Thema anzutrainieren, möglichst eines, für das Sie sich zumindest ein bisschen interessieren. Das Wetter vielleicht. Oder die Lage im Straßenverkehr. Innenarchitektur (Die Beleuchtung ist hier interessant gestaltet, finden Sie nicht?).

2. Die zweite Strategie ist, Small Talk in Small Questions zu verwandeln. Sie quatschen nicht gerne? Dann überlassen Sie es den anderen, indem Sie oberflächliche Fragen stellen (Heute ein stressiger Tag/viele Meetings? Haben Sie den Raum gut gefunden? Wie war die Anfahrt heute Morgen?). Vorsicht bei privaten Fragen zum Wochenende oder wie es den Kindern geht. Hier sollte eine entsprechende Beziehung bestehen. Solche Fragen sind in Ordnung, wenn das Feld bereits Thema in einem Gespräch zwischen Ihnen war. Sie wollen unangenehme Situationen und böse Überraschungen vermeiden (»Ich habe keine Kinder«).

3. Die dritte Strategie ist, Sie wählen das Thema. Introvertierte Personen sind durchaus gesprächig, wenn Sie das Thema interessiert. Statt mit Small Talk einzusteigen, reden Sie von Entwicklungen auf dem Markt, Geschäftsentscheidungen, die getroffen wurden, das letzte Meeting, ein laufendes Projekt ... Sie werden merken, wie Ihnen die Sache mit dem Small Talk zunehmend leichter fällt und Sie sogar Spaß daran finden.

4. Trotz der Strategien bleibt die Sache ein Krampf? Wenn Sie das wissen, finden Sie Alternativen. Zunächst fragen Sie sich, wozu Small Talk auf der Arbeit dient? Im Wesentlichen um in Treffen eine gute Atmosphäre aufzubauen, zugänglich zu wirken, Beziehungen zu pflegen. Dann suchen Sie nach Wegen, das Gleiche zu erreichen, aber auf Ihre Art. Eine gute Atmosphäre in Besprechungen aufbauen: Hier kann das Angebot von Kaffee am Beginn eines Meetings helfen. Zugänglich wirken Sie, wenn Sie aktiv zuhören (Zuhören ist oft eine Stärke introvertierter Menschen, aktiv Zuhören meint schlicht dies auch zu zeigen, also zu nicken, Worte zu wiederholen et cetera). Beziehungen können Sie in anderen Settings aufbauen. Die introvertierte Führungskraft kann in der Regel sehr gute und stabile Beziehungen aufbauen, jedoch eher im Eins-zu-eins-Kontext. Treffen Sie sich also eins zu eins mit Kollegen. Machen Sie dies Teil Ihrer festen Agenda. Und suchen Sie aktiv das Gespräch, den Kontakt, um über bestimmte arbeitsrelevante Inhalte zu sprechen, die Sie gerne diskutieren würden, bei denen Sie eine weitere Meinung schätzen würden.

Persönlichkeitsentwicklung macht aus Ihnen übrigens keinen anderen Menschen. Das wäre auch schade. Persönlichkeitsentwicklung meint, sie entwickeln Ihr Potenzial und entwickeln alle Facetten, die in Ihrer Persönlichkeit veranlagt sind. Sie *entwickeln* ein Knäuel von Möglichkeiten. Sie bleiben also der gleiche Typ. Sie haben noch immer die gleichen Verhaltenspräferenzen, doch die Bandbreite an Verhaltensweisen, in denen Sie sich zu Hause fühlen, ist deutlich größer geworden. Andere stellen vielleicht fest, dass Sie eine rundere oder ausgeglichenere Persönlichkeit haben, oder Talente, die sie nicht erwartet haben.

8.
Agil voran – und keiner kommt mit?

●　●　●　●　●　●　●　●　●　●　●　●　●　●　●　●　●　●　●　●

Agiles Führen ist kein Zauberkasten, sondern Handwerkszeug. Sie wissen nun, welche Kompetenzen und – vielleicht fast wichtiger – welches Mindset oder welche Kombination aus Wissen und innerer Einstellung agile Führung ausmachen. Sie haben vielleicht auch bereits ein gutes Gefühl, wo Ihre Stärken liegen und wie Sie diese in Kombination mit dem agilen Führungsstil nutzen können. Zusätzlich haben Sie eine ganze Sammlung an Ideen zu möglichen Maßnahmen, mit denen Sie Ihre Führung agiler gestalten wollen. Was nun? Wie bringen Sie die PS auf die Straße und bewegen Ihre Organisation?

Die Entscheidung agil zu arbeiten, kann nur gelingen, wenn die Menschen einbezogen und mitgenommen werden. Ein sehr wesentlicher Kit für das agile Gelingen ist eine Vision. Hier geht es weniger um eine Vision für die Schauseite der Organisation, also um schöne Broschüren und Webseiten auf denen die Unternehmensvision kommuniziert wird. Es geht vielmehr um das Formen einer gemeinsamen Vorstellung, wofür die Organisation langfristig und nachhaltig einstehen möchte und somit um einen klaren Orientierungspunkt des Führungsverhaltens wie des Verhaltens der Mitarbeiter.

Damit es gelingt, wirklich das Team oder die ganze Mannschaft mit in die agile Arbeitswelt zu nehmen, haben sich folgende Elemente als hilfreich erwiesen. Sie helfen, die Pferdestärken agiler Führung auf die Straße zu bringen:

- Agiles Führen folgt einer Vision und zwar Ihrer persönlichen Vision und
- agil führen muss authentisch passieren,
- agiles Führen richtet sich am Menschen aus.

Erfolgreiche agile Führung ...

hat eine Vision

ist authentisch

orientiert sich an Menschen

8.1 Agile Führung folgt einer Vision – Ihrer

Glaubwürdigkeit und Authentizität sind die halbe Miete. Ihre Mitarbeiter, Ihre Kollegen und Ihr Vorgesetzter merken, wenn Sie wirklich an das Glauben, was Sie sagen und tun. Sie merken auch, wenn Sie nicht hinter dem agilen Gedanken stehen. Das liegt am Unbewussten. Stehen wir nicht hinter einer Sache, sind wir innerlich dagegen, dann werden sich unsere Emotionen und Haltungen in unserem Verhalten spiegeln. Unsere Körperhaltung, unsere Art zur reagieren, unsere Stimmungen werden unserem Gegenüber oftmals zeigen, wo wir innerlich wirklich stehen. Das vertrackte am Unbewussten und seinen Signalen ist zudem, dass es sich eben unserem direkten Zugriff und unserer direkten Steuerung entzieht. Es lohnt sich daher zu hinterfragen, woran Sie bei agiler Führung glauben?

Nehmen Sie sich zu Herzen, wie die agile Führung die Arbeit für alle zum Positiven verändern kann. Was reizt Sie daran? Wo sehen Sie Potenziale für Ihre Bereich? Nehmen Sie an, ein Jahr ist vergangen und Sie blicken mit Stolz darauf zurück, was Sie mit Ihrem Team erreicht haben. Die Leistung ist deutlich gestiegen. Sie sind schneller und produktiver, innovativer und erzielen höhere Qualitätsstandards. Und Ihr Team ist hoch motiviert. Die Kunden sind begeistert und Sie sind glücklich. Sie hätten es zwar nicht gedacht, dass Sie das schaffen, aber da sind Sie nun. Stellen Sie sich vor, wie Sie sich fühlen werden, stellen Sie sich vor, wie die Stimmung bei der Arbeit sein wird, stellen Sie sich vor, wie sich Kommunikations- und Zusammenarbeitsstil wandeln werden. Sie wollen nun das Erreichte mit Ihrem Team feiern. Dazu bereiten Sie eine kleine Rede vor, dazu, was Sie alles erreicht haben, wie Ihnen allen das gelungen ist und wo die Reise noch hingehen kann. Was ist Ihre Vision?

Sie müssen die Vision nicht alleine am Schreibtisch, um sieben Uhr morgens, bevor die Arbeit wieder hektisch wird, entwerfen. Ziehen Sie Ihr Team zurate. Was können Sie gemeinsam erreichen, wenn das Team befähigt und selbststeuernd ist und zum Meister seines Bereiches geworden ist und von dem, was es tut, inspiriert wird?

Lesen Sie auch im dritten Abschnitt des fünften Kapitels zu der Dimension »Visionär sein« nach.

8.2 Agil führen muss authentisch sein

Authentische Führung hat mit dem Führenden und mit den Geführten zu tun: Wenn Ihre Vision wirklich Ihre Vision ist, dann können sie gar nicht anders als authentisch zu sein. Authentizität ist ein wichtiger Faktor, denn sie wirken so überzeugender und glaubwürdiger auf andere. Und darum geht es schließlich: andere mitzunehmen, andere zu ermutigen, anderen Hilfestellungen zu geben.

Schauen wir erst mal auf Sie als Führungsperson. Was heißt authentisch sein überhaupt in diesem Zusammenhang? Ganz einfach: Sie verstellen sich nicht und Sie glauben an das, was Sie sagen und tun. Dabei ist es wichtig, die Kirche im Dorf zu lassen und auf die eigenen Stärken zu vertrauen. Sie haben sich mit dem Konzept des agilen Führens auseinandergesetzt. Sie wissen, woher es kommt und dass es gar nicht so abgehoben ist, wie es manchmal dargestellt wird. Und Sie wissen, was es im Alltag bedeutet, Menschen agil zu führen. Mit diesem Wissen im Hinterkopf, vertrauen Sie auf Ihre Intuition und auf Ihr Team. Denn im agilen Team ist der Führende nicht mehr der Vorkämpfer, dem alle bequem hinterhertrotten.

Eine wichtige, wenn nicht die wichtigste Facette authentischer Führung ist Ehrlichkeit. Verpflichten Sie sich, Ihr Team erfolgreich zu machen und es hin zur am Kunden orientierten Selbstorganisation zu entwickeln. Und verpflichten Sie sich dazu, Ihren Teil als agile Führungskraft dazu beizutragen.

Erinnern Sie sich, was wir eingangs zum Thema agile Führung geschrieben haben? Agil führen bedeutet unter anderem mehr Spaß und weniger Last auf Ihren Schultern.

Setzen Sie sich mit Ihrem Team zusammen, teilen Sie Ihr Commitment. Teilen Sie ruhig auch Ihre Unsicherheiten und Zweifel mit dem Team. Dies zeigt dem Team, dass es Ihnen ernst ist und dass Sie auf echte Zusammenarbeit setzen. Das Team erlebt so zudem, was Agilität bedeutet: offen und flexibel sein, experimentieren, ausprobieren, kontinuierlich verbessern. Die persönliche agile Lösung von Ihnen und Ihrem Team darf sich in der Zusammenarbeit entwickeln. Welche Strukturen sich letztlich ergeben, welche Prozesse sich bewähren, wie agil Sie tatsächlich unterwegs sind, hängt von den Umständen und beteiligten Menschen ab. Mehr Agilität ist nicht immer auch gleich besser.

Unternehmen, die auf agil umsteigen wollen, haben alle eine gemeinsame Erfahrung gemacht: Man kann das agile Konzept eines anderen nicht kopieren. Und dasselbe gilt für die Führung.

Hadern Sie mit dem Commitment? Ein Stück weit geht es darum, Ja zur Zukunft zu sagen und sich zu verpflichten, diese aktiv mitzugestalten. Vielleicht fokussieren Sie sich darauf, Ihren Bereich voran zu bringen, vielleicht wollen Sie die Sache auch aus einer anderen Perspektive angehen. Dr. Rainer Neubauer, einer der Autoren dieses Buches hat darüber reflektiert, wie er Agilität authentisch in der Führung seines Unternehmens leben kann. Hier lesen Sie seine Geschichte.

Mein Weg zur Authentizität in agiler Führung – Dr. Rainer Neubauer
Die Einschätzung der Echtheit von Verhalten ist eine schwierige Sache; nicht nur für andere, sondern auch für mich selbst. Hier ist ein Versuch.

Ich bin täglich im Job mit den verschiedensten Menschen zusammen – Menschen, mit denen ich in meiner Freizeit vielleicht nicht so viel Zeit verbringen würde. Ich muss Situationen meistern, Entscheidungen treffen, die ich mir nicht unbedingt immer alle ausgesucht hätte. Mein Ehrgeiz und meine Erfolgssucht, die Anerkennung, die ich möchte und die Macht, die ich gerne ausübe, bringen mich zu bestimmten Verhaltensweisen. Manche davon sind sinnvoll und manche sind auch durchaus kontraproduktiv. Doch leider bin ich mir besonderes bei letzteren nicht immer darüber bewusst.

Wenn mit der Zeit die Abweichung meines Verhaltens von einem mir und anderen guttuenden Verhalten immer größer wird, dann ist das nicht etwas, was ich mit Altersweisheit erwartet hätte. Das, was mir guttut und mir hilft, meine Energie und meinen Tatendrang auf die Straße zu bringen, sollte im Alter dominanter werden. Ich sollte mir gegenüber also ehrlicher geworden sein. Aber ich brauchte und brauche in meinem Job als Geschäftsführer neben den Verhaltensweisen, die meine Persönlichkeit ausmachen, auch solche, die in meinem Job notwendig sind und durchaus akzeptiert werden sowie bestimmte neue Verhaltensmuster, die von meinen jungen Mitarbeitern und durchaus auch Kunden, also dem Markt, immer mehr gefordert werden.

Authentisch bedeutet für mich, ehrlich mir gegenüber zu sein; das heißt, eine Übereinstimmung hinzubekommen zwischen dem, wie mich andere sehen und warum sie sich auf mich verlassen und dem, was mich ausmacht, was meine Werte sind und dem, was ich als Sinn und Zweck meines Lebens betrachte. Authentisch bedeutet aber auch belegbar und überzeugend.

Die Wirkung hingegen, die ich auf andere habe, ist im Grunde die Realität, in der ich mich bewege. Je höher die Übereinstimmung zwischen meiner Einschätzung und dem Bild der anderen ist, desto wahrscheinlicher ist es, dass ich ähnliche Verhaltensweisen auch anderen gegenüber zeige. Die Art und Weise wie andere mich wahrnehmen ist meine Persönlichkeit. Ich bin, wie andere mich sehen. Es ist der Filter, durch den ich mich definiere.

Folglich bedeutet authentisch sein, artgerecht, menschlich zu leben – in der Art, die meine Werte vorgeben. Die Reputation, die ich bei anderen besitze, ist viel entscheidender, als die Vorstellung, die ich von mir selbst besitze. Doch meine Werte, die Dinge, die mir persönlich wichtig sind, gehören mir ganz alleine und an dieser Innensicht richte ich mein Verhalten aus.

Sich authentisch zu verhalten ist also weniger eine Sache davon, nah an der eigenen Persönlichkeit zu agieren, sondern nah an den eigenen Wertvorstellungen, an dem was einem selbst wichtig ist. Dann ist Verhalten belegbar, weil die Werte die Orientierung vorgeben. Die Werte sind beschreibbar und begreifbar. Über Persönlichkeit, so wie ich und wie andere sie sehen, kann man streiten; was mir wichtig ist, ist mir wichtig. Punkt.

Was bedeutet authentisch Führen entlang der sieben Dimensionen agiler Führung?

Agilität ist mein Ding. Führen ist mein Ding. Die Ausprägung von agiler Führung ist bei mir so vielschichtig, wie bei fast allen meiner Klienten. Keine Person ist die perfekte agile Führungskraft. Erstens wäre das eine unverzeihliche Verallgemeinerung irgendeiner Wertehaltung und zweitens richtet sich perfekt immer an einem Kriterium aus. Perfekt, um Erfolg in XYZ zu haben. Perfekt ist kein allgemeingültiger Zustand. Jede Führungskraft spürt das, nicht nur die, die in den Wirren der Digitalisierung wirkt.

Ich bin auch nicht die perfekte agile Führungskraft. Warum ich dann dieses Buch schreibe? Ich teile meine Erfahrung mit, die ich in dreißig Jahren mit Führungskräften in Europa und den USA gemacht habe und die ich in zahlreichen Forschungsarbeiten mit Kunden erworben habe. Warum ich nicht die perfekte agile Führungskraft bin? Ich habe immer die Führung des Unternehmens der Führung von Menschen vorgezogen. Ich bin ein eiskalt kalkulierender Machtmensch, der die Gewinnmaximierung vor die Gewinnoptimierung stellt.

Ich schaue streng nach vorne. Die Führung von Mitarbeitern beruht fast nur darauf, Fehler zu erlauben und zu verzeihen beziehungsweise zu vergessen. Ich kann aus Menschen nichts herauskitzeln, was sie nicht selbst wollen. Ich unterstütze ihr Können durch Herausforderungen. Ich messe und sanktioniere. Ich sehe mich nicht als den einfühlsamen Coach und Helfer in der Not, sondern betrachte Hilfe zur Selbsthilfe als besten Weg. Ich bin liberal und tolerant – solange das gemeinsam vereinbarte Ziel nicht aus den Augen verloren wird.

Wir haben viel über Engagement als eine der sieben Säulen agiler Führung geschrieben. Hier muss ich zugeben: Das schaffe ich kaum. Ich weiß, dass ich kein Engagement bei anderen schaffen kann, das nicht schon zu über 70 Prozent vorhanden ist. Hier müsste ich also Brücken bauen. Engagierte Mitarbeiter, die gemeinsam an einem Strang ziehen, sich auch über geografische Grenzen abstimmen und Gegensätze überwinden können, sind wichtig. Chefs, die so was hinbekommen, sind großartig. Ich bin es nicht.

Nächstes Thema. Ich habe keine eigene Vision für mein Unternehmen. Ich bin fest davon überzeugt, dass ein forschungslastiges Beratungsunternehmen seinen Kunden helfen sollte, die eigene Vision ein Stück weit mehr zu erreichen. Das ist ein für mich erstrebenswerter Zustand, den ich abrechnen kann, weil ich fassbare Werte schaffe. Wenn das eine Vision ist, bin ich visionär. Mein Team hat derweil ein Zielbild formuliert, nämlich »Menschen, die ihre Berufung gefunden haben«. Damit kann ich gut leben.

Ich hänge wenig an alten Abläufen. Ich breche mit Althergebrachten sobald es sich nicht mehr rechnet und ich überzeugt bin oder werde. Ich brauche wenig Rettungsringe und liebe das Risiko. Ich atme Fehlerkultur. Ambiguität halte ich aus. Ambidextrie und Vielseitigkeit machen mir Spaß und oft treibe ich Menschen, die mir nahestehen, damit in den Wahnsinn. Schnelles Agieren ist für mich ein Eckpfeiler meiner agilen Führung. Allerdings weiß ich um die Gefahren für andere; weiß, was unabgestimmte Preisanpassungen, Alleingänge und Experimente für andere bedeuten können. Das tut mir leid, ein bisschen, und ich bin letztlich doch froh, es gemacht zu haben.

Wenn man ein Unternehmen führt, das datenbasierte Beratungsempfehlungen für Kunden ausspricht und sich erfolgreich gegen populärwissenschaftliche und nur der Augenscheinvalidität frönenden Tests ankämpft, so muss die sachkundige Entscheidungsfindung mit in die Wiege gelegt worden sein. Intuition in der Entscheidung als Quintessenz erfahrungsbasierter Entscheidungen und Fehlentscheidungen, die prozedural, implizit und schnell ist, darf es auch geben. Ich will und sollte nicht alles mit Studien belegen müssen, schon gar nicht, wenn die Zeit drängt und mein Kunde einen hohen Preis für meinen Rat zahlt. Rat, der auf Jahren systematischer Erfahrungssuche beruht. Intuition als Wegbereiter emotionaler Entscheidungen ist dagegen nur gut für das eigene Ego und kompensiert nur niedrige emotionale Stabilität und Neurosen.

Ich wusste auch, dass ich gerne in anderen Branchen nach Ideen fische, mir anschaue, wie andere Unternehmen ticken. Ich mag nicht einer sein, der auf den Social-Media-Trend aufsprang und einen hohen Cloud-Score hat. Ich weiß aber um die Macht von Social Media im Marketing und der Produktplatzierung und investiere darin. Könnte ich besser darin werden? Ja. Besser werden bedeutet für mich nicht immer, es selbst zu machen, sondern Menschen um mich herum zu haben, die es besser können als ich und es dann auch machen sollten.

Sich auf neue Situationen und Menschen einzustellen, Neues zu wagen und Ideen nicht nur zu haben, sondern diese auch umzusetzen, aktiv auf Menschen zuzugehen und diese dafür zu gewinnen, ist nicht meine Stärke. Ich stehe mir da oft selbst im Weg und muss andere an mir vorbeiziehen lassen, damit was passiert. Obgleich ich alle Voraussetzung habe, adaptiv zu agieren, tue ich es zu wenig. Was heißt das für authentisches Handeln? Wenn ich etwas vermag zu tun und ich es doch nicht mache? Ich kann mir immer und immer wieder die Frage stellen, ob ich das jetzt und in dieser Branche, mit diesen Partnern und mit diesen Menschen möchte oder ob ein neues Handlungsfeld mir mehr die Chance bietet, meine Vermögen zu investieren. Diese Frage sollte man sich einmal im Quartal stellen, alleine schon des Haushaltens willen.

Bescheidenheit ist eine Tugend, die ich dann zeige, wenn ich wirklich von jemandem überrascht und beeindruckt bin; wie von Elon Musk in einem Interview, als er alles Mögliche ausprobiert hat, um die Stückzahlen des Model 3 auf 2.500 pro Woche zu erhöhen. Persönlicher Einsatz, das Ausloten physikalischer Machbarkeiten, Geld und jede Menge Gegenwind. Dann verblassen *mein Stolz und meine Hybris. Ohne Dreistigkeit und anmaßendem Verhalten wäre ich aber jetzt nicht da, wo ich bin (und einige lächeln jetzt ob der Doppeldeutigkeit). Aber da wollte ich ja auch hin – das war mein Ziel, das ich authentisch verfolgte. Bescheidenheit im Angesicht eines Wissensschatzes, den ich noch nicht kenne, geschweige denn durchdringe, Bescheidenheit im Angesicht von Menschen, die viel mehr bewegen als ich jemals bewegen werde, ist für mich auch eine Tugend. Danach verhalte ich mich, wenn es passt. Angeboren ist mir das nicht, ich muss nur wissen, wann es angebracht ist.*

Agile Führung bedeutete für mich konkret, von lieb gewonnenen Regeln und Abläufen abzuweichen. Wir haben als Team unsere Einzelbüros verlassen, Zeitaufschreibung gekündigt, mehr und mehr wertebasiert und nicht nur nach time and material dem Kunden gegenüber berechnet, Arbeitszeiten flexibilisiert, Kernzeiten eingeführt, Feedbackzyklen verdoppelt, Gehaltsstufen, Boni und Umsätze im Intranet auf Microsoft Power BI veröffentlicht, den Server und Telefone rausgeschmissen und auf die Cloud migriert und über IP von wo auch immer kommuniziert. Wir arbeiten distribuierter, eigenverantwortlicher, schneller und hoffen, mehr Engagement vom Team zu gekommen. Das alles haben wir in sechs Monaten umgesetzt, haben Leute verloren und neue dazu gewonnen.

Letztendlich bleibt das aber immer eine Frage der Person, auf die alle schauen, sie in eine bessere Zukunft zu führen. Und die Entscheidung, der oder die sein zu wollen, muss jeder für sich treffen. Dazu sollte man das aufschreiben, was einem wichtig ist, für was man einsteht. An dieser Identität kann man sich messen lassen und Verhalten entlang dieser Identität ist echt. Agile Führungseigenschaften oder Führungseigenschaft generell dienen dann als Leitplanke und nicht als Postulat.

Agil zu führen ist ein Ziel. Der Weg dorthin sieht unterschiedlich aus. Wie Sie in diesem Beispiel sehen, kann man durchaus ein Unternehmen erfolgreich agil in die Zukunft steuern, ohne dass man auf allen Kompetenzen des HAVE-Modells mit der Note 1 abschneidet.

Erfolgreich können Sie dann sein, wenn Sie sich Ihrer Stärken und Schwächen und Ihres individuellen Stils bewusst sind und tun, was Sie tun müssen, um Ihr Ziel zu erreichen. Authentisch führen heißt in diesem Zusammenhang auch, dass Sie Ihre persönlichen Herausforderungen mit Ihrem Team teilen. Sie wollen Ihr Team voranbringen, erarbeiten Sie gemeinsam, wer hier welche Rolle übernehmen will – agile Führung ist keine Ein-Mann-Show. Es geht darum, gemeinsam erfolgreich zu sein.

Sie haben eine Vision und finden Ihren (authentischen) Weg, dieser zu folgen. Das sind die zwei ersten Grundfesten agiler Führung. Kommen wir zu der dritten: Agile Führung passiert nicht in einem Vakuum. Sie richtet sich am Menschen aus.

8.3 Agiles Führen richtet sich am Menschen aus

Um agiles Führen effektiv einzusetzen, also einen tatsächlichen, spürbaren Effekt zu erzielen, muss die Führung auch zur Situation und zu den Menschen, die es zu führen gilt, passen. Wie schwierig dies sein kann, und was hilft, zeigt das folgende Beispiel aus der Praxis von einer kleinen Beratungsfirma. Die Geschäftsführerin reflektierte mit uns im Rahmen der Recherchen für dieses Buch ihre Reise.

Hier ist ihre Geschichte:
2016 war für mich das Jahr der Transformation. Als einer der Geschäftsführer einer Boutique-Beratungsfirma spürte ich zu diesem Zeitpunkt deutlich die beginnende Disruption auch in unserer Branche der Persönlichkeitsassessments. Es waren nicht nur neue Trends, die vielfach diskutiert wurden – wie der Nutzung von Internetdaten zur Ableitung eines Persönlichkeitsprofils, genannt webscraping, sondern plötzlich hatten wir es mit Wettbewerbern zu tun, die wir bislang überhaupt nicht auf dem Radarschirm hatten. Hätten Sie gedacht, dass RedBull Assessmentinstrumente anbieten würde? Nun, wir auch nicht.

Auch neue Start-ups, die um uns herum aus dem Boden schossen, gewannen mit coolen, neuen Assessment-Ansätzen plötzlich ganz neue Zielgruppen und Kunden für sich. Es herrschte Aufbruchstimmung auf der ganzen Linie. Wir beobachteten darüber hinaus, dass traditionelle, etablierte Unternehmen sich vom frischen Wind und Buzzwords wie New Work, Agiles Arbeiten anstecken ließen und ihr Unternehmen und insbesondere die Zusammenarbeit neu gestalteten: Großraumbüro statt Einzelzelle, flexible Arbeitszeiten und -orte, agile Arbeitsweisen, Vertrauenskultur.

Das blieb mir und unserem Team natürlich nicht verborgen. So machte sich auch bei uns Aufbruchstimmung breit. Mir war klar, dass wir uns mit unserer bisherigen Strategie und der Art der Zusammenarbeit in eine Sackgasse bewegen würden. Die Motivation unseres Teams sank zunehmend. Geprägt von den Einflüssen unserer Kunden, die anders, offener und agiler miteinander arbeiteten, vermisste unser Team regelmäßigen Austausch, bessere Möglichkeiten, sich untereinander zu vernetzen und voneinander zu lernen. Was war passiert? Hatten wir Warnzeichen übersehen? Waren wir bereits zu spät dran?

Der Druck und der Entschluss, unser Unternehmen zu transformieren, um aktuellen und zukünftigen Kundenbedürfnissen besser gerecht zu werden, war absolut gegeben. Es war auch klar, dass wir den Turnaround nur mit einem motivierten Team schaffen würden.

Gemeinsam mit voller Kraft sind wir den Wandel angegangen: Mitte 2016 sind wir in ein neues Büro gezogen, das eine Kombination aus Open-Space-Bereichen und kleineren Büros sowie Entspannungsbereichen bot. Den gesamten Prozess – vor dem Umzug und danach – haben wir in gemeinsamen Teamworkshops begleitet, vor Umzug und nach Umzug. Es war unser Ziel herauszufinden, was an der alten Art zusammenzuarbeiten gut war und was wir uns für die neue Form der Zusammenarbeit wünschen. Entsprechende Regeln haben wir für uns alle aufgestellt.

Mit dem neuen Büro haben wir direkt auf flexible Arbeitszeiten umgestellt und allen Mitarbeitern die Möglichkeit gegeben, vom Homeoffice oder jedem anderen Ort aus zu arbeiten. Das erforderte auch eine neue IT. Zusätzlich haben wir eine neue CRM-Software eingeführt, um uns mehr auf den Kunden einzustellen und alle Daten und Anwendungen in die Cloud gelegt. Es wurden Laptops und Mobiltelefone für alle Mitarbeiter angeschafft und die Telefonie über eine Mobile Phone App abgebildet.

Wir haben mächtig investiert. Nicht nur finanziell, sondern auch in Zeit. Wir haben Transparenz geschaffen, Vertrauen geboten. Eigenverantwortung gefordert. Das war es doch, was sich alle gewünscht hatten.

In der Geschäftsführung waren wir Feuer und Flamme. Aber ganz ehrlich? Der Druck war hoch: Es galt, das Team zu motivieren, den hohen finanziellen Invest zu stemmen und gleichzeitig eine Vertrauenskultur aufzubauen und eine völlig neue Art der Zusammenarbeit zu gestalten.

»So, bitteschön, liebes Team", dachten wir. Was wir jedoch vergessen hatten, war jedes einzelne Teammitglied zu fragen: »Was denkst du? Was nutzt dir der ganze Umbruch? Wie wollen wir die Zukunft des Unternehmens gemeinsam gestalten?«.

Damit hatten wir zwei wesentliche Elemente agiler Führung vergessen: das Ausrichten der Führung des Unternehmens an den Mitarbeitern, aber allem voran den Einbezug und das Buy-in der Mitarbeiter zu gewinnen.

Immerhin, am Anfang sprang der Funke schon etwas über. Das Team war den Veränderungen gegenüber aufgeschlossen und zeigte Vorfreude. Dann zog nach dem Umzug relativ schnell der Alltag wieder ein und das operative Geschäft drückte. Kritik in dieser Zeit sah wie folgt aus: «Muss mein Schreibtisch direkt in der Mitte stehen? Ich kann nicht dauernd jemanden im Rücken sitzen haben!« Und von »Das war es wert, ich fühle mich viel stärker einbezogen und weiß, was gerade läuft und so.« zu »Ich kann mich bei den

Hintergrundgeräuschen einfach nicht konzentrieren!« oder »Ich habe einfach das Gefühl, das wir weniger erledigen (wir reden die ganze Zeit)«.

Es blieb nicht beim Reden. Mitarbeiter kündigten. Sie konnten sich einfach nicht auf die neuen Arbeitsbedingungen (Großraumbüro) einstellen und vermissten gleichzeitig die Kollegen, die von zu Hause arbeiteten. Lächerlich? Ganz ehrlich: Mir fiel es erst mal auch schwer, mich an das Großraumsetting zu gewöhnen. Und es gab Momente, wo ich meinen Kopf in den Sand stecken wollte. Aber der Weg zurück war keine Option. Was ist falsch gelaufen? Wie hätten wir dies verhindern können?

Dann war da noch dieser große dicke Elefant im Raum. Der Mehrwert für den Kunden, höhere Marktanteile, Innovation. Wie sollten wir diese Herausforderung anpacken?

Es ist nicht so, als wären wir unvorbereitet gewesen. Wie geschildert, gab es Teamworkshops, in denen wir über die anstehenden Veränderungen, insbesondere den Umzug in den Großraum und die flexible Arbeitszeitgestaltung gesprochen haben. Auch hatten wir eine Vision und eine Strategie. Doch genau hier lag unser größter Fehler. Wir haben uns zwar vorbereitet, sind dann von A nach B und dachten: Das war's. Damit sind wir am Ziel angekommen. Es stellte sich jedoch nach und nach heraus, dass Maßnahmen und Regeln, die wir im Workshop formuliert hatten, nicht recht zielführend waren oder im neuen Setting nicht so funktionierten, wie gedacht. Die Vision, die wir hatten, verblich, weil die Resultate ausblieben. Unsere Strategie schaffte keinen rechten Fortschritt, sondern eher den Erhalt des Status quo.

Was wir durch diesen Prozess gelernt haben? Veränderung ist heute eine Transformation, die nicht einem Rennen von Start zum Ziel gleicht. Es geht darum, sich ständig neu zu erfinden. Und zwar gemeinsam.

Ende gut, alles gut! Sechzehn Monate nach Umzug haben wir es dann doch geschafft, eine agile Organisation zu werden. Angefangen bei der Selbststeuerung der Mitarbeiter, wöchentlichen Stand-up Meetings per Skype oder persönlich, sogenannte Brownbag-Meetings zum Informationsaustausch, Teambuilding-Maßnahmen wie Off-site-Meetings, die Nutzung von Yammer als firmeninterner Chat bis hin zum Fokus auf Innovation. Wir reflektieren und hinterfragen uns regelmäßig, wir justieren nach und passen an. Mit dem ganzen Team.

Wir als Führungskräfte fokussieren darauf, Vorbild für die neue Art zu arbeiten zu sein. Nicht, indem wir denken, dass wir es besser können, sondern, indem wir transparent sind. Ich spreche offen aus, womit ich hadere, und beziehe Teammitglieder in Fragestellungen mit ein, um ihre Expertise und andere Betrachtungsweise für eine gemeinsame Lösung zu nutzen. Intern und extern. Wir gehen bewusst auf unsere Kunden zu. Und wir akzeptieren und wertschätzen, dass wir experimentieren. Die perfekte Lösung haben wir nicht. Werden wir auch nicht haben. Brauchen wir aber auch nicht.

Mein größtes Learning in dieser Zeit? Dass Veränderung ein Prozess ist und kein Projekt. Das gilt heute mehr denn je. Heute, fast zwei Jahre nach Umzug und Transformation rennen wir nicht mehr nur einem konkreten Ziel hinterher. Sondern wir streben nach Flexibilität und möchten auch unsere Kunden dadurch inspirieren, wie wir arbeiten und uns neu aufgestellt haben.

Intern hören wir zu, was das Team braucht, sind offen für die Ideen der Mitarbeiter und lassen große Autonomie zu. Natürlich gehen wir Risiken ein, lernen jedoch schnell aus unseren Fehlern. Wir betrachten neue Geschäftsmodelle – wie zum Beispiel den Plattformgedanken und arbeiten mit Start-up-Unternehmen. Wir sind schneller unterwegs als früher, und interaktiver: Feedback und Austausch gibt es über alle Hierarchieebenen hinweg. Und noch wichtiger: Unsere gemeinsame Vision verblasst nicht – in einer unserer Team-Meetings haben wir sie in Form eines Kunstwerks visualisiert. Das hängt nun an unserer Wand – von allen mitgestaltet.

Agile Führung am Menschen auszurichten bedeutet, im Austausch zu stehen und Veränderung als Interaktion aller Beteiligten zu gestalten. Eine unserer Interviewpartnerinnen aus der Versicherungsbranche fasste Ihre Eindrücke bisheriger Veränderungen im Unternehmen so zusammen: »Ein organisatorischer Wandel wird durch das Individuelle angestoßen, und am Ende gibt es aggregiert einen gemeinsamen Nenner.«

Um sich aufeinander einzustellen und sich abzustimmen, braucht es Feedback, Feedback, Feedback. Es ist schlicht unmöglich, sich auf Mitarbeiter einzustellen, wenn diese keine Rückmeldung geben, wie das eigene Führungsverhalten auf sie wirkt. Im Abschnitt zu der Kompetenzdimension »Bescheidenheit« haben Sie über die Fehler- und Feedbackkultur gelesen, die für die Ausrichtung agiler Führung am Menschen Grundsatzvoraussetzung ist.

Oft erleben wir in der Praxis, dass zwar grundsätzlich die Bereitschaft da ist, Feedback einzuholen und Feedback zu geben, aber eine gewisse Scheu besteht, es auch wirklich zu tun. Warum das so ist? Weil man nicht recht weiß, wie, wann und ob man Feedback geben soll. Man will schließlich niemanden vor den Kopf stoßen und sich schon gar keine Feinde machen.

Zu wissen, wie man gerade kritische Rückmeldungen so geben kann, dass der andere die Nachricht nicht persönlich nimmt, kann die Hemmschwellen, sich gegenseitig Feedback zu geben, deutlich abbauen. Es lohnt sich daher meistens, dieses Thema im Team anzusprechen. Wichtig sind hierbei Regeln, wie man sich Rückmeldungen gibt und wie man mit ihnen umgeht sowie die richtige Formulierung des Feedbacks (siehe die WWW-Regel weiter unten).

Welche Feedbackregeln sollten angewendet werden?

Hier finden Sie eine Liste mit relevanten Feedbackregeln. Je nach Reife Ihres Teams sind einige Punkte vermutlich überflüssig, zu erwähnen. Je nachdem, welche Feedbackkultur bei Ihnen etabliert ist, sind auch einige Punkte wichtiger als andere.

Feedbackregeln – Geben von Feedback

Feedback muss konstruktiv sein
- Feedback bezieht sich nur auf veränderbare Aspekte und konkretes Verhalten.
- Feedback wertet nicht (ab), sondern beschreibt.
- Feedback muss sachlich sein.
- Feedback muss konkret sein, so dass es nachvollziehbar ist.

Feedback sollte zeitnah und direkt sein
- Feedback sollte möglichst schnell nach der Situation gegeben werden, damit die Erinnerung noch frisch ist und man gleich die Chance zur Veränderung bekommt.
- Feedback sollte möglichst direkt gegeben werden. Einen anderen zu beauftragen, das Feedback zu geben, schadet der Beziehung. Das gleiche gilt, wenn man zunächst mit Dritten über die Person spricht, bevor man sich an sie wendet.
- Feedback gibt man nicht vor anderen. Wählen Sie ein Eins-zu-eins-Gespräch.

Feedbackregeln – Umgang mit Feedback
- Feedback muss als Sicht des anderen akzeptiert und ernst genommen werden.
- Wenn etwas nicht klar ist, fragt man nach.
- Bei Feedback gilt es zuzuhören, Rechtfertigungen und auch Erklärungen sind nicht notwendig.
- Man bedankt sich für Feedback.

Worauf kommt es an?

Wie leicht ein Feedback angenommen werden kann und Rückmeldungen zur Reflexion führen, hängt zudem von verschiedenen Faktoren ab. Die wichtigsten sind:

Die Beziehung zum Feedbackgeber: Grundsätzlich können wir Feedback leichter von Personen annehmen, mit denen wir eine konstruktive Beziehung haben. Hier kann die Überlegung nützlich sein, wer das Feedback gibt.

Empfundene Fairness der Rückmeldung: Viel hängt auch davon ab, ob wir ein Feedback als fair empfinden. Haben wir das Gefühl fälschlicherweise kritisiert zu werden, reagieren wir defensiv. Auch wenn wir das Gefühl haben, übermäßig kritisiert zu werden, tendieren wir dazu, uns zu verteidigen, statt das Feedback anzunehmen und darüber nachzudenken. Es gilt also, ausgewogen zu beurteilen. Kennen Sie die Sandwich-Regel? Sie kann hier helfen. Wenn Sie jemandem ein kritisches Feedback geben wollen, überlegen Sie sich zuvor, was Sie von der Person als besonders positiv wahrnehmen. Idealerweise fallen Ihnen hier mehrere Punkte ein, die Sie als Brotscheiben verwenden. Der Brotbelag ist die negative Kritik. Konkret bedeutet dies, dass Sie zunächst ein Lob aussprechen – eine positive Eigenschaft/Leistung hervorheben, dann den kritischen Aspekt und am Ende wieder einen positiven Aspekt. Ein Beispiel wäre: positiv: Eigeninitiative, negativ: Alleingang (informiert und involviert andere zu wenig), positiv: Umsetzungsstärke.

Das Senden der richtigen Botschaft: Feedback muss richtig formuliert werden. Hier hilft eine einfache, einprägsame Regel, die WWW-Regel.

Wie formuliere ich kritisches Feedback? – WWW-Regel

W – Wahrnehmung

Zuerst schildert man wertneutral, was man wahrgenommen hat, in welcher Situation man welches Verhalten beobachtet hat. Hier ist es wichtig, nur sachlich mitzuteilen, was man wahrnimmt. Dabei sind neutrale Begriffe zu wählen (siehe das erste Beispiel) und so konkret wie möglich zu sein (siehe das zweite Beispiel).

Beispiele:

1. *Ungünstig: Du bist unpünktlich. Oder: Du kommst immer zu spät.*
   Besser: Mehrfach habe ich beobachtet, dass du einige Minuten später bei einem Meeting eintriffst.

2. *Ungünstig: Du verhältst dich arrogant gegenüber den anderen Teammitgliedern.*
   Besser: Mir ist aufgefallen, dass du heute die Beiträge von einigen Teammitgliedern unterbrochen hast.

W – Wirkung

An dieser Stelle erfolgt die Wertung. Wichtig ist jedoch, dass man hier seine eigene, subjektive Meinung äußert und keinen Anspruch auf Objektivität stellt.

Zum ersten Beispiel:

Wahrnehmung: Mehrfach habe ich beobachtet, dass du einige Minuten später bei einem Meeting eintriffst.

Wirkung:

Ungünstig: Unsere Meetings sind dir wohl nicht wichtig/du hast wohl besseres zu tun. Besser: Das macht auf mich den Eindruck, als seien dir die Meetings weniger wichtig.

Zum zweiten Beispiel:
Wahrnehmung: Mir ist aufgefallen, dass du heute die Beiträge von einigen Teammitgliedern unterbrochen hast.

Wirkung:
Ungünstig: Das ist arrogant. Besser: Das kann bei anderen den Eindruck erwecken, dass du ihre Beiträge als weniger wichtig abtust. Oder: das kann dazu führen, dass sich andere weniger beteiligen und die Diskussionen weniger kreativ werden.

W – Wunsch
Feedback ist nur dann wirklich sinnvoll, wenn daraus hervorgeht, was die gewünschte Alternative ist. An dieser Stelle entscheidet sich, ob ein Feedback wirklich konstruktiv ist. Am besten ist es, aufzuzeigen, was man eigentlich erwartet. Fällt Ihnen kein Vorschlag ein, können Sie das WWW-Feedback auch zu einem WWF-Feedback machen: Wahrnehmung, Wirkung, Frage (Wie könnten wir so einen Eindruck in Zukunft vermeiden? Was könntest du anders machen, dass es nicht zu dieser Wirkung kommt?).

Zum ersten Beispiel:
Wahrnehmung: Mehrfach habe ich beobachtet, dass du einige Minuten später bei einem Meeting eintriffst.

Wirkung: Das macht auf mich den Eindruck, als seien dir die Meetings weniger wichtig.

Wunsch:
Ungünstig: In Zukunft kommst du bitte pünktlich./Ich erwarte hier Pünktlichkeit. Besser: Ist es möglich, in Zukunft auf mehr Pünktlichkeit zu achten? Mir wäre das wichtig.

Zum zweiten Beispiel:

Wahrnehmung: Mir ist aufgefallen, dass du heute die Beiträge von einigen Teammitgliedern unterbrochen hast.

Wirkung: Das kann bei anderen den Eindruck erwecken, dass du ihre Beiträge als weniger wichtig abtust.

Wunsch:
Ungünstig: Arrogantes Verhalten dulde ich nicht./Ich werde nicht zusehen, wie du das Teamklima zerstörst. Besser: Mir ist es für unsere Zusammenarbeit wichtig, dass wir einander ausreden lassen. Oder: Deine Kommentare schätze ich, wenn du sie formulierst, nachdem der andere seinen Satz beendet hat.

Hier ein weiteres Beispiel:

Wahrnehmung: Mir ist in den letzten zwei Meetings aufgefallen, dass du Ideen präsentiert hast, deren Umsetzung bereits beschlossen war.

Wirkung: Das macht auf mich den Eindruck, dass du an Input durch das Team wenig interessiert bist./Das wirkt auch mich so, dass du andere nicht miteinbeziehen willst.

Wunsch: Ich würde mir wünschen, dass du das Team früher, bevor eine Entscheidung gefällt wurde, miteinbeziehst.

Wenn Sie beim Lesen das Gefühl bekommen, Sie müssten nun alles in Watte packen, um den heißen Brei herumreden oder sugar coding betreiben, dann haben Sie irgendwo recht. Warum ist das wichtig? Feedback kann sehr verletzend wirken. Falsch präsentiert, kann es auch zu einem Motivationskiller für Ihre Mitarbeiter werden.

Es geht nicht darum, kritisches Feedback zurückzuhalten. Im Gegenteil. Kritisches Feedback zu geben, ist eine Ihrer Aufgaben als Führungskraft. Wenn ich ein Verhalten an den Tag lege, das destruktiv oder unangemessen ist, erwarte ich von meinem Chef, dass er mir dies rückmeldet (zumindest bevor ich es von einem Kollegen/einem Kunden höre).

Diese Feedbackregeln zu befolgen ist zwar zunächst etwas mühsam, wird Ihnen mit der Zeit aber wie von selbst von der Hand gehen. Ihr Feedback wirkt damit professioneller und ist für Ihr Gegenüber weniger verletzend. Das Feedback löst nicht den Drang aus, sich zu verteidigen, sondern regt zum Nachdenken an und wird geschätzt.

9.
Was macht die agile Organisation aus?

● ● ● ● ● ● ● ● ● ● ● ● ● ● ● ● ● ●

Wenn wir von agilen Organisationen sprechen, schauen wir gerne auf Start-ups, da diese häufig genug, agil geboren sind. Zunächst schauen wir uns ein paar Beispiele an, um dann zu erörtern, was etablierte Organisationen davon lernen können. Im zweiten Abschnitt setzen wir uns damit ausei-nander, wie Organisationen Agilität eingehaucht werden kann. Im dritten Abschnitt blicken wir auf Modelle sowie Praxisbeispiele um herauszuarbei-ten, was es bei der Transformation von vor allem größeren Organisationen zu beachten gilt und auf welchen Wegen es gelingen kann. Der letzte Ab-schnitt sorgt schließlich dafür, dass Sie vor lauter Bäumen den Wald noch sehen und den Einblick in die eigentliche Essenz agiler Organisationen bekommen.

9.1 Was haben Start-ups, was wir nicht haben?

Unternehmen, die gerne als Beispiel oder Vorbild für eine agile Organisa-tion herangezogen werden, haben sich häufig aus Start-ups entwickelt und sind so quasi agil geboren worden. Dies führt zu einer Reihe spezifischer Umstände, die oft nicht mit den Umständen etablierter Unternehmen ver-gleichbar sind. Das gleiche gilt auch für Technologieunternehmen im Sili-con Valley. Eine solche Erfahrung hat beispielsweise ein Unternehmen in der Versicherungsbranche gemacht: Im Rahmen der Interviews, die unsere Marktexpertin für die Recherche zu diesem Buch führte, reflektierte eine leitende HR-Angestellte die Sache mit der Inspiration kritisch. Sie schil-dert im Interview, dass der Blick auf andere Unternehmen blenden kann. Obwohl man sich wertvolle Inspiration bei Firmen wie Google holen kann, muss man stets kritisch reflektieren, dass sich das eigene Unternehmen in einem ganz anderen Geschäftsumfeld aufstellt und Lösungen anderer Unternehmen hier nicht zwingend funktionieren.

Technologiegetriebene Firmen aus dem Silicon Valley und auch generell Start-ups sind in vielerlei Hinsicht anders zu betrachten als das typische etablierte Unternehmen woanders auf der Welt. Im Wachstum begriffene

Start-ups ziehen beispielsweise ganz bewusst einen gewissen Typ von neuem Mitarbeiter an.

Zwar wird Diversität gepredigt, jedoch gelten klare Präferenzen. Spotify beispielsweise stellt vorzugsweise Musikliebhaber ein. Sportartikelhersteller wollen Sportler anwerben. Dies macht zwar Sinn, da Sie die Perspektive des Kunden in die Organisation bringen. Wirkliche Vielfältigkeit entsteht dadurch aber nicht. Offensichtlich ist dies beim Thema Alter. Ein Merkmal von Start-ups ist das junge Durchschnittsalter der Mitarbeiter.

Sie haben sicherlich Ihre Erfahrungen mit Mitarbeitern verschiedenen Alters gemacht, mit jungen, gemischten und älteren Teams. Die Bedürfnisse sind verschieden. Die Geschwindigkeit, in der sich verändert werden kann, ist verschieden und die Flexibilität ist unterschiedlich ausgeprägt. Das gilt natürlich auch unabhängig vom Alter. Je unterschiedlicher die Bedürfnisse generell im Team sind, desto wichtiger ist es, alle bei der Veränderung miteinzubeziehen. Setzen Sie die Erwartung an Offenheit für Neues, Flexibilität, ein ordentliches Miteinander und Selbststeuerung. Gleichsinnigkeit und Einigkeit sind keine Bedingungen von Agilität. Im Gegenteil, sich gegenseitig herausfordern und querdenken sind gefragt.

Ein weiterer Aspekt solcher moderner Unternehmen ist das Vorantreiben der Verschmelzung von Berufs- und Privatleben, das wir in Abschnitt 1.2 kritisch reflektiert haben. Statt den klassischen Events wie der Weihnachtsfeier und hier und da mal ein Betriebsausflug oder ein Teamevent, werden Events zum festen Bestandteil des Arbeitsalltags. Die Personalabteilung oder eigens gegründete Eventabteilungen überlegen sich immer neue Events, um die Mitarbeiter während oder nach der Arbeitszeit zu unterhalten. Dies soll die Zusammenarbeit fördern, ein Wirgefühl schaffen und die Motivation heben. Im Endeffekt ist die Botschaft aber: »Hier könnt ihr nicht nur arbeiten, sondern auch eure Freizeit verbringen. Arbeiten um zu leben? Die Arbeit hier ist Euer Leben.« Dies mag für manche alleinstehende junge Leute durchaus ansprechend sein, aber nicht für jeden.

Laut CNBC (2018) »arbeiten« übrigens zurzeit circa sechstausend Hunde bei Amazons Headquarter in Seattle. An Halloween dürfen die Hundebesitzer mit ihren Hunden im Kostüm auf Amazons »Barktoberfest« feiern. Eine weitere Maßnahme, die auf eine bestimmte Mitarbeitergruppe ausgerichtet ist. Das Erlauben von Haustieren soll helfen, das Unternehmen attraktiv für Mitarbeiter der Generation Millenials zu machen und wird auch von anderen Unternehmen wie Google vertreten.

Auch hier gilt es, gemeinsam mit Ihren Mitarbeitern und Kollegen eine eigene Kultur zu entwickeln. Achten Sie aber darauf, dass die Kultur das Privatleben und private Vorlieben Ihrer (wahrscheinlich etwas diverseren) Mitarbeiter und Kollegen respektiert. Und seien Sie weise – auf sozialer Basis Zeit mit den Kollegen zu verbringen kann die Zusammenarbeit fördern. Aber auch hier gibt es in der Regel einen Sättigungseffekt, ein Zuviel des Guten.

Ein gutes Beispiel an dieser Stelle ist der Online-Schuhverkäufer Zappos mit eintausendfünfhundert Mitarbeitern, der zu Amazon gehört. Zappos war acht Jahre lang einer der hundert besten Firmen für Mitarbeiter (Fortune 100 Best companies to work for) und bekannt als ein etwas unkonventionelles Unternehmen, bei dem Spaß an der Arbeit großgeschrieben wird. Seit Zappos eine selbststeuernde, selbstorganisierende Organisationsstruktur einführte, verloren sie ihren Platz auf der Fortune Liste. In 2015 verließen 29 Prozent der Mitarbeiter die Firma, die ein Kompensationspaket bei Austritt angeboten hatte.

Schuld war die neue Organisation des Unternehmens nach dem System Holacracy (Holakratie, basierend auf Brian Robertson), das Zappos 2013 einführte. Oder genauer, die Art und Weise, wie dieser fundamentaler Organisationswandel vonstatten ging.

Holakratie ist ein Graswurzelsystem, eine Basisdemokratie, wo Mitarbeiter die Steuerung des Unternehmens verantworten. In 2015 nutzten etwa dreihundert Firmen Holakratie, wobei Zappos das größte Unternehmen darstellte. Firmen sind mit diesem Ansatz mehr oder weniger erfolgreich, aber viele Firmen haben sich auch bereits wieder davon abgewendet. Im holakratischen Unternehmen gibt es keine Führungskräfte mehr. Mitarbeiter arbeiten für sich selbst, sie arbeiten daran, Kundenbedürfnisse zu erfüllen, da hiervon ihr Einkommen und Erfolg abhängt. Die Autonomie liegt hier im Übrigen nicht bei selbststeuernden, relativ festen Teams. Mitarbeiter verteilen Ihre Arbeitskraft auf verschiedene Circles (etwas wie Arbeitsgruppen oder Projektgruppen). Brian Robertson betrachtet Holakratie als Vordenker vornehmlich aus einer wissenschaftlichen Perspektive und fordert, Führungskräfte komplett abzuschaffen.

Die Abschaffung von Linienführungskräften (People Managers) hat Tony Hsieh, CEO von Zappos dann 2015 angekündigt, um so zu einer Teal Organisation zu werden. Wieder wurden Mitarbeiter aufgefordert, das Unternehmen zu verlassen, wenn sie diesen Weg nicht mitgehen wollen (es gab ein attraktives Kompensationspaket, wie oben beschrieben, 29 Prozent der eintausendfünfhundert Mitarbeiter verließen Zappos). Die als »Teal« bezeichnete Organisationsform, basiert auf Frédéric Laloux' Ansatz in dem Buch Reinventing Organizations und soll die vollständige Autonomie der Mitarbeiter ermöglichen. (Zappos hat im Übrigen sogenannte Lead Links, die bestimmte Befugnisse haben. Sie entscheiden beispielsweise, wie viele Stunden Mitarbeiter in einem Circle leisten. Sie können auch Aufgaben auf Cicles verteilen, jedoch keinen Mitarbeiter zu etwas zwingen.

Autonomie von Teams konsequent zu leben und eine Welt zu schaffen, in der alle gleich sind, klingt verführerisch. Statt Jobtiteln nur die Arbeit, die Ergebnisse, die ich produziere, als Form der Anerkennung zu bieten, könnte Mitarbeiter mitreißen. Aber dafür müssen die Menschen auch mitgenommen (einbezogen) werden.

Zappos ging sehr radikal vor und die Veränderung wurde von oben diktiert. Unsicherheit und Chaos waren zwangsläufig an der Tagesordnung.

Die meisten Firmen verändern sich Schritt für Schritt und in der Regel auch nur, wenn sie sehen, dass der Ansatz anderswo erfolgreich ist. Wie Sie an unterschiedlichen Stellen in diesem Buch lesen, ist eine von oben verordnete Veränderung nicht der goldene Weg. Tony Hsieh, der an Zappos Spitze steht, fehlte hier vielleicht die Geduld, als er seinen »das Pflaster abreißen«-Ansatz beschloss.

Wir haben also eine Basisdemokratie, die von oben diktiert wurde und von heute auf morgen radikal eingeführt wurde. Ein Ansatz der die Autonomie des Einzelnen und des Teams in den Mittelpunkt stellt, aber ausgerechnet die Entscheidung zur Einführung über die Köpfe der Beteiligten hinweg fällt. Ein weiterer wesentlicher Punkt ist, dass Hsieh sein Konzept aus einem Buch herauskopierte und der Organisation aufdrückte. Die Menschen konnten oder durften keinen eigenen Weg entwickeln.

Exkurs: Arbeiten ohne Führende – Ist bei Zappos alles besser?

Wie ist das so bei Zappos in einem holakratisch organisiertem Unternehmen zu arbeiten? Jobtitel gibt es keine. Anerkennung basiert auf der Leistung, die ich tagtäglich bringe. Die Vergütung orientiert sich an Fertigkeiten, die man hat und die man sich aneignet. Seniorität zählt nicht. Online sind einige Artikel mit Erfahrungsberichten von Mitarbeitern zu finden. Der größte Unterschied scheint zu sein, dass Mitarbeiter selbst entscheiden können, woran (in welchem Circle) sie wie viele Stunden pro Woche arbeiten möchten. Ganz so frei ist man hier dann aber doch nicht. Denn der Lead Link eines Wunsch Circles genehmigt vielleicht nicht so viele Stunden, die man gerne in den Circle investieren will. Wenn man seine Stunden über die Circles nicht füllen kann, gibt es einen »Transition Support«, gelingt es weiter nicht, heißt es, die Firma ist zu verlassen.

Und einen Chef hat man nicht. Keiner, der einem über die Schulter schaut, das macht aber nichts, denn dies erledigen jetzt die Kollegen. Viele Mitarbeiter sprechen seitdem davon, dass sich bestimmte mikropolitische Aspekte wie Bevorzugungen hartnäckig halten, sogar stärker werden. Was passiert da? Eine Hierarchie gibt es nicht mehr. Aber es gibt noch Menschen. Unsere Tendenzen, Macht aufzubauen, Einfluss auszuüben und uns sozial zu strukturieren, sind noch immer da. Ich persönlich muss sagen, ich bin mir nicht sicher, ob ich den Druck von oben durch den Gruppendruck von der Seite tauschen möchte.

Besonders interessant ist in dem Kontext eine Aussage von Zappos Chief of Staff, Jamie Naughton, in einem Fortune Artikel, auf die Frage nach einem Beispiel für etwas, dass durch Holakratie erreicht wurde, was sonst nicht hätte erreicht werden können. Als Beispiel beschreibt sie, dass früher keine Hunde im Büro erlaubt waren. Hätte das damals jemand vorgeschlagen, wäre dies abgelehnt worden, da Allergien bestehen, jemand Angst vor Hunden hat und so weiter. Holakratie führte nun dazu, dass Hunde erlaubt sind, obwohl Hsieh selbst eigentlich dagegen war. Über Selbstorganisation sind die Hemmnisse aus dem Weg geräumt worden. Es gibt Allergiezonen, die Hunde nicht betreten dürfen und die Hunde müssen einen Verhaltenstest bestehen, damit klar ist, dass von ihnen keine Gefahr ausgeht.

Und die Zahlen? Gute Frage. Wie Zappos heute geschäftlich dasteht, ist seit der Übernahme des Unternehmens durch Amazon unklar, da keine Gewinnzahlen mehr kommuniziert werden. Analysten schätzen Zappos Erfolg mittlerweile immer kritischer ein, wie beispielsweise auf Kassenzone.de berichtet wird. So scheint sich das Unternehmen nach der Akquise durch Amazon kaum weiterentwickelt zu haben. Weder gibt es eine deutliche Entwicklung im Produktbereich noch im technologischen Bereich. Letzterer steht seit drei Jahren still, gelähmt durch die Migration der Backend-Systeme auf die Amazonplattform.

Wie steht es mit dem gelobten Zalando, Europas führender Modeplattform, das für viele Europäische Unternehmen als Beispiel eines erfolgreichen agilen Unternehmens gilt? Während sich der Leser bezüglich Zappos seinen eigenen Eindruck bilden kann, blicken wir mit der Vereinten Dienstleistungsgewerkschaft (verdi) hinter die Kulissen des Erfurter Zalando-Lagers. Im April 2014 befragten Gewerkschaftsmitarbeiter dortige Angestellte. Unter den dreiundsechzig Befragten (von denen nur 10 Prozent einen unbefristeten Vertrag aufwiesen) gaben gerade mal 57 Prozent an, dass ihnen die Arbeit eher Spaß mache, nur 27 Prozent sind mit allem zufrieden. Kritisiert wird das Arbeitsklima, das als nicht oder nur teilweise offen und ehrlich erlebt wird (48 Prozent), aber auch beispielsweise die Raumtemperaturen im Lager. Im Lager scheint Zalandos gepriesene agile und mitarbeiterfreundliche Kultur noch nicht ganz angekommen zu sein.

9.2 Organisationen »agilisieren« – geht das?

Agilität lässt sich grundsätzlich jeder Organisation einhauchen, wenn auch nicht immer im gleichem Maße. Anhand zahlreicher Beispiele haben wir bereits aufgezeigt, wie agile Organisationen arbeiten. In diesem Kapitel wollen wir ganz bewusst auf Unternehmen schauen, die keine Technologiefirmen sind und auch nicht im Silicon Valley angesiedelt sind. Firmen, die eine Transformation bewältigt haben, oder gerade in ihr stecken.

Allgemein gilt die Größe der Organisation als eine Herausforderung der digitalen Transformation. Noch vor ein paar Jahren zweifelten namhafte Stimmen, dass das Konzept agilen Arbeitens überhaupt jenseits der IT-Abteilung auf größere Organisationen übertragbar ist. Heute sehen wir an vielen Beispielen, dass es durchaus möglich und auch lohnenswert ist.

Schauen wir auf die Automobilbranche. Bei BMW beispielsweise, bisher zumindest in der BMW-Group-IT, hat agiles Arbeiten Einzug genommen. Als sichtbare Veränderung hat sich die BMW-Group-IT auch die Arbeitsplätze vorgenommen. Diese waren zwar schon zuvor in Großraumbüros eingerichtet, aber jeder Mitarbeiter hatte seinen eigenen Platz. Neu wird auf mobile Arbeitsplätze gesetzt. (Kritisch diskutieren wir das nochmals in Abschnitt 10.4.) Die Mitarbeiter haben keinen fest zugeordneten Schreibtisch mehr. Dies soll die Zusammenarbeit in flexiblen Teams fördern, indem schnelle Kommunikationswege ermöglicht werden. So äußert sich CIO Klaus Straub in einem Gespräch mit *automotiveIT* (2018). Die Teams selbst sind gemischt – IT und Fachbereiche arbeiten zusammen.

Die BMW-Group IT erlebt zurzeit, wie sich agiles Arbeiten, schnelles Denken und Arbeiten in Sprints (zwei Wochen dauert ein solcher Sprint bei BMW) fast schon von alleine ausbreitet. Überall sieht man bunte Post-it-Zettel an Scrum Boards und die Motivation durch das Gefühl von Teams, an wichtigen Entscheidungen beteiligt zu sein, ist spürbar.

Es finden sich in der Automobilbranche auch Unternehmen, die sich unternehmensweit einer agilen Transformation unterziehen. Eines der größten Anbieter von Premium-Pkw machte es vor. Wie dies gelingen konnte, erzählte uns ein an der Transformation des Unternehmens zentral beteiligter Vice President im Interview. Als der Konzern sich entschied, vom Fahrzeuganbieter zum Mobilitätskonzern zu werden, folgte schnell die Erkenntnis, dass es andere Wege braucht, um dieses Ziel zu erreichen – es war klar, dass man mit einem altbekannten Weg keine neuartigen Ergebnisse erzielen würde, und das war schließlich das Ziel. Die Unternehmensleitung hat daraufhin einen deutlichen Schritt gemacht: Die gesamte Führungsmannschaft wurde zu einem Kick-off-Meeting eingeladen. Rund tausend Führungskräfte konnten sich für den neuen Prozess bewerben. Aus diesen Bewerbungen wurden dann einhundertvierundvierzig Personen ausgewählt, die in einer Explorationsphase am Zukunftsmodell der Organisation arbeiteten. Insgesamt gab es drei Stränge. Ein Strang bildete eine große Initiative von R&D, um Prozesse und Ausbildungen weiterzuentwickeln.

Ein weiterer Strang war, Teams, die sich Sonderprojekten annahmen, in agile Teams zu wandeln. In dem dritten Strang wurde innerhalb von vier Monaten ein neues Organisationsmodell mit neuen Führungsprinzipien entwickelt.

Als neues Organisationsmodell wurde eine Schwarmorganisation als Form einer agilen Organisation kreiert. Schwarmorganisationen sind im Kern aus selbststeuernden, sich nach Bedarf wandelnden, vernetzen Teams gebildet, die flexibel reagieren. Der Kunde steht im Zentrum aller Bemühungen.

Die entwickelten Führungsprinzipien wurden zur Orientierungsgröße für Führungskräfte. Um Unsicherheiten auszuräumen, wurden die einzelnen Prinzipien in konkrete Verhaltensanker übersetzt.

Parallel dazu liefen Anstrengungen, die internen Prozesse so anzupassen, dass sie agiles Arbeiten dann auch nicht behindern. Der organisationale Rahmen sollte agiles Arbeiten vielmehr beflügeln. Angepasst wurde hier auch beispielsweise das Vergütungssystem. Eingeführt wurde statt individuellen Boni ein kollektives Bonussystem, um Co-Kreation zu fördern.

Der Top-down-Ansatz und die Eingrenzung auf den Einbezug der Führungskräfte ermöglichte eine schnelle und im Konzern weltweite Veränderung. Um einen breiteren Einbezug der Belegschaft zu erreichen, führte der Konzern viele Events durch, bei denen Mitarbeiter und Führungskräfte interaktiv einbezogen wurden. Darüber hinaus wurde eine Ambassador Community etabliert, wo sich Mitarbeiter und Führungskräfte engagieren können, die den Wandel aktiv unterstützen möchten. So stieß der Veränderungsprozess auf Interesse und eine breite Akzeptanz, obwohl der Ansatz top down organisiert war.

Wie es ist, hier mitverantwortlich und mitten drin zu sein? Das sagt unser Interviewpartner: »Auf der einen Seite die digitalen Wirbelsturmniedergangsbilder und auf der anderen Seite die Hypes von fliegenden Robo-Taxis zu sehen (ja das wird auch mal sein, wird aber nicht in zehn Jahren durch Stuttgart fliegen), und dazwischen eine Industrie zu verändern und damit so zentral an der Gestaltungs- und Zukunftsfähigkeit dran zu sein mit allen Brüchen und Irritationen, ist ein sehr spannender, sehr faszinierender Ort.«

Ein Fokus auf Führungskräfte ist trotz vieler Bedenken hinsichtlich eines Top-Down-Vorgehens von Vertretern agiler Arbeitsmethoden, ein recht häufiges Vorgehen, gerade in größeren, etablierten Organisationen. Die Erfahrung zeigt bisher, dass dies in der Regel zu positiven Resultaten führt, solange ein Einbezug der Belegschaft früher oder später das Vorgehen ergänzt. So ging beispielsweise auch ein weltweit führender Arzneimittelhersteller, Forschungskonzern und Anbieter von Gesundheitsprodukten vor. Ein HR-Manager im Bereich Digital des Unternehmens beschreibt dies im Interview. Das Unternehmen identifizierte einhundertzwanzig Führungskräfte als Beschleuniger, Personen, die neue Ideen und Konzepte in der Organisation besonders erfolgreich verbreiten können. Die hieraus erstellten Gruppen arbeiteten an verschiedenen Themen in verschiedenen Bereichen und dienten gleichsam als Vorbild für die neue Art zu arbeiten. Später in der Transformation erfolgte dann ein systematischer Einbezug der Belegschaft in interaktiven Workshops mit je fünfzig bis sechzig Teilnehmern.

Der CDO (Chief Digital Officer) von MAN Trucks & Bus, Christian Kaiser, beschreibt in einem Interview 2018, wie eine Firma mit ungefähr fünfunddreißigtausend Mitarbeitern weltweit, einen digitalen Kurs einschlagen kann. MAN folgt dabei ein Stück weit einer Start-up-Mentalität. Bisher war es so, dass neue Projekte innerhalb von den einzelnen Abteilungen entstanden und ausgeführt wurden. Nun hat MAN ein »House of Digital Sales« eingerichtet, in dem einhundertsechzig Mitarbeiter arbeiten, die zuvor in den jeweiligen Abteilungen quer über dem Firmencampus verteilt waren. Hier werden zukünftig neue Projekte finanziert und durchgeführt.

Der Fokus liegt auf der digitalen Transformation von Prozessen und Services bei Berührungspunkten mit den Kunden, Verkauf, Kundendienst und Marketing. Die klassische Trennung von Business und IT ist damit aufgelöst.

Die deutsche Niederlassung des Pharmakonzerns Lilly ist die Transformation mit etwas mehr Anschüben angegangen, wie Haufe (Hornung 2018) berichtet. Die Transformation wurde von ganz oben angestoßen, was, wie Sie später noch lesen werden, nicht immer der Fall ist. Die Geschäftsführerin ließ die Idee der Transformation dann aber unter Beteiligung möglichst vieler weiter wachsen. Zunächst wurde ein Team aus zwölf Querdenkern im mittleren Management gebildet (wie später ebenfalls noch ausgeführt, ist die mittlere Managementebene ein guter Ort, eine Transformation zu starten), das über Feedback die Vision mitprägte und sie gleichzeitig vorlebte. Der Funke sprang auf die Organisation über, als dieses Team die jährliche Leadership-Konferenz moderierte, auf der die rund einhundertfünfzig Führungskräfte im Workshop-Stil Ideen entwickeln, wie Lilly zum kundenfreundlichsten Pharmaunternehmen Deutschlands werden kann. Hierzu wurden bestimmte Grundsätze, wie Vertrauen und Augenhöhe definiert. Die zu eigenverantwortlichem und unternehmerischem Handeln führen sollen. Und dann hieß es probieren und experimentieren, überall. Die Entwicklung der Organisation passierte im Wesentlichen über selbststeuernde Teams, die sich Themenbereichen annahmen und diskutierten und probierten.

Beispiele solcher Themen sind, wie die neue Führung aussehen oder der Außendienst verändert werden muss. Mehr und mehr transformative Workshops fanden statt, aus denen sich neue Impulse ergaben. Gleichzeitig wurde das Rad nicht ganz neu erfunden. Lilly holte sich Anregungen von anderen Unternehmen mit ähnlichen Zielsetzungen (zum Beispiel die Drogeriemarktkette dm, Sparda Bank, der Wasch- und Reinigungsmittelhersteller Sonett). Lilly folgte dabei keinen agilen Prinzipien, nicht bewusst zumindest. Es ging im Kern um Freiheit und Verantwortung, was in Selbstorganisation verwirklicht wurde. Teams entschieden selbst, wie die beste Struktur aussieht. Dies kann führerlos oder auch mit zwei Teamleitern sein. Lilly agilisierte sich im Wesentlichen über den kreativen Einbezug möglichst vieler Mitarbeiter und Führungskräfte über Workshops und über Teams, die Themenbereiche voranbrachten.

Wird die Belegschaft eines Unternehmens zum ersten Mal mit dem Thema der digitalen Transformation konfrontiert, liegt zunächst einmal die Priorität auf dem Informieren. Die Bedeutung, die Informiertheit für agiles Arbeiten hat, kann kaum überschätzt werden, wie wir bereits in den Abschnitten zur agilen Führungskompetenz beschrieben haben.

Diese Priorität setzte sich beispielsweise ein weltweit führender Arzneimittelhersteller. Das Unternehmen erfuhr einigen Widerstand gegen die Pläne eines Wandels des Unternehmens, um die Chancen durch die Digitalisierung zu ergreifen. Es stellte sich heraus, dass der Widerstand überwiegend durch Unsicherheit gebildet wurde. Diese Unsicherheit begründete sich schlicht auf mangelndes Wissen darüber, welche Veränderungen die Digitalisierung für das Unternehmen bringen wird. Ein Mehr an Information führte dann auch dazu, dass das anfängliche Zögern durch ein generelles Interesse ersetzt wurde. Dies teilte uns ein HR-Manager im Bereich Digital des Unternehmens in einem Interview mit. Um ihre Mitarbeiter zu informieren, bot das Unternehmen eine Reihe an Lernwochen und Webinaren an, die generell über die Veränderungen durch die digitale Transformation informierten und Webinare, die konkreter aufzeigten, was die digitale Transformation für das eigene Unternehmen bedeuten. Weitere Webinare informierten über das digitale Mindset und auch ganz konkret über agile Arbeitsmethoden. Die Mitarbeiter wurden außerdem regelmäßig darüber informiert, was das Unternehmen selbst für Maßnahmen ergreift, um die digitale Transformation voranzutreiben.

Neben Information und Einbezug braucht es ein weiteres Element in den frühen Phasen der Transformation. Im Umgang mit Zweifeln und Widerstand im Unternehmen nennt der CDO (Chief Digital Officer) von MAN Trucks & Bus, Christian Kaiser, zwei zentrale Ansatzpunkte. Der eine ist das Involvieren der Mitarbeiter in Schlüsselprojekte von Beginn an. Der andere Punkt ist der Anspruch, dass der Mehrwert von Innovationen innerhalb kurzer Zeit in der alltäglichen Arbeit sichtbar wird.

Ein Agilisieren von Unternehmen scheint zumindest teilweise unabhängig von der Branche möglich. In der Regel ist es allerdings keine Aktion, die über Nacht gelingt.

Wie lange dauert es für Unternehmen, agil zu werden?

Wenn wir in das Silicon Valley blicken, sehen wir laut automotiveIT, dass es im Durchschnitt ungefähr drei bis fünf Jahre dauert, bis eine Transformation (transformieren von Technik, Struktur, Prozessen und Kultur) erreicht ist. BMW beispielsweise entschied 2016, auf 100 Prozent agil zu setzen. In 2017 hatten sie bereits die meisten Agilitätsziele übererfüllt und waren damit schneller als geplant erfolgreich. Bis aber wirklich alle Projekte umgestellt sind, wird es voraussichtlich noch bis 2020 dauern. Dann soll der Agilitätsanteil 90 bis 95 Prozent betragen. ING schaffte es in acht oder neun Monaten eine neue agile Struktur und Arbeitsweise in ihrem Headquarter mit immerhin dreitausendfünfhundert Mitarbeitern zu implementieren.

9.3 Was gilt besonders für große Organisationen?

In Abschnitt 3.2 haben wir uns mit dem Agilen Manifest und seiner Übertragung auf den Führungskontext beschäftigt. Seit das Agile Manifest veröffentlicht wurde, haben sich viele Unternehmen genauso damit auseinander gesetzt. In 2016 kamen in den USA eine Reihe von Mitgliedern einer Non-Profit-Organisation, dem SD Learning Consortium (SDLC) zusammen. Mitglieder sind Barclays, Cerner, CHRobinson, Ericsson, Fidelity Investments, Microsoft, Riot Games und Vistaprints. Diese recht einflussreiche Gruppe von Unternehmen traf sich, um zu diskutieren, wie sie das Agile Manifest in ihre Organisation einbauen können und um eine gemeinsame Bedeutung von Agilität für große Unternehmen zu entwickeln. Die gemeinsame Basis, die sie fanden, beschreibt das agile Mindset für ihre Firmen über vier Elemente. Diese sind:

1. Den Kunden begeistern (delighting customers),
2. Arbeit herunterbrechen (descaling work),
3. organisationsweite Agilität (enterprise-wide agility) und
4. das Pflegen der Kultur (nurturing culture).

Den Kunden begeistern bedeutet für SDLC nicht nur, dass der Kunde König ist, sondern dass sich die gesamte Organisation an den Bedürfnissen des Kunden ausrichten muss. Der Kunde ist der Chef.

Aktuell liest man häufig von Unternehmen, die von sich sagen, dass sie den Profitgedanken hintanstellen. Der kritische Leser glaubt hier natürlich kein Wort. Welches Unternehmen richtet sich nicht am Profit aus?

Was aber tatsächlich dahinter steckt ist das Prinzip, dass Erfolg und Gewinn sich schon einstellen werden, wenn man den Kunden begeistern kann. Diese Perspektive lohnt sich einzunehmen. Sein Verhalten darauf auszurichten für den Kunden einen echten Unterschied zu machen, gibt Mitarbeitern eine erfüllende Perspektive. Daran Geld zu verdienen, wird dann eher als eine Belohnung verstanden und motiviert zusätzlich.

Beim Herunterbrechen der Arbeit geht es darum, das große und komplexe Probleme in kleine Teilaufgaben zerlegt werden, die iterativ und in kurzen Zyklen von autonomen, funktionsübergreifenden Teams erledigt werden, die schnelles Feedback von Kunden und Endanwendern bekommen. Die Kapitel 3.1 und 3.2 führen das aus.

Das Pflegen der Kultur erfordert nach SDLC eine dauerhafte Verpflichtung, Unternehmergeist und unternehmerisches Handeln zu stärken. Wie genau sich Kultur und Werte in einer Organisation verändern müssen, lesen Sie in Kapitel 11.

Bevor wir auf den vierten und letzten Punkt – die organisationsweite Agilität – eingehen, schauen wir uns ein alternatives Modell an, mit dem ein Automobilhersteller eine ganzheitliche Transformation plante.

Ein Vice President bei einem Automobilhersteller teilt im Interview mit, wie bei der Transformation eines global aufgestellten Konzerns eine ganzheitliche Vorgehensweise gesichert wurde. Der Konzern entwickelte das Modell der 4Cs um sich den Herausforderungen zu stellen. Die vier C stehen für Core, Case, Company und Culture. Core – Kern, bezieht sich auf das Kerngeschäft, das gestärkt werden soll. Case – Fall, definiert die Felder neuer Produkte/Services, die der Konzern in Zukunft besetzen will. Company – Firma, beschäftigt sich mit der Frage einer neuen Organisationsstruktur. Der Konzern ist dabei, sich vom integrierten Konzern wieder in eine divisionale Struktur zu verändern, um der Veränderung am Kapitalmarkt und neuen Kundenbedürfnissen zu entsprechen. Culture umfasst die Veränderung der Führung und der Unternehmenskultur. Inzwischen gibt es auch ein fünftes C, das gleichzeitig als wichtigstes gehandelt wird: Customer – Kunde. Bis auf Core – die Stärkung des Kerngeschäftes, finden sich in diesem Vorgehen die Elemente agiler Transformationen großer Unternehmen, die SDLC definiert, wieder.

Kommen wir noch auf das letzte Element zu sprechen, das nach SDLC das agile Mindset für große Firmen ausmacht: die organisationsweite Agilität. Organisationsweite Agilität besagt nach SDLC, dass Unternehmergeist nur dann voll entstehen kann, wenn die gesamte Organisation mitzieht. Erwartet wird, dass Firmen nicht über eine Top-Down-Hierarchie arbeiten, sondern als interaktives Netzwerk.

Die Erfahrung zeigt hier, dass das konsequente Organisieren in fachüber-greifenden selbststeuernden Teams eher gelingt, wenn tatsächlich die ganze Organisation ihre Strukturen anpasst. Passiert dies nicht, ist ein Ende des Silodenkens schwer zu erreichen. Eine Bedingung dafür, Agilität in einzelnen Teams oder Bereichen der Organisation einzuführen, ist dies aber nicht. Den Wegen sind hier keine wirklichen Grenzen gesetzt. Optionen sind zum Beispiel das Arbeiten mit Piloten, eine Transformation in Phasen, eine schrittweise Transformation oder eine Graswurzelbewegung.

Zur Arbeit mit Piloten

Die agile Transformation mit vereinzelten Piloten zu starten oder zunächst Teilbereiche der Organisation zu transformieren, ist dabei auch kein Fehler. Die Erfahrung von McKinsey (Handscomb et al. 2018) warnt allerdings davor, dass agiles Arbeiten dadurch in der Firma unzureichend bekannt bleibt und auch der Nutzen der Transformation entsprechend gering bleibt.

Wird mit Piloten gearbeitet ist es daher relevant, den Rest der Organisation mitzunehmen, sei es zunächst über Transparenz und Information. Ein Pilot dient dem Ausprobieren eines Konzeptes, das für eine größere Population angedacht ist. ING Niederlande nahm sich beispielsweise zwei Monate Zeit, die Transformation des Unternehmens zu planen. Angesetzt wurde hier an einem Transformationskonzept für die gesamte Organisation. Parallel wurden einige Piloten gestartet, um die ersten Erfahrungen in das Design der neuen Organisation miteinzubeziehen.

Zur Transformation in Phasen

Zalando führte die agile Transformation erfolgreich in drei Hauptphasen durch, wie Eric Bowman, Vice President für Engineering bei Zalando in einem Interview mit McKinsey (von Cadieux/Heyn April 2018) berichtet. In der ersten Phase wendeten die Ingenieurteams agile Methoden in ihrer Arbeit an. In der zweiten Phase stellte sich das Technologieteam um. Die alte IT-Infrastruktur wurde aufgegeben und radikale Agilität eingeführt. Sinnzweck, Autonomie und Meisterschaft wurden zentraler Bestandteil. In der dritten Phase wurden die Ideen auf die ganze Organisation übertragen. Dies beinhielt das Verteilen von Technologieteams durch die ganze Organisation und die Einführung des Prinzips der Eigentümerschaft (Ownership), in der pro End-to-End-Prozess (die Arbeit eines Teams oder einer Gruppe von Teams) eine Person die Verantwortung übernimmt.

Zur schrittweisen Transformation

Die schrittweise Transformation ist dem Phasenansatz sehr ähnlich, nur erfolgt sie spontaner und eher unstrukturiert. In der Praxis ist dieser Ansatz häufig zu beobachten, so zum Beispiel bei Bosch, wie weiter unten aufgegriffen wird (Ribgy et al. 2018 im *Harvard Business Review*). Diese Art agiler Transformation ist selbst agil gestaltet, indem wenig vorab geplant, getestet und gelernt wird und das Vorgehen laufend angepasst wird. Gestartet wird dabei oft mit Teams oder Bereichen, bei denen agiles/ agileres Arbeiten besonders erfolgversprechend ist (siehe hierzu auch Abschnitt 9.3) oder sich leicht einrichten lässt. Die Erfolge werden für die Organisation sichtbar gemacht, Erfahrungen werden gesammelt und in der Transformation weiterer Bereiche angewendet. Da hier kein fester Zeitplan vorliegt, können die Organisationen maximal flexibel auf Reaktionen in der Organisation oder im Markt reagieren. Ein anderes Beispiel von Organisationen, die schrittweise vorgingen oder gehen ist die Softwarefirma SAP, wie ebenfalls im Harvard Business Review beschrieben. Die Firma startete mit der agilen Transformation der Software-Development-Einheiten, experimentierten hier und bildete ein kleines Beraterteam, das weiteren Bereichen bei der Transformation zur Seite stand. Nach zwei Jahren standen zweitausend agile Teams, 80 Prozent der Software-Development-Organisation. Als nächstes folgten Verkauf und Marketing, zuletzt dann das Backend, die interne IT-Abteilung.

Zur Graswurzelbewegung

Hier können wir wieder auf Siemens blicken. Die Umstellung eines klassischen Fabrikplanungsprojektes auf agiles Arbeiten in autonomen Teams, die auf Initiative der Führungskräfte relativ spontan geschah, entpuppte sich als Graswurzelbewegung. Der Ansatz selbststeuernder Teams verbreitet sich von selbst in der Fertigung und auch in anderen Bereichen entstanden mehr und mehr autonome Teams, ohne dass hier eine zentrale Steuerung notwendig war.

Steht am Ende immer 100 Prozent agil?

Eine organisationsweite Transformation muss nicht damit enden, dass die gesamte Organisation einer Struktur folgt. ING ist auch hier ein gutes Beispiel. Die niederländische Bank ING begann 2015, ihre traditionell aufgebaute Organisation in eine agile Organisation umzubauen, wie in einem Interview mit Bart Schlatmann, damaliger COO bei ING Niederlande und Peter Jacobs, CIO bei ING Niederlande, in McKinsey Quarterly (Februar 2017) beschrieben wird. Dabei wurde sich nicht auf die IT-Abteilung begrenzt, sondern Nägel mit Köpfen gemacht – die gesamte Organisation wurde umstrukturiert. Für die dreitausendfünfhundert Mitarbeiter des Group-Headquarters wurden die klassischen Abteilungen (zum Beispiel Produktmanagement und Marketing) aufgelöst. Spotify galt als Orientierung. Bänker und IT-Personal wurden in Squads organisiert und sitzen im gleichen Gebäude. Agile Arbeitsmethoden wurden hier kombiniert mit einer agilen Organisationsstruktur umgesetzt. Unterstützende Funktionen wie HR oder Finance sowie beispielsweise die Callcenter wurden nicht umstrukturiert. Agilität wurde dort anders umgesetzt. ING nahm sich hier ein Beispiel an Zappos und führte selbststeuernde Teams ein. Andere Bereiche nutzen agile Elemente wie tägliche Stand-up-Meetings.

Wenn nur Teile der Organisation in Form von agilen Teams agieren, während andere nur Facetten agiler Arbeitsweise annehmen oder auch unverändert bleiben, besteht die Gefahr, dass agile Teams, wie erwähnt, aus den Silos nicht vollständig ausbrechen können. Auch wenn agile Teams beginnen, an der Bürokratie anderer Bereiche zu verzweifeln, besteht auch hier Handlungsbedarf. Es müssen nicht alle Bereiche agil transformiert werden, aber es müssen Wege erarbeitet werden, wie eine Zusammenarbeit agiler und nicht agiler Bereiche für beide Seiten produktiv gestaltet werden kann.

Bosch, ein global führender Lieferant von Technologie und Dienstleistungen hat dieses Ziel mit seinen über vierhunderttausend Mitarbeitern darüber erreicht, dass alle Teams, agil und traditionell strukturierte, agile Werte leben. Darell Ribgy und Kollegen (2018) schildern die Transformation von Bosch im Harward Business Review. Bosch gilt als »Early Adopter« agiler Methoden. Jedoch wurden agile Arbeitsweisen und ihre Struktur zunächst nur in Bereichen eingeführt, wo neuere und aktuellere Geschäftsbereiche angesiedelt waren. Bosch nannte dieses Vorgehen das einer »dualen Organisation«. In 2015 wurde dann die Entscheidung getroffen, doch etwas mehr Einheitlichkeit in die Organisation zu bringen. Verschiedene agile Arbeitsmethoden wurden getestet und der firmenweite Fokus lag auf dem Beseitigen von Hürden, die agiles Arbeiten hindern. Heute arbeiten boschweit agile und nicht agile Teams Hand in Hand. Neben einer besseren Zusammenarbeit ist auch die Anpassungsgeschwindigkeit an Veränderungen im Markt gestiegen.

9.4 Die Essenz der agilen Organisation

Bei der agilen Transformation geht es im Endeffekt darum, das Unternehmen zukunftsfähig zu machen. Konkret geht es darum, trotz der digitalen Disruption, die der Markt verzeichnet, sich nicht von der durch die Digitalisierung ermöglichten Konkurrenz aus dem Markt drängen zu lassen. Eine agile Transformation zielt darauf, sich nicht nur schnell an neue Entwicklungen anzupassen, sondern die digitale Transformation aktiv mitzugestalten.

Große Organisationen haben dabei einen entscheidenden Nachteil gegenüber kleineren Start-ups: Sie sind weniger agil. Große Organisationen haben allerdings auch zwei Vorteile gegenüber Start-ups. Zum einen sind sie im Markt bereits etabliert, haben Kunden und Netzwerke. Zum anderen betrachten wir die Größe. Ein Start-up besteht anfänglich vielleicht aus zwei, drei Leuten, die eine gute Idee und unternehmerischen Verstand haben. Schauen Sie auf Ihre Organisation. Wie viele Mitarbeiter haben Sie? 200? Dann haben Sie das zweihundertfache Potenzial, Ideen zu generieren und diese unternehmerisch umzusetzen. Fünftausend? Hunderttausend? Der Schlüssel liegt darin, dieses Potenzial zu nutzen.

Die agile Transformation am Menschen ausrichten. Dies bedeutet auch, Ihre Mitarbeiter konsequent zu fördern. Wir haben uns im Zuge der Kompetenzen agiler Führung bereits mit der Wichtigkeit von Mitarbeiterförderung und -entwicklung auseinandergesetzt. Während Start-ups sich darauf fokussieren, die besten Talente zu finden und einzustellen, gilt es für Sie das Beste aus Ihren vorhandenen Mitarbeitern zu machen.

Sie dürfen aber nicht vergessen, dass die Voraussetzung, sich mit Ihrer Führung erfolgreich an den Mitarbeitern auszurichten, damit beginnen muss, die Bedürfnisse und Motive sowie die Potenziale Ihrer Mitarbeiter kennenzulernen. Die besten Antworten darauf, wie Sie Ihre Führung am Menschen ausrichten, können Ihnen die Menschen, an denen Sie sich ausrichten, geben: Ihre Mitarbeiter und Ihre Kollegen.

Was ist die Essenz, aus der sich Erfolg bildet?
Betrachten wir den Kern der agilen Organisation. Im Kern geht es nicht um das Agile Manifest oder Methoden wie Scrum. Im Kern geht es um Unternehmertum.

Angenommen Ihre Firma macht Ihnen ein Angebot: Sie werden vier Wochen lang von Ihrem Dienst freigestellt. In dieser Zeit haben Sie Zugriff auf alle Ressourcen und Mitarbeiter der Firma sowie das externe Netzwerk Ihrer Firma. Sie können machen, was Sie wollen. Die Bedingung: Sie schaffen einen Mehrwert für den existierenden oder möglichen neuen Kunden. Alternativ: Sie erreichen eine sofortige oder zukünftige Gewinnerhöhung für Ihre Firma.

Was würden Sie mit Ihrer Zeit anfangen? Was brauchen Sie? Wie würden Sie sich strukturieren?

Merken Sie, wie motivierend das Szenario wirkt? Schreiben Sie ruhig schnell die einen oder anderen Ideen runter. Wenn Sie dieses Szenario eher verunsichert, denken Sie an zwei Dinge. Zum einen: Sie haben Zugriff auf alle Ressourcen, damit auch auf Ideengeber in Ihrer Firma. Und wichtiger, zum anderen: Sie dürfen scheitern!

Warum dieses Gedankenspiel? Ein »grüne Wiese« Ansatz frei von Konzepten und Beispielen, richtet Ihren Blick wieder auf das Wesentliche: Wie können Sie maximal zum Unternehmenserfolg beitragen? Diese kleine Übung können Sie auch mit Ihrem Team machen. Vielleicht sogar bevor Sie mit Konzepten wie agilem Führen oder agilen Methoden auf Ihr Team zugehen. Letztere können Sie in einem zweiten Schritt hinzuziehen, als Anregung oder Orientierung.

Wenn Ihr Unternehmen in Zukunft weiter bestehen will, braucht es allen Unternehmergeist, den das Unternehmen aufbringen kann. Agile Führung hilft, dieses Potenzial sichtbar zu machen und auszuschöpfen, agile Methoden helfen, PS auf die Straße zu bringen.

Die Essenz der agilen Organisation

Das Herzstück der agilen Organisation ist Unternehmergeist: unternehmerisches Denken und Handeln, das sich am Kunden ausrichtet. Agilität ist die Methode, über die dies oftmals am besten erreicht werden kann.

Welche Menschen die agile Organisation braucht, bringt Frauke Polier, Senior Vice President für People & Organisation bei Zalando, im Geschäftsbericht der Firma von 2016, auf den Punkt. Es braucht eine Hands-on-Mentalität und einen starken Unternehmergeist. Wollen wir Unternehmertum in der Organisation fördern, brauchen wir vor allem drei Dinge:

1. Sinnzweck, erreicht durch eine Ausrichtung und Orientierung am Kunden.
2. Handlungs- und Entscheidungsfreiheit sowie die Möglichkeit zur Selbststeuerung.
3. Abbau von Bürokratie.

Auf die beiden ersten Punkte sind wir in vorherigen Abschnitten bereits immer wieder eingegangen und tun dies auch in den folgenden Abschnitten noch. An dieser Stelle wollen wir uns noch kurz damit auseinandersetzen, was es mit Bürokratie auf sich hat. Was hat es also mit Bürokratie auf sich? Was steckt dahinter?

Bürokratie meint Kontrolle und Dokumentation. Ein wesentlicher Aspekt in der Geschichte der Bürokratie ist jedoch ein anderer: Misstrauen. Man vertraute weder der Leistungsbereitschaft und -motivation der Mitarbeiter, noch ihrer Kompetenz. In 1960 veröffentlichte Mc Gregor seine mittlerweile sehr populäre Managementtheorie »X und Y«, die gut veranschaulicht, warum Organisationen solch tief greifende Kontrollstrukturen aufweisen. Mc Gregor propagiert zwei Menschenbilder. Theorie X besagt, dass Menschen grundsätzlich faul und unmotiviert sind, zu arbeiten. Theorie Y dagegen geht von Menschen aus, die von sich aus leistungsorientiert und motiviert sind. Menschen der Theorie X müssen kontrolliert und in hohem Maße von außen gesteuert werden, über Anreize und Sanktionen – das Menschenbild des Taylorismus. Bereits Mc Gregor sprach sich für Theorie Y aus. Diese Meinung setzte sich zumindest oberflächlich immer mehr durch.

Organisationen verharren jedoch noch immer in den alten Strukturen. Gründe dafür lesen Sie unter anderem in dem Abschnitt 2.1 »Wer bremst die Veränderung«. Aus den Herleitungen zur digitalen Transformation (Abschnitt 1.1) und zum Thema Agilität (Abschnitt 3.1) wissen Sie bereits, dass das meiste eigentlich nicht grundlegend neu ist.

In heutigen Führungsansätzen und -prinzipien finden wir so ziemlich alles was es braucht, hoch motivierte und selbstständige Mitarbeiter und Teams zu haben. Neu ist dies alles nicht. Auch der Nutzen von Maßnahmen wie dem Delegieren von ganzheitlichen Aufgaben, Ergebnisverantwortung und Selbststeuerung, im Sinne von Motivations- und Produktivitätssteigerung ist lange bekannt.

Warum sind wir dann nicht schon seit Jahrzehnten agil unterwegs?
Wäre ein mitarbeiterfreundliches und autonomieorientiertes Arbeiten denn überhaupt vor zwanzig, dreißig Jahren möglich und lohnenswert gewesen? Ja und nein. Erst Veränderungen in der Arbeitswelt (siehe Abschnitt 1.2), begleitet oder verursacht durch die digitale Transformation, haben maßgeblich dazu beigetragen, dass diese Art zu arbeiten nicht nur die Motivation steigert und die Produktivität erhöht, sondern geradezu zum Selbstläufer wird und Effizienzgewinne in bisher ungeahnter Höhe erreichen kann. Druck für Veränderungen wird auch durch das Eintreten neuer Generationen in die Arbeitswelt erhöht, die schlicht mehr Mitentscheidung und Mitgestaltung einfordern. Neu ist aber vor allem auch der ungeheure Zugzwang, dem sich Unternehmen ausgesetzt fühlen. Man ändert die Arbeitsweise, fokussiert mehr auf den Kunden, mobilisiert die Mitarbeiter und wird agiler, oder man geht im Markt unter. Es ist wohl dieser Druck, der die letzten Überbleibsel der Theorie X in Frage stellt und der Führungskräfte zum Sprung ins warme, flache Wasser bewegt.

10.
Die innere Logik
agiler Transformationen

●●●●●●●●●●●●●●●●●●●●●●●●●●

In diesem Kapitel konzentrieren wir uns auf Umsetzungswissen. Im ersten Abschnitt erfahren Sie, wie sich die drei erfolgsrelevanten Verhaltensweisen agiler Führungskräfte, die Sie sich im Abschnitt 3.4 bereits als Führungskraft zu eigen machen konnten, auf den Kontext der Organisation übertragen. Die darauffolgenden Abschnitte dienen zur konkreten Unterstützung Ihres Veränderungsvorhabens. Im zweiten und dritten Abschnitt geht es darum, das Veränderungsvorhaben zu reflektieren und zu konkretisieren. Wann empfehlen sich generell agile Arbeitsmethoden? Und wie finden Sie heraus, wie viel Agilität Sie wirklich brauchen? In den letzten beiden Abschnitten geht es dann um Veränderungsmanagement und was es bei agilen Transformationen speziell zu beachten gilt.

10.1 Von agil zu digitaler Geschäftsagilität

In vierten Kapitel haben wir die drei erfolgskritischen agilen Verhaltensweisen beschrieben, die aus der Forschung des Global Center for Digital Business Transformation und Erfahrungen der Business School IMD, hervorgegangen sind: Hyperbewusstsein, Informierte Entscheidungsfindung, Schnelles Handeln. Diese wurden gemeinsam mit metaBeratung in einer globalen Studie auf das Führungsverhalten bezogen und empirisch überprüft. Diese drei Pfeiler bilden das Fundament, von dem aus Führungskräfte die digitale Transformation mit ihrem Team/ihrem Unternehmen aktiv gestalten und leiten können.

Blicken wir von der Führungskraft, die agil führt, auf die Organisation, die sich als Unternehmen agil verhält, sprechen wir von digitaler Geschäftsagilität (Digital Business Agility). Dieses Konzept der digitalen Geschäftsagilität des Global Center for Digital Business Transformation, ist der Ursprung der drei Verhaltensweisen agiler Führungskräfte.

Was Sie also bereits im Kleinen anwenden, wenn Sie agil führen, gilt es, auf die Organisation auszuweiten. Über Hyperbewusstsein, Informierte Entscheidungsfindung und Schnelles Handeln können, dem Global Center for Digital Business Transformation zu Folge, bestehende Unternehmen neu auftauchende disruptive Wettbewerber mit ihren eigenen Methoden schlagen.

Wie sehen Hyperbewusstsein, Informierte Entscheidungsfindung und Schnelles Handeln im Kontext der Organisation aus? In dem bereits zitierten Buch *Digital Vortex*, wird das Modell vorgestellt und spezifiziert. Die drei Aspekte zusammengenommen gelten als digitale Geschäftsagilität, die es Firmen ermöglicht, digitaler Disruption entgegenzutreten und sie gewinnbringend zu nutzen. Blicken wir mit der Organisationsbrille nochmals auf die drei Dimensionen.

Hyperbewusstsein

Im Kontext der Organisation stellt sich Hyperbewusstsein über zwei Kategorien dar. Zum einen geht es um verhaltensbezogenes Bewusstsein, zum anderen um situationsbezogenes Bewusstsein.

Verhaltensbezogenes Bewusstsein bezieht sich erstens auf die Mitarbeiterschaft. Das Unternehmen muss ein tief greifendes Verständnis davon entwickeln, wie seine Mitarbeiter denken und handeln.

Wie auch in agiler Führung, kann das volle Potenzial der Mitarbeiter nur dann ausgeschöpft werden, wenn es identifiziert und aktiviert wird. In kleinen Start-ups weiß in der Regel jeder, was der andere denkt und welche Motive sie vorantreiben. Selbst wenn Start-ups sich vergrößern, ziehen sie oft eine ganz bestimmte Gruppe von Personen an. Bestehende Unternehmen haben in der Regel eine weitaus diversere Mitarbeiterschaft, angefangen beim Alter, über Ausbildungshintergründe bis zu Antreibern. Die Vielseitigkeit birgt Potenzial und einen möglichen Wettbewerbsvorteil gegenüber Start-ups, sie muss jedoch gezielt angesprochen und genutzt werden.

Verhaltensbezogenes Bewusstsein bezieht sich zweitens auf den Kunden. Genau wie in der agilen Führung, müssen Unternehmen ein klares und tief greifendes Verständnis von ihren Kunden entwickeln. Was tun unsere Kunden und warum? Was ist ihnen wichtig? Wo liegen mögliche Bedürfnisse?

Die zweite Kategorie von Hyperbewusstsein im Kontext der Organisation, das situationsbezogene Bewusstsein, bezieht sich erstens auf das Geschäftsumfeld und zweitens auf das Arbeitsumfeld. Auch hier geht es um die gleichen Elemente wie bei agiler Führung. Im Geschäftsumfeld gilt es, Veränderungen auf dem Markt zu beobachten. Hierzu gehören der Kundenstamm, Wettbewerber und Partnerunternehmen. Zum Arbeitsumfeld gehören Entwicklungen in Rohstoffpreisen und Standortbedingungen genauso wie im Bestand der Firma. Die niederländische Bank ING beispielsweise entschied sich für eine agile Transformation, obwohl sie rentabel im Markt positioniert ist. Anlass für die Veränderung war die Beobachtung, dass sich das Verhalten der Kunden durch neue digitale Verbreitungskanäle rasch ändert. Relevant war auch, dass sich Kundenerwartungen von digitalen Vorreitern anderer Industrien beeinflusst zeigten.

Informierte Entscheidungsfindung

Informierte Entscheidungsfindung bezieht sich im Kontext der Organisation auf zwei Kategorien. Zum einen ist dies inklusive (alles miteinbeziehende) Entscheiden und zum anderen (durch Daten) angereichertes Entscheiden.

Inklusive Entscheidungsfindung bedeutet erstens, unterschiedliche Perspektiven miteinzubeziehen, die in bestehenden Unternehmen in Fülle vorhanden sind. Zweitens gehört hierzu eine inklusive Kultur, die alle zur Beteiligung anregt. Ein Thema, das wir in den Kompetenzdimensionen »Bescheidenheit« und »Engagiertheit« abdecken.

Angereicherte Entscheidungsfindung bezieht sich auf die Verwendung von Daten. Hierunter fällt erstens, dass Analytik direkt in Arbeitsprozesse eingebaut wird, überall dort, wo Entscheidungen getroffen werden. Zweitens geht es darum, Entscheidungen anhand von Analytik – wo möglich – zu automatisieren.

Schnelles Handeln
Schnelles Handeln im Kontext der Organisation gliedert sich ebenfalls in zwei Kategorien: dynamische Ressourcen und dynamische Prozesse. Dynamische Ressourcen beziehen sich auf Mitarbeiter; die Fähigkeit, kompetente Mitarbeiter zu rekrutieren und flexibel einzusetzen, und sie beziehen sich auf Technologie; den Erwerb oder die Entwicklung und der flexible Einsatz von Technologie. Dynamische Prozesse umfassen das schnelle Ermöglichen und das schnelle Intervenieren. Das schnelle Ermöglichen bedeutet eine Flexibilität in der Organisation, die erlaubt, neue Leistungen und organisationale Fähigkeiten schnell einzuführen, um den Markt besser auszuschöpfen. Schnelles Intervenieren bedeutet schnelle Reaktionen auf sich auftuende Chancen, Optimierungsmöglichkeiten oder aufkommende Risiken. In der Kompetenzdimension »Anpassungsfähigkeit« wird aus Perspektive der Führungskraft aufgezeigt, wie dies erreicht werden kann.

Sie merken, dass konsequent angewendete agile Führung automatisch zu einem Aufbau von digitaler Geschäftsagilität führt. Agile Führung verändert die Arbeitsweise im Unternehmen, hin zu agilerem Arbeiten. Dies muss aber nicht das strikte Anwenden agiler Arbeitsmethoden wie Scrum bedeuten, sondern kann sich auf die einzelnen Elemente agileren Arbeitens beschränken. Die Frage, wann der Einsatz formeller agiler Arbeitsmethoden sinnvoll ist, betrachten wir im nächsten Abschnitt.

10.2 Wann empfehlen sich agile Arbeitsmethoden?

Agiles Arbeiten verspricht in vielen Fällen, die Produktivität zu erhöhen und ist in vielen Fällen eine notwendige Bedingung für die Zukunftsfähigkeit des Unternehmens. Doch nicht in allen Fällen. In der unten stehenden Tabelle finden Sie einen Überblick darüber, in welchen Bedingungen agiles Arbeiten mehr oder weniger von Vorteil ist. Dabei geht es nicht um agile Führung, sondern um agile Arbeitsmethoden wie Scrum oder Kanban.

Wann bieten sich agile Arbeitsmethoden an, wann nicht?

Der Markt		
	Agilität von Vorteil	**Agilität von Nachteil**
Geschwindigkeit der Entwicklung	Die Bedingungen des Marktes verändern sich, neue Konkurrenz entsteht, Disruption passiert oder ist zu erwarten.	Die Bedingungen des Marktes sind stabil und vorhersagbar. Disruptionen sind sehr unwahrscheinlich.

Der Kunde		
	Agilität von Vorteil	**Agilität von Nachteil**
Kundenbedürfnisse	Die Bedürfnisse der Kunden verändern sich und neue Bedarfe sind zu erwarten. Die Anforderungen der Kunden sind oft nicht von vornerein vollständig bekannt/ vorhersehbar.	Kundenbedürfnisse sind stabil und neue Bedürfnisse in Ihrem Feld unwahrscheinlich. Die Anforderungen der Kunden sind bekannt und stabil und können frühzeitig definiert werden.
Kundenbeziehung	Die (engere) Zusammenarbeit mit dem Kunden bietet eine Win-win-Situation, beide Seiten können profitieren. Die Kunden sind offen für eine engere Zusammenarbeit. Die Kunden haben die Möglichkeit, frühzeitig Feedback zu geben.	Beide Seiten profitieren nicht von einer (engeren) Zusammenarbeit. Die Kunden haben kein Interesse an einer engeren Zusammenarbeit. Den Kunden ist es nicht möglich, frühzeitig Feedback zu geben.

	Agilität von Vorteil	Agilität von Nachteil
Die Aufgabe	Problemstellungen sind komplex. Die Bearbeitung einer Aufgabe erfordert Kenntnisse aus verschiedenen Funktionen/ Fachbereichen.	Aufgaben sind einfach, klar strukturiert und können unabhängig voneinander bearbeitet werden. Aufgaben können in den jeweiligen Fachabteilungen/ Funktionen erledigt werden.
Standard/ Routine	Lösungen müssen erst gefunden werden. Es gibt regelmäßig neue Aufgaben/Problemstellungen. Die Methoden und Herangehensweisen sind noch nicht bekannt oder es gibt unterschiedliche Möglichkeiten. Unterschiedliche Denkweisen und Stile sind möglich und es besteht gegebenenfalls Uneinigkeit zum Vorgehen. Es können neue Technologien angewendet werden.	Lösungen sind bereits definiert. Die Arbeit ist zum Großteil routiniert und meist eine Reproduktion bereits etablierter Lösungen. Die Methoden und Herangehensweisen sind festgeschrieben. Alternative Denkweisen oder Stile können ausgeschlossen werden und es besteht Einigkeit darüber. Technologien können nicht angewendet werden.
Flexibilität	Die Lösungen können noch während und nach der Umsetzungsphase modifiziert werden. Lösungen können in Teillösungen heruntergebrochen und getestet werden. Feedback und Lernerfahrungen können im weiteren Vorgehen berücksichtigt werden.	Lösungen können während oder nach der Umsetzung nicht modifiziert werden (oder es wäre zu teuer). (Das Bauen einer Brücke zum Beispiel, wobei man so lange wie möglich computergestützt planen kann). Lösungen können nicht in Teillösungen heruntergebrochen und getestet werden. Optimierungen aufgrund von Feedback und Lernerfahrungen sind schwer möglich.
Innovations- potenzial	Innovationen sind möglich, notwendig oder förderlich.	Innovationen sind (nach bestem Wissen) nicht möglich und auch nicht notwendig.
Risiko	Die Folgen von Fehlern können überblickt und ausgeglichen werden.	Die Folgen von Fehlern sind schwer vorhersehbar und können verheerend sein.

Wichtig: Agil ist kein Alles-Oder-Nichts-Ansatz. Weder agile Führung noch agile Arbeitsmethoden! Es wird in der Literatur zwar immer wieder gefordert, die ganze Organisation müsste durch die Bank weg agil werden, um Agilität effektiv umsetzen zu können. Hier wird allerdings von einer günstigen Bedingung für agiles Arbeiten ausgegangen und davon, dass Agilität ihren maximalen Effekt auch entfalten kann. Die 100 Prozent agile Organisation ist dann das Ziel.

Diese Zielsetzung ist jedoch nicht immer sinnvoll, genauso wenig, wie das unreflektierte Befolgen des Agilen Manifestes. Schaffen Sie Ihre eigene Agilität – schreiben Sie Ihr eigenes Manifest, sowie viele Unternehmen es tun, nehmen Sie Agility à la Spotify als Beispiel.

Selbst wenn Ihr Umfeld weniger günstig für agile Herangehensweisen erscheint, prüfen Sie kritisch, welche Aspekte agilen Arbeitens Sie doch ausprobieren möchten. Ihren Führungsstil in Richtung agile Führung zu bewegen, ist immer möglich und unseren Erfahrungen nach, auch immer sinnvoll.

10.3 Wie viel Agilität brauchen Sie?

Hier ist ein einfacher Plan, der zur Orientierung dienen kann, wenn Sie überlegen, agilere Arbeitsweisen zu nutzen:

1. Was ist das Problem der aktuellen Arbeitsweise?
Ein guter Startpunkt ist zu überlegen (und beziehen Sie hier am besten direkt Ihre Mitarbeiter mit ein), welche Probleme denn überhaupt über eine neue/agile Herangehensweise gelöst werden sollen.

2. Welche Hindernisse hemmen die Leistung und den Erfolg?
Dann machen Sie sich auf die Ursachensuche. Was genau hemmt den möglichen Erfolg? Was hemmt die Leistung Ihrer Mitarbeiter und Teams?

3. Welche Stärken und Potenziale hat die bisherige Arbeitsweise?

Was läuft bereits sehr gut? Was sind die Dinge, an denen es sich lohnt, festzuhalten? Welche existierenden Ansätze sollten weiterentwickelt werden?

4. Unter welchen Umständen könnte viel mehr (und was eigentlich?) erreicht werden?

Was könnte agil erreicht werden, das Sie heute nicht oder nur unter großem Aufwand erreichen können? Hier geht es darum, den Blick für Chancen zu schärfen, anzufangen, in Möglichkeiten zu denken. Und wie könnte das gelingen? Werden Sie hier konkret. Lassen Sie die Teams erarbeiten, wo sie Potenziale sehen und in einem zweiten Schritt, wie diese verwirklicht werden können.

5. Wie sieht der ultimative Erfolg aus?

Hier wird eine Vision gebraucht (siehe den dritten Abschnitt des fünften Kapitels zu »Visionär sein«). Wo soll es hingehen? Was möchten Sie erreichen? Was ist Ihr Warum?«

6. Welche Kultur braucht es?

Wer wollen Sie sein, als Team, als Abteilung, als Organisation? Hier geht es um Kultur und Werte. Um das Wie.

7. Wie wollen Sie sich aufstellen?

Wenn die Kultur und die Werte stimmen, wird sich die Arbeitsweise Stück für Stück auch verändern, wenn dies nicht durch gegebene Strukturen und Regelungen verhindert wird. Natürlich kann man hier nachhelfen, indem man Aspekte wie Flexibilität, Zusammenarbeit und Kreativität gezielt durch Strukturen fördert. Hierzu gehört die Organisationsstruktur genauso wie Prozesse und Regelungen, aber auch Aspekte der Raumgestaltung.

Hier geht es darum, neue Strukturen organisch wachsen zu lassen. Teams zu empowern und zu beobachten und zu erfragen, welche Strukturen die Leistungserbringung optimal fördern würden.

Dies gilt auch für Arbeitsmethoden. Ermuntern Sie Ihre Mitarbeiter zu experimentieren. Zalando, Europas führende Modeplattform, hat hiermit beispielsweise einen echten Fortschritt erzielt, wie Eric Bowman, Oberentwickler bei Zalando, in einem Artikel in dem Onlinemagazin *brand eins* berichtet. Zalando hatte bis dato mit einer Programmiersprache (Python) gearbeitet, die die Geschwindigkeit verringerte, wenn viele Personen gleichzeitig auf einer Seite waren. Einzelne Teams experimentierten mit einer anderen Programmiersprache (Scala). Diese löste das Problem und höhere Geschwindigkeit konnte erzielt werden. Statt top down eine Entscheidung zu treffen und das Unternehmen auf die neue Programmiersprache umzustellen, sprach sich der Erfolg herum und mehr und mehr Teams entschieden sich für die neue Methode.

Agilität muss von oben vorgelebt werden, heißt es häufig. Dem ist aber nur teilweise zuzustimmen. Agilität kann sich wie ein Lauffeuer in einer Organisation verbreiten, wenn einzelne Teams positive Erfahrungen machen. Diese Erfahrung machen zurzeit viele Organisationen, BMW zum Beispiel. Die Führung darf hier aber nicht im Weg stehen und muss bereit sein, Strukturen, Regelungen und Normen – wo nötig – zu verändern.

Eine neue Struktur organisch wachsen zu lassen, erfordert viel Geduld und Reflexion. Auch hier ist es völlig in Ordnung, Risiken einzugehen, Dinge auszuprobieren und dann zu modifizieren. Halten Sie sich gedanklich in alle Richtungen hin offen. Selbst das Konzept selbstgesteuerter Teams ist nicht immer die Lösung. Selbststeuerung oder Selbstorganisation kann ebenfalls viele unterschiedliche Formen haben. Und lassen Sie sich Ihre Überlegungen nicht durch das Agile Manifest oder Silicon Valley einschränken. Holen Sie sich Inspiration bei anderen Firmen, aber denken und gestalten Sie selbst, zusammen mit Ihren Mitarbeitern.

10.4 Change Management für die agile Transformation

Einer Organisation Agilität einzuhauchen ist ein komplexes Unterfangen, das Ansatzpunkte auf verschiedenen Ebenen beinhaltet. Wir sprechen von Veränderungsmanagement. Klassisches Change Management arbeitet allerdings in der Regel mit einer Ist- und einer Sollsituation. Hieraus werden Ziele abgeleitet, die Anpassungen vorgenommen und überwacht, bis die Organisation dem definierten Zielbild entspricht. Ende der Geschichte. Zumindest bis neue Herausforderungen eine erneute Veränderung diktieren.

Es geht nicht um Veränderung, es geht um das Überleben natürlicher Selektion.

Wenn wir nun eine Organisation in eine agile Organisation verwandeln wollen, müssen wir anders vorgehen. Statt dass wir uns auf die Zielsituation oder -struktur fokussieren (diese kennen wir nicht!), betrachten wir die Organisation als lebenden Organismus, der dem Druck der Evolution, der Bedrohung natürlicher Selektion ausgesetzt ist und nun lernen muss, sich anzupassen.

Was also setzen wir uns als Ziel? Die Antwort ist simpel: anpassungsfähig zu werden. Alles, was eine Organisation tun muss, um zu überleben, ist sich anzupassen. Um darüber hinaus erfolgreich zu sein, ist eine weitere Komponente genauso relevant: Eine Organisation muss proaktiv sein. Und hier ist auch schon unsere Definition von Agilität. Agil zu sein heißt, anpassungsfähig und proaktiv zu sein und zu bleiben. Ständig nach Möglichkeiten Ausschau halten und sich an Herausforderungen anpassen, die die Umwelt/die Konkurrenz einem vor die Füße wirft oder die man sich selbst sucht, um voranzukommen.

Sechs Schritte, um die Organisation zu verändern

Eine erfolgreiche Veränderung braucht diese sechs Schritte.

1. Finden Sie Ihre Zweckbestimmung, das Warum und definieren Sie eine starke Vision. – Schauen Sie nach vorne mit Zuversicht.

   An dieser Stelle gilt es auch dafür zu sorgen, dass alle Führungskräfte der Organisation den Mehrwert der Veränderung sehen. Gelingt es nicht, die Führung von dem Mehrwert der Veränderung zu überzeugen, besteht ein hohes Risiko, dass die Veränderung an Widerständen scheitert. Christopher Handscomb von McKinsey und Kollegen (2018), beobachten ein solches Versäumnis als einen typischen Grund für das Scheitern agiler Transformationen.

2. Passen Sie die Strategie und das Belohnungssystem des Unternehmens an. – Setzen Sie die richtigen Prioritäten und bringen Sie Anstrengungen und Initiativen in Einklang.

3. Passen Sie Werte und die Kultur an, es braucht die richtige Mentalität, das Look-and-feel.

4. Verändern Sie die Führungskräfte, es braucht durchgehend agile Führung.

5. Beziehen Sie Mitarbeiter ein. Sie sind generell offen und neugierig. Nutzen Sie das disruptive Potenzial.

6. Bestimmen Sie notwendige Kompetenzen und bauen Sie sie auf, jeder muss wissen, was zu lernen ist und wie.

Drei häufige Fehler, die es zu vermeiden gilt

In Veränderungsprozessen, die ins Stocken geraten oder scheitern, begegnen uns am häufigsten diese drei Fehler:

1. Oben anfangen und aufhören.
2. Radikale Veränderung.
3. Unterschätzen des Kleinkrams.

Der erste häufige Fehler ist oben anzufangen und aufzuhören. Manche Führungskräfte glauben, eine klare Strategie und das Commitment der oberen Führungsebenen sei alles, was es braucht. Ein paar agile Köpfe an der Spitze. Diese Aspekte sind zweifelsfrei wichtig und machen Eindruck – effektive Veränderung wird dadurch allerdings nicht bewirkt. Diese Lösung führt wahrscheinlich zu den richtigen Ideen und einige Begeisterung im Unternehmen, aber der unveränderte Organismus der Organisation kann diese nicht verdauen und die erwarteten Resultate bleiben aus.

Der zweite Fehler – die radikale Veränderung – scheint im Zuge der digitalen Transformation noch populärer zu werden. Wenn eine Organisation zu einer agilen Arbeitsweise wechselt, passieren unzählige Veränderungen auf einmal. Um ein paar zu nennen: Die Struktur ändert sich, Produkte und Dienstleistungen werden angepasst oder ausgetauscht, neue Geschäftsbereiche und Märkte werden in Betracht gezogen.

Einige Führungskräfte sehen so viel Potenzial in der Zukunft und haben solch eine starke Vision von der Zukunft, dass ein im Wesentlichen komplett neuer Start als bester Ansatz erscheint. Bestehende Strukturen et cetera werden niedergerissen und neue gebaut. Solche Entscheidungen werden oft isoliert getroffen und dann wie eine Bombe auf die Organisation geworfen. Dies sieht zwar aus wie Disruption in ihrer Hochform, wir wissen aber, dass Veränderung schrittweise passieren muss, einbeziehend und ganzheitlich.

Das größte Problem ist jedoch das enorme Potenzial, das verschwendet wird, wenn die Geschichte und Evolution der Firma sowie bisherige Erfolge und Stärken ignoriert werden. Dabei sprechen wir nicht nur von der herabwürdigenden und ausgrenzenden Wirkung auf Mitarbeiter. Es geht auch um das Kapital und das Potenzial, dass auf diese Weise ungenutzt bleibt. Das radikale Ersetzen bestehender Strukturen schließt einen wertschätzenden und lernenden Ansatz aus. Radikale Veränderung ist nicht das Ziel. Ziel ist agil zu werden, anpassungsfähig und proaktiv im Verändern. Statt das

Alte zu ersetzen, kann es mobilisiert werden, um voranzukommen und sich selbst zu übertreffen. So wird Dynamik gewonnen.

Manchmal geht es dabei nur um die Art und Weise, wie etwas kommuniziert wird. Diese Erfahrung musste einer der größten Anbieter von Premium-Pkw machen, wie uns ein Vice President, der bei der Transformation des Unternehmens zentral beteiligt war, im Interview mitteilte. Als der Konzern die agile Transformation und mit ihr auch neue, agile Führungsprinzipien einführte, reagierten viele Führungskräfte mit Begeisterung für die Chance, endlich Dinge anders zu machen, während einige Führungskräfte sich zurückzogen. Diesen Führungskräften ging es nicht darum, das neue Führungskonzept abzulehnen. Aber sie erlebten die ganze Aktion als kränkend, da sie davon ausgingen, schon recht agil unterwegs zu sein. Eine Reaktion, die man wahrscheinlich hätte vermeiden können, hätte man in der Kommunikation betont, dass man die alte Führung nicht mit einer neuen ersetzt, sondern auf vorhandenen Ansätzen und Führungskompetenzen aufbaut und diese weiterentwickelt.

Es überrascht vielleicht, dass der dritte folgenreiche Fehler »Kleinkram« betrifft. In diese Kategorie fallen Veränderungen, die viele betreffen, aber beim Blick auf das Ganze weniger wichtig erscheinen. Beispiele sind das Abflachen der Hierarchie, welches für einige Führungskräfte keine oder eine geringere Führungsspanne bedeutet. Die Verkürzung von Genehmigungsketten, welches für manche einen Kontrollverlust darstellt. Das Empowerment von Teams, ein Machtverlust der Führung. Solche Veränderungen passieren nur dann ohne Kollateralschaden, wenn die Führungskräfte miteinbezogen werden und zusammen motivierende Alternativen zu Status und Macht gefunden werden.

Eine andere Kleinkramveränderung ist der Umzug von Einzelbüros in ein Großraumdesign. Gerade hier wird der enorme Effekt leicht übersehen. Das Öffnen von Arbeitsbereichen ist ein so tolles Symbol für eine fluide, offene und transparente Arbeitsweise. Der Prozess bietet zudem sehr gute Möglichkeiten zum motivierenden Einbezug der Mitarbeiterinnen und Mitarbeiter. Leider verpassen die meisten Unternehmen die Chance, eine symbolische Veränderung wie diese in den Veränderungsprozess sinnvoll zu integrieren. Hier achtsam zu handeln hilft, Energie zu mobilisieren und Commitment zu gewinnen.

Erinnern Sie sich an das Beispiel der BMW-Group-IT in Abschnitt 9.2? Vom Großraum zu keinem festen Schreibtisch mehr? Auf den ersten Blick mag dies flexibler erscheinen, da Mitarbeiter nicht mehr an ihren Schreibtisch gebunden sind, sondern projektbezogen wählen, wo sie sitzen. Für manche Mitarbeiter nimmt dies jedoch einen merklichen Anteil an ihrem Zuge-hörigkeitsgefühl zum Unternehmen weg. Private Fotos verschwinden vom Schreibtisch. Man hat keinen eigenen Platz mehr. Flexibel, ja. Aber auch anonym. Wieso deuten wir das heraus? Wir möchten Sie sensibilisieren, zu erkennen, was welche Veränderungen bedeuten und Sie ermutigen, nicht einfach Trends zu folgen, sondern kreativ zu sein und mit Ihren Mitarbei-tern zusammen neue Wege zu finden, zu testen und wenn nötig zu modi-fizieren.

Sich der Herausforderung einer Veränderung zu stellen, ist nicht einfach. Aber auch nicht neu, wie eine leitende Angestellte im HR-Bereich eines internationales Versicherungskonzerns im Interview auf den Punkt bringt: »Ich glaube, dass Veränderung normal ist – immer. Es gibt keinen anderen Zustand. Veränderung passiert ständig, mal ist sie größer, mal kleiner.« Man muss nur genau hinsehen, um zu erkennen, dass es Stillstand nicht gibt.

Digitale Transformation ruft nun nach einem anderen Umgang mit Verän-derung. Wir müssen der Organisation beibringen, agil zu sein. Nicht mehr und nicht weniger. Und dies ist die gute Nachricht. Wir brauchen keinen perfekten Plan und wir müssen nicht alle Antworten haben.

10.5 Wer spielt heute eine Rolle?

Unter Beratern, die sich als Spezialisten für die agile Transformation von Organisationen erklärt haben, ist der Konsens: Der reine Top-Down-Ansatz funktioniert für heutige Veränderungen weniger denn je und widerspricht den Prinzipien agiler Führung. Ganz so schwarz-weiß gestaltet sich die Realität allerdings nicht. Top-Down-Ansätze haben Vorteile. Sie sind besser steuerbar und beziehen direkt die Entscheider mit ein. Unter bestimmten Umständen kann der Top-Down-Ansatz auch in agilen Transformationen funktionieren. Sogar sehr gut. Im Rahmen der Recherche für dieses Buch sprach unsere Marktexpertin, Nicole Neubauer, beispielsweise mit einem globalen Konzern, der seine Transformation top down einsteuerte. Auf diese Weise konnte innerhalb kürzester Zeit, tatsächlich innerhalb nur weniger Monate, die Organisation weltweit umgestaltet werden. Die Akzeptanz bei den Mitarbeitern förderte der Konzern über zahlreiche interaktive Veranstaltungen, auf denen Mitarbeiter und Führungskräfte involviert wurden.

Eine Frage, die bei Top-Down-Ansätzen aufkommt, ist häufig die der Glaubwürdigkeit der Idee selbst. Mitarbeiter zweifeln daran, wie realitätsnah und umsetzbar die Pläne sind. Vielleicht noch wichtiger ist der Aspekt, dass ein Top-Down-Konzept schnell befremdlich wirkt – passt das zu uns? Baut das auf dem auf, wofür wir stehen und worin wir gut sind? Hier hilft es, wenn ein Unternehmen so viel wie möglich an Stimmen der Mitarbeiter anknüpfen kann. Ein weiterer unserer Interviewpartner, ein Unternehmen aus der Versicherungsbranche, schilderte beispielsweise, dass in Mitarbeiter-Engagement-Befragungen herauskam, dass Mitarbeiter das Unternehmen für zu langsam und zu bürokratisch halten. Ein solches Ergebnis kann die Unternehmensleitung gut aufgreifen – die Meinung der Mitarbeiter wurde gehört und es wurde darauf reagiert. Auch eine starke, inspirierende Vision erleichtert es, Akzeptanz zu gewinnen. Einbezug aller Ebenen der Organisation auf verschiedene Weise ist allerdings bei Top-Down-Ansätzen umso wichtiger.

Wo, mit welchen Personen und auf welcher Ebene gilt es also, in der agilen Transformation am besten anzusetzen?

Laut einer Studie von Accenture, betrachten einige Unternehmen die Abteilungsleiter als die wichtigsten Akteure in der Veränderung. Die gelten als Bindeglied und Vermittler zwischen »Oben und Unten«. Natürlich muss die Spitze des Unternehmens mitziehen beziehungsweise die Richtung anzeigen und sich ihr verpflichten. Die Teamleiter braucht es auch. Gerade die, sollte man meinen, da es die Führungskräfte der ersten Ebene sind, die Verantwortung für den überwiegenden Anteil an Mitarbeitern im Unternehmen haben. Oh, und dann sind da ja noch die Mitarbeiter, die die Veränderung und ihre Konsequenzen tragen.

Die Antwort auf die Frage, welche Personen in die Veränderung miteinbezogen werden müssen, kann also einfach beantwortet werden: Alle. Die Führungskräfte spielen dabei nach wie vor eine entscheidende Rolle, da sie es sind, die notwendige Veränderungen in Regulationen, Strukturen und Prozessen durchsetzen können. Dies gilt zumindest für alle Organisationen, die noch überwiegend hierarchisch agieren und wenig Selbststeuerung erlauben. In einem *Forbes*-Artikel von 2018 stellt Steve Denning, ein bekannter Autor im Feld der Managementliteratur und Unternehmensberater, heraus, dass Veränderung in großen Unternehmen typischerweise in der Mitte oder etwas darüber beginnt. Es sind also die Abteilungs- und Bereichsleiter, die hier häufig aktiv werden. Nach Denning verläuft die Veränderung meist folgendermaßen. Die Veränderung beginnt in der Regel mit einer Person, die von der Veränderungsnotwendigkeit überzeugt ist und leidenschaftlich eine neue Idee vertritt. Die größte Chance, einen Flächenbrand zu entfachen, hat das mittlere Management, so wird die Initiative nicht als Top-Down-Diktat abgetan aber es besteht genügend Einfluss. Diese mittlere Führungskraft begeistert andere von der Idee und formt eine Gruppe, die gemeinsam an dem neuen Ziel arbeitet. Bedingung ist schließlich, das Top-Management von der Idee zu überzeugen.

Während Mitarbeiter generell einbezogen werden sollten, geschieht der Einbezug jedoch auf unterschiedliche Art und Weise und in unterschiedlichem Maße. Ein kleines Start-up-Unternehmen kann hier sicherlich anders agieren als ein mittelständiges oder großes Unternehmen. In letzteren müssen Schwerpunkte gesetzt werden. Wir kommen daher zurück zu der Frage, wer einbezogen werden muss, nur formulieren wir es anders: Der Einbezug von welchen Personen wird die größte Hebelwirkung für das Veränderungsvorhaben bedeuten?

Um herauszufinden, wer die eigentlichen Treiber der Veränderung sind, können wir uns erst mal von dem Hierarchiedenken befreien. Wer Akteur und Teil eines solchen Veränderungsteams ist, sollte motivations- und kompetenzbasiert entschieden werden. Nur durch Personen, die wollen und können, kann ein Flächenbrand ausgelöst werden.

Neben der Motivation und Kompetenz sind der Stand im Unternehmen, die Reputation und das Netzwerk relevant. Beides beeinflusst die Hebelwirkung.

Idealerweise sind die Mitarbeiter involviert, die im Unternehmen angesehen sind. Wenn wir von einem Veränderungsvorhaben erfahren, reagieren wir eigentlich immer mit – mal mehr und mal weniger – anfänglicher Skepsis. Wenn wir dann erfahren, wer Mitglied des Kernteams ist, wächst oder reduziert sich unsere Skepsis.

Wachsende Skepsis kann man in der Regel bei folgenden Besetzungen beobachten:

- externe Berater (die kommen mit Schablonen und wollen uns etwas aufdrücken),
- (nur) Neuzugänge (die kommen mit unreifen Ideen und haben keine Ahnung von unserem Geschäft),

- (nur) Top-Management (hier geht es um Shareholder Value beziehungsweise Kostensparen),
- Low-Performer (der bringt in der Abteilung nicht die erwartete Leistung, kann also gut entbehrt werden),
- Mitarbeiter vom Abstellgleis (der hatte sich doch erst erfolglos auf den Chefposten beworben und das Projekt soll sein Ego wieder stärken).
- die gleiche Besetzung wie bei der letzten (erfolglosen oder unpopulären) Veränderungsinitiative.

Ein Beispiel: Ein mittelständisches Traditionsunternehmen will ab sofort nur noch die innovativsten und kreativsten Köpfe der Branche einstellen, um in der neuen Welt der Digitalisierung mithalten zu können. So weit, so schlecht. Denn was passiert, ist Folgendes: Frisches Blut kommt ins System, aber der Körper ist immer noch der alte. Die jungen Wilden werden einstellt, um Dinge zu verändern. Doch sobald alte Zöpfe, Strukturen und geliebte Prozesse angefasst werden, gibt es internen Widerstand. Neben einem Mangel an Glaubwürdigkeit ist fehlende Wertschätzung hier ein Thema. In den Kapiteln 9 und 10 gehen wir näher darauf und auf das Thema Veränderungsmanagement ein.

Ein Rückgang der Skepsis kann man dagegen in der Regel bei folgenden Besetzungen beobachten:

- kompetente Change-Agents (die wissen wenigstens, wie ein Veränderungsvorhaben umzusetzen ist),
- »disruptive« Talente (Rebellen, Innovatoren; die kommen mit kreativen Ideen und kennen unser Geschäft; Querdenken ist erlaubt),
- agile Führungskräfte (hier geht es um Shareholder Value beziehungsweise Kostensparen),
- High-Performer und Potenzialträger (die wissen, worauf es ankommt und arbeiten erfolgreich, die Firma muss wirklich hinter der Veränderung stehen, wenn sie ihre besten Leute in das Projektteam steckt),
- populäre Mitarbeiter (kenn ich, mag ich, das wird passen).

Ein Beispiel dafür, wie der Einsatz von sehr erfolgreichen Mitarbeitern eine Transformation beflügeln kann, schildert ein HR-Manager im Bereich Digital eines weltweit führenden Arzneimittelherstellers, Forschungskonzerns und Anbieters von Gesundheitsprodukten in einem Interview. Der Konzern hat das Thema Digitalisierung und ihre Chancen für das Geschäft zwar schon länger auf der Agenda, richtig in Fahrt kamen die Transformationsbemühungen hier aber erst dann, als einige der unternehmensweit erfolgreichsten Manager in Schlüsselpositionen im Bereich Digital geholt wurden.

Beim Blick auf das gesamte Kernteam steigt die Glaubwürdigkeit des Vorhabens und das Vertrauen auf die neue Richtung bei folgenden Gruppenmerkmalen:

- Diversität (hierzu gehören zum Beispiel Unterschiede im Alter, in der Dauer der Unternehmenszugehörigkeit und in der Hierarchieebene; jeder fühlt sich repräsentiert; »Einer von uns«).
- Funktionsübergreifende/unternehmensübergreifende Zusammensetzung (alle Interessen werden berücksichtigt, zum Beispiel die Sicht des Kunden, Trends in der Branche, die verschiedenen Perspektiven wie die der Produktion und des Verkaufs).
- Vorbildfunktion (die Ausgewählten zeigen schon heute die in Zukunft gewünschte Arbeitsweise).
- Die Glaubwürdigkeit wird vermutlich am stärksten dadurch begünstigt, wenn bereits erfolgreich pilotiert wurde und die relevanten Einflussnehmer aus dem erfolgreichen Piloten an Bord sind.
- Spezifisch für die digitale Transformation sollten folgende Merkmale bei der Auswahl von Personen für das Kernteam beachtet werden: technische Kompetenz (betreffend den neuen digitalen Möglichkeiten); methodische Kompetenz (betreffend agilen Arbeitens, beispielsweise Scrum); Talente mit Disruptionspotenzial.

- Da es um die Bildung von Agilität im Unternehmen geht, werden idealerweise Führungskräfte für das Vorhaben rekrutiert, die bereits agil führen.
- Im Sinne des Hierarchieabbaus, sollten unbedingt Personen von verschiedenen hierarchischen Ebenen, inklusive jemand aus dem Top-Management und Mitarbeiter ohne Führungsfunktion, beteiligt sein.
- Die Kundenperspektive, idealerweise vertreten durch tatsächliche Kunden oder die Schnittstelle im Unternehmen, die am nächsten am Kunden ist.

Was Sie im achten und neunten Kapiteln gelernt haben, wenden wir im folgenden Kapitel auf das zentrale Thema der agilen Transformation an: den Kulturwandel in einem Unternehmen.

11.
Wie verändern sich Kultur und Werte?

● ●

Wenn wir von der Kultur eines Unternehmens sprechen, reden wir von kulturellen Wertmustern, die sich in einer Organisation etabliert haben. Werte im Unternehmen bilden einen Teil der Kultur, genauso wie das Mindset (Denkhaltungen). Edgar Schein, der Wegweiser in der Forschung zum Thema Organisationskultur stellt heraus, dass eine Kultur auf einem Muster von Grundannahmen beruht, die die Organisation erlernt hat. Dabei geht es um das Wie in der Organisation. Wie arbeitet man zusammen? Wie verfolgt man Ziele? Was ist dabei wichtig? Es geht um das Denken, Handeln und Fühlen.

Viele Führungskräfte lassen sich schnell von dem Kulturbegriff abschrecken, da sie ihn als etwas Unternehmensfernes wahrnehmen. Andere nutzen ihn gerne als Entschuldigung (»so ist eben unsere Unternehmenskultur«). Beides ist wenig hilfreich. Kultur, so wenig direkt greifbar sie ist, da sie sich überwiegend als informeller und nicht dokumentierter Rahmen des Handelns darstellt, kann gebildet und beeinflusst werden. In erster Linie beeinflussen Sie als Führender die Kultur in Ihrem Team, Ihrer Abteilung, Ihrem Bereich oder Unternehmen. Hier heißt es also nicht, den Kopf in den Sand zu stecken, sondern zu handeln und zu gestalten.

Um hier Ihren Erfolg zu unterstützen, erfahren Sie, wie Sie Ihre eigene agile Kultur finden können. Eine Orientierung bietet eine zusammenfassende Betrachtung der typischen agilen Organisationskultur. Doch in diesem Buch gehen wir noch einen Schritt weiter und zeigen auf, wie man einen solchen Kulturwandel konkret und nachhaltig gestalten kann.

Wie wichtig Kultur im Rahmen der Digitalisierung ist, zeigt eine Umfrage von McKinsey (McKinsey Digital Survey 2016), aus der kulturelle und verhaltensbezogene Herausforderungen als größte Herausforderung hervorgehen, wenn es darum geht, die Digitalisierung eines Unternehmens voranzutreiben. Kultur war schon immer ein relevanter Aspekt, wenn es um organisationale Veränderungen ging. Die Bedeutung wird nur mal mehr und mal weniger in den Vordergrund gerückt. Die Durchsicht von populärer

Literatur zur agilen Transformation zeigt, dass Kultur hier einen weitaus höheren Stellenwert zugewiesen bekommt. So zeigt auch eine aktuelle Erfahrung von McKinsey (Handscomb et al. 2018), dass eine agile Transformation scheitern kann, wenn Kultur nicht als wichtigster Erfolgsbaustein wahrgenommen wird.

Wenn Kultur sich mit der Frage nach dem Wie befasst, dann sollten Sie sich fragen, wie Sie Agilität erreichen und leben?

Ähnlich wie auch bei der Frage, wie viel Agilität Ihre Arbeit braucht, gilt es auch hier nicht blind einer agilen Sollkultur zu folgen, sondern kritisch zu prüfen, welche kulturellen Veränderungen Sie wirklich brauchen beziehungsweise welche kulturellen Änderungen Ihnen zu einem Marktvorteil werden können. Setzen Sie daher an dem an, was Sie bereits haben.

11.1 Wie sieht Ihre eigene (agile) Kultur aus?

Ähnlich wie in Abschnitt 10.3 *Wie viel Agilität brauchen Sie?*, können auch hier ein paar einfache Fragen als Hilfestellung dienen.

1. Was ist unsere Kultur?
Um herauszuarbeiten (am besten gemeinsam mit Ihren Mitarbeitern), welche Aspekte in der heutigen Kultur Ihres Bereiches die Erreichung der neuen Vision hindern, müssen Sie zunächst mal verbalisieren, welche Kultur Sie überhaupt haben. Hilfreiche Fragen sind:

- Was ist typisch für uns?
- Wofür steht unser Unternehmen?
- Wie beschreibt ihr anderen, wie es ist, bei unserem Unternehmen zu arbeiten?
- An welchen Werten orientieren wir uns?
- Welche ungeschriebenen Regeln bestehen?

- Was waren die ersten Eindrücke nach Eintritt in die Organisation?
- Warum haben sich Ihre Mitarbeiter für das Unternehmen entschieden?
- Mitarbeiter, die zuvor in anderen Unternehmen gearbeitet haben, können beisteuern, was sich hier anders anfühlt.

Beispiele für Attribute von Unternehmenskulturen: Wettbewerbsorientierung, Ellbogenmentalität, Prozessorientierung, mikropolitisch, konsensgetrieben, risikoscheu, profitgetrieben, Inklusion und Diversität, Silodenken, Kundenorientierung, Produktorientierung, mitarbeiter- oder leistungsorientiert.

Ein guter Weg, der eigenen Kultur auf die Schliche zu kommen, ist das Storytelling (für Interessierte: Marshall Ganz, Professor der Havard Universität, beschäftigt sich mit der Wirkung des Storytelling). Hier wird die Kultur des Unternehmens über aussagekräftige Geschichten deutlich. Dazu gehört die Geschichte des Unternehmens, gerade in traditionsreichen Firmen, die Wert auf ihre Geschichte legen (meist findet man hier auch ein kleineres oder größeres Firmenmuseum oder Statuen).

Der Blick muss aber nicht immer in die Vergangenheit gerichtet werden. Storys können auch aus dem Hier und Jetzt stammen. Beispiele für Storys sind: Was habe ich, seit ich hier arbeite, über Zusammenarbeit gelernt? Wann wurde mir klar, was bei meiner Arbeit besonders wichtig ist?

Interessant ist es auch immer, die Außenperspektive auf die Kultur miteinzubeziehen. Was sagen die Kunden über uns? Was die Lieferanten?

2. Welche kulturellen Hindernisse hemmen Leistung, Erfolg, Motivation oder Veränderung?
Wenn Sie ein gutes Bild von Ihrer Kultur haben, reflektieren Sie sie kritisch. Wann hat ein Merkmal der Kultur einen negativen Effekt auf die Leistung gehabt? Was in unserer Kultur hindert uns daran, uns kontinuierlich zu verbessern?

Fokussieren Sie sich auf die Kultur in Ihrem Einflussbereich. Die Kultur Ihres Unternehmens ist ein guter Startpunkt, jedoch sollten Sie spezifizieren, wie die Kultur in Ihrem Team/Ihrer Abteilung/Ihrem Bereich aussieht.

3. Was schätzen Sie an Ihrer Kultur? Was sind die Herausstellungsmerkmale?

Es geht an dieser Stelle nicht nur um das Wertschätzen des Bisherigen, sondern auch darum, herauszuarbeiten, was Ihre kulturellen Herausstellungsmerkmale sind und wie diese Ihre zukünftige Entwicklung unterstützen können. Welche kulturellen Aspekte tragen zu Ihrem heutigen Erfolg bei? Welche Ihrer kulturellen Merkmale haben das Potenzial, Ihr Unternehmen in Zukunft noch erfolgreicher zu machen?

Um spezifischer zu werden, nehmen Sie hier die drei kritischen Verhaltensweisen für agile Führung und agile Organisationen als Beispiel:

- Was fördert und was hindert Hyperbewusstsein in unserer Firma?
- Wie stehen wir bei der informierten Entscheidungsfindung (Analysieren wir eher über und vermeiden Risiken oder verlassen wir uns zu sehr auf Intuition und treffen Entscheidungen leichtfertig ohne uns tiefgründiger zu informieren?)
- Was fördert und was hindert Schnelles Handeln in unserer Firma?

4. Durch welche neuen kulturellen Merkmale könnte in Zukunft noch mehr erreicht werden?

Hier beginnen Sie herauszuarbeiten, wie eine ideale Kultur für Ihren Bereich aussehen könnte. Nutzen Sie die Merkmale der agilen Unternehmenskultur aus diesem Kapitel als Anregungen und werten und priorisieren Sie gemeinsam mit Ihrem Team, was Agilität voranbringen kann und zu Ihnen passt.

5. Was wäre Ihre agile Wunschkultur?

Angenommen, Ihr Bereich ist über Nacht agil geworden. Welche Kultur ist spürbar?

> **Kulturveränderung bitte ohne Schablone!**
> Bitte vermeiden Sie den Fehler, eine Sollkultur allein entlang agiler Werte zu definieren. Vermeiden Sie den Irrtum, in einem kulturellen Vakuum zu leben. In Ihrem Bereich besteht bereits eine Kultur, der Sie die bisherigen Erfolge zu verdanken haben. Eine Kultur, die durch alle Mitarbeiter des Unternehmens, das Umfeld und die Kunden geformt wurde. Entwickeln Sie diese Kultur weiter, setzen Sie das Potenzial Ihrer Kultur auf dem Weg zur Agilität frei. Kreieren Sie *Ihre* agile Unternehmenskultur.

11.2 An welchen Merkmalen können Sie sich orientieren?

In den Abschnitten zu den Kompetenzdimensionen agiler Führung im fünften Kapitel ist bereits aufgeführt, welche Kultur beziehungsweise welche kulturellen Merkmale eine agile Organisation ermöglichen und fördern. Dies gilt sowohl für die 100 Prozent agile Organisation, als auch für Organisationen, die andere neue Modelle suchen, die Aspekte der Agilität einbauen. Die genannten kulturellen Merkmale, die agile Führung anstrebt, sind:

Fehlerkultur
- Eingehen des Risikos zu Scheitern
- Lernen aus Fehlern

Feedbackkultur
- Feedback als Wertschätzung
- Transparenz
- Feedback dient dem Wachstum (siehe Kompetenzdimension »Bescheidenheit«)

Die lernende Organisation
- Offenheit für Neues
- Flexible Strukturen und Rollen
- Kontinuierliche Verbesserung (siehe Kompetenzdimension »Anpassungsfähigkeit«)

Identität, Sinnzweck, die Warum-getriebene Organisation
- Wissen, was die zugrunde liegende Motivation ist – warum tun wir, was wir tun? Eine starke Mission
- Think big – eine starke Vision (siehe Kompetenzdimension »Visionär sein«)

Ein Miteinander, Kooperation und Win-win
- Austausch von Ideen
- Funktionsübergreifendes Einbringen in die Problemlösung
- Zusammenarbeit mit dem Kunden

Interaktion in Netzwerken statt hierarchische Hürden
- Jeder hat eine Stimme
- Netzwerken innerhalb und außerhalb der Organisation

Service- und Kundenorientierung
- Die Ziele werden an den Bedürfnissen der Kunden ausgerichtet
- Das Maß für Erfolg ist die Zufriedenheit der Kunden (siehe Kompetenzdimension »Engagiertheit«)

Die anschließende Grafik zeigt, in welchem Rahmen die agile Unternehmenskultur sich bewegt und was sie im Kern ausmacht.

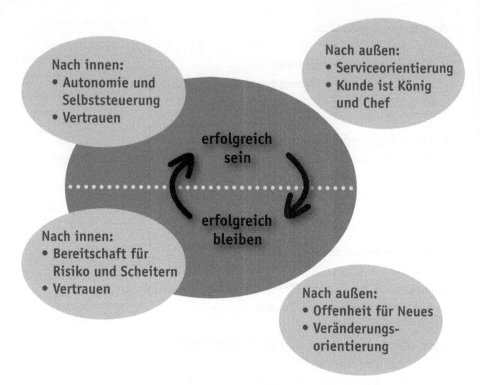

Abbildung 7: Die Grundelemente einer agilen Unternehmenskultur

Die agile Unternehmenskultur gestaltet sich individuell, je nach bestehender Firmenkultur und Gegebenheiten des Marktes sowie die Kultur des Kunden. Neben den oben genannten Grundelementen einer agilen Unternehmenskultur, lassen sich auch die Grundwerte in einem Manifest für die agile Organisationskultur formulieren.

Das Manifest für agile Organisationskultur

Vier Werte bilden das Manifest einer agilen Organisationskultur:
- Selbststeuerung über Führung,
- flexible Vernetzung über feste Strukturen,
- Kultur über Strategie und
- Aktion und Interaktion über Dokumentation.

11.3 Wie schaffen Sie die kulturelle Veränderung?

Um eine Kultur erfolgreich zu verändern, müssen drei Perspektiven beachtet werden:
1. Lebe ich als Führungskraft die Kultur?
2. Passt das Umfeld zu der Kultur und verstärkt es diese?
3. Weiß jeder wie und warum er die Kultur leben kann und soll?

Lebe ich als Führungskraft die Kultur (vor)?
Zuerst einmal geht es um Sie: Die Kultur eines Bereiches wird maßgeblich von der Führungskraft beeinflusst. Dabei zählt Ihr Führungsstil, aber auch Ihre Persönlichkeit (siehe Abschnitt 7.4), Ihre Motive (siehe Abschnitt 7.5) und Ihre »dunkle Seite« (siehe Abschnitt 7.6). Wenn Sie die Kultur Ihres Bereiches verändern wollen, müssen Sie auch sich selbst verändern. Wo leben Sie bereits die neue Kultur? Welche Ihrer Eigenschaften fördern dies? Welche sind hinderlich und wie können Sie diese verändern oder ausgleichen? Kapitel 7 gibt die notwendigen Hinweise.

Wie Sie auch schon in den Kapiteln zu agiler Führung gelesen haben, gelingt Ihnen das Formen einer Kultur am besten dann, wenn Sie die neuen Werte kompromisslos vorleben. Es gilt also Vorbild sein. Welche Führungshandlungen dies unterstützen, lesen Sie im vierten Kapitel zu den erfolgskritischen Verhaltensweisen agiler Führung und im fünften Kapitel zu den Kompetenzen agiler Führung.

Als zweites geht es um Ihre Rolle als Führungskraft:

Passt das Umfeld zu der Kultur und verstärkt es diese?
Weiß jeder wie und warum er die Kultur leben kann und soll?
Als Führungskraft sollen sie die neue Kultur nicht nur vorleben. Die Kultur zu kommunizieren, sie für andere verständlich zu machen, andere zu neuen Verhaltensweisen und Herangehensweisen zu motivieren und zu inspirieren, sind ebenso Ihre Aufgaben. Möglicherweise reicht dies aus.

In der Regel braucht das Umsetzen einer Veränderung jedoch auch etwas klassische Führungsinitiative. Als Führungskraft geben Sie Orientierung, was richtig (akzeptiert und erwünscht) und was falsch (nicht akzeptiert oder unerwünscht) ist. Sie sind auch für das Einhalten von Regeln verantwortlich und dafür, dass alle an einem Strang ziehen; das gleiche Ziel verfolgen und sich gegenseitig unterstützen.

Dies gilt zumindest anfänglich. Gelingt es Ihnen, wahre Selbststeuerung aufzubauen, verantwortet das Team dies. Als Führungskraft fokussieren Sie sich dann auf das Initiieren und Regulieren der Zusammenarbeit zwischen Teams.

Zu der klassischen Führungsinitiative gehören:
- das (sichtbare) Belohnen von erwünschtem Verhalten und Ergebnissen,
- das Sicherstellen, dass Strukturen und Regelungen mit der Kultur in Einklang gebracht sind beziehungsweise – wo das momentan nicht möglich ist – herauszuarbeiten, über welche Strukturen und Regelungen man sich in Einzelfällen hinweg setzen darf. (mehr hierzu im elften Kapitel.)
- Disziplinieren von inakzeptablem Verhalten und das Sicherstellen des Einhaltens neuer Regeln.

Es geht auch viel um Mut machen. Dr. Harms von Siemens beschreibt in einem Interview mit der Deutschen Gesellschaft für Personalführung (Lorenz 2018), wie es ihnen erging, als sie in der Fertigung auf selbststeuernde Teams setzten. Er und sein Führungsteam verstanden sich als Architekten des Systems, coachten und berieten. Sich aus der klassischen Projektmanagerrolle und -struktur zu befreien war für alle Beteiligten zu Beginn schwierig. Drei Monate außerhalb der Komfortzone waren es, bevor sich die Beteiligten in der neuen Arbeitsweise – und der neuen Kultur, die sich prägte – wohlfühlten. Auf Widerstände reagierten die Führungskräfte mit Mut machen, indem sie einfach loslegten. Erst nach und nach haben die Mitarbeiter wirklich damit begonnen, eigene Entscheidungen zu treffen. Das Vertrauen darauf, dass sie wirklich autonom handeln dürfen, musste erst aufgebaut werden. Ein Beispiel ist die Entscheidung für die Anschaffung einer neuen Maschine, die mehrere hunderttausend Euro kosten kann. Die Führung ging hier also mutig und konsequent voran, Mitarbeiter gewannen das Vertrauen und das Selbstvertrauen und der Erfolg der neuen Arbeitsweise wurde schnell sichtbar.

Nicht neu ist außerdem das Informieren und Delegieren. Selbststeuerung gelingt im Zusammenhang kultureller Veränderung dann,

- wenn alle im Unternehmen wissen, wie die Werte und die Kultur im Alltag gelebt werden können,
- wenn alle wissen, wie dies das Erreichen der Unternehmensziele unterstützt,
- wenn alle die Freiheit haben, unternehmerisch tätig zu werden.

Bei jeder Veränderung, auch bei der Veränderung der Kultur gilt: Ein starkes Zielbild ist wichtig. Entnehmen Sie Tipps hierzu aus dem Kapitel zur Kompetenzdimension »Visionär sein« (im dritten Abschnitt des fünften Kapitels). Gerade bei kulturellen Veränderungen unterstützt das Visualisieren. Dies kann in Form von kleinen Karten mit den Werten drauf, Postern oder Plakaten, oder einem Whiteboard passieren. Symbole oder Bilder verstärken die Wirkung. Idealerweise wird hier das Team aktiv und kreiert das symbolische Bild/die Story/ein das Ziel verkörperndes Kunstwerk mit.

Der vermutlich wichtigste Aspekt in der kulturellen Veränderung ist das Miteinanderreden, Reflektieren, Lernen und Anpassen. Ein fester Agendapunkt für eine Besprechung einmal im Monat bietet sich an. Hier blicken Sie nicht nur auf das definierte kulturelle Ziel und wo Sie diesbezüglich stehen, sondern reflektieren auch, was sich bisher bewährt hat und wo die Ziele bezüglich einer agilen Kultur angepasst werden sollten. Erinnern Sie die Beteiligten, dass sie experimentieren. Erfragen Sie die Eindrücke und bisherigen Erfahrungen in Ihrem Team und teilen Sie Ihre Eindrücke mit. Geben Sie sich gegenseitig Feedback, was bereits sehr gut mit dem Umsetzen der agilen Kultur gelingt und was noch verbessert werden kann. Welche neuen Ideen kommen auf? Eine nützliche Frage, die gleichzeitig den Teamgeist stärkt, ist »Was könnt Ihr von dem jeweils anderen lernen?«

Kultur ist der Nährboden, auf dem das menschliche Potenzial der Firma wächst. Sie passiert auf drei Ebenen: Verhalten, Systeme und Prozesse. Alle drei müssen gleich ausgerichtet sein – ineinander passen, wie ein gutes Spiel-Set Eisenbahnschienen, damit der Zug rollt.

Schließlich geht es um Erwartungsmanagement, das Managen Ihrer Erwartungen und den Erwartungen Ihres Teams. Sie werden heute nicht die perfekte Lösung für Morgen finden. Es geht vielmehr darum, neue Muster entstehen zu lassen, auszuprobieren und ständig weiter zu entwickeln. Fehler machen gehört dazu. Es geht darum, gemeinsam zu wachsen.

12.
Go! Get it! So gelingt es

●●●●●●●●●●●●●●●●●●●●●●●●

Agil führen – aber wie? Die Antwort hierauf konnten Sie in unserem Buch finden. Anregungen hierzu zumindest. Denn was Sie ebenfalls in unserem Buch finden, ist die eigentlich korrekte Antwort auf die Frage »Agil führen – aber wie?«: »Auf Ihre Art!«. Und wenn Sie genau hingeschaut haben, haben Sie auch verstanden, dass agile Führung nicht im Vakuum passiert und nur durch Interaktion wirkt. Agile Führung richtet sich am Menschen aus und zielt darauf, die Potenziale voll zur Geltung zu bringen. So individuell und speziell die Menschen und Teams, Arbeitsumstände und Märkte sind, so individuell und speziell wird gelebte Agilität bei Ihnen aussehen und zum Erfolg führen.

Was Sie tun müssen? Machen Sie den Weg frei!

Sagen Sie der Bürokratie und starren hierarchischen und Silostrukturen den Kampf an. Schaffen Sie Frei- und Gestaltungsräume. Machen Sie den Weg frei für Neues. Schöpfen Sie Mut, beflügeln die Talente Ihres Teams und schaffen Vertrauen. Wachsen Sie mit Ihrem Team.

Wer weiß, vielleicht starten Sie die nächste Graswurzelbewegung oder richten Ihr Unternehmen Richtung Zukunft aus und gestalten die digitale Transformation mit.

Nehmen Sie das Ruder in die Hand. Holen Sie andere ins Boot. Haben Sie keine Angst vor falschen Schritten, diese sind Teil des Lernens, das Sie voranbringt. Denken Sie dran: agil führen bedeutet eine gemeinsame Anstrengung, Sie müssen das nicht alleine tragen und agile Führung bedeutet Impulse setzen. Sie müssen nicht alle Antworten haben.

Es geht darum, die Herausforderung anzunehmen und persönlich zu wachsen. Ent-wickeln Sie das Knäuel von Möglichkeiten.

Literaturliste

Agile a la Spotify (2013). labs.spotify.com/2013/03/20/agile-a-la-spotify/?lipi=urn Prozent3Ali Prozent3Apage Prozent3Ad_flagship3_pulse_read Prozent3Bs3eQI5gOT7i66NSCKuHjCw Prozent3D Prozent3D, abgerufen am 9. August 2018.

Agile Manifesto: agilemanifesto.org.

Arbeit 4.0: Megatrends digitaler Arbeit der Zukunft 25 Thesen der Zukunft. (2015) Ergebnisse eines Projekts von Shareground und der Universität St. Gallen.

Artz, Benjamin; Goodall,Amanda & Oswald, Andrew J. (2016). If Your Boss Could Do Your Job, You're More Likely to Be Happy at Work. Harvard Business Review.

Berlin, Claas (2018). Agilität bei BMW. Artikel in automotiveIT. www.automotiveit.eu/radikaler-schritt/news/id-0060991, abgerufen am 9. August 2018.

Boes, Andreas; Kämpf, Tobias; Langes, Barbara; Lühr, Thomas; Marrs, Kira & Ziegler, Alexander (2017). Produktivkraftsprung Informationsraum – Geschäftsmodelle, Wertschöpfung und Innovation neu denken. In: Dokumentation des 13. Innovationsforums der Daimler und Benz Stiftung »Disruptive Innovation – Digitalisierung und der Umbruch in der Wirtschaft«.

Botsman, Rachel (2017). Big data meets Big Brother as China moves to rate its citizens. Wired. www.wired.co.uk/article/chinese-government-social-credit-score-privacy-invasion, abgerufen am 9. August 2018.

Cadieux, Stephanie & Heyn, Miriam. McKinsey (April, 2018). Interview. The journey to an agile organization at Zalando. www.mckinsey.com/business-functions/organization/our-insights/the-journey-to-an-agile-organization-at-zalando?cid=other-eml-alt-mip-mck-oth-1804&hlkid=a71b7ecde4de42d88e0f8fe 621a70b50&hctky=10254947&hdpid=f84e8fae-4e89-4b4a-84a1-39b17653d791, abgerufen am 9. August 2018.

Capgemini Consulting (2017). Culture First! Von den Vorreitern des digitalen Wandels lernen. Change Management Studie 2017.

Carlyle, Thomas (1841). On Heroes, Hero-Worship, and The Heroic in History. London: James Fraser.

Denning, Steve (2018). Ten Keys to Launching An Agile Transformation in a Large Firm. Forbes.

etventure-Studie (2017). Digitale Transformation und Zusammenarbeit mit Start-ups in Großunternehmen in Deutschland und den USA.

Galton, Francis (1869). Hereditary Genius. An Inquiry into its Laws and Consequences. London: Macmillam and Co.

Geldner, Andreas (2011). Google. Zurück zur guten alten Zeiten. stuttgarter-zeitung.de vom 22.01.2011.

Global Challenge Insight report: The Future of Jobs – Employment, Skills and Workforce Strategy for the Fourth Industrial Revolution. World Economic Forum. January 2016.

Googles Aristotle Projekt. Harvard Research (2002): tinyurl.com/hwqyp44, abgerufen am 9. August 2018.

Graf, Alexander auf Kassenzone.de (2017). Was wurde eigentlich aus Zappos? www.kassenzone.de/2017/08/03/was-wurde-eigentlich-aus-zappos, abgerufen am 9. August 2018.

Hamel, Gary & Zanini, Michele (2016). Gary Hamels 3 Trillion Prize for Killing Bureaucracy. Forbes. www.forbes.com/sites/stevedenning/2016/03/29/gary-hamels-3-trillion-prize-for-killing-bureaucracy, abgerufen am 9. August 2018.

Handelsblatt Interview mit Jan Bartels, VP Product – Transactional Core Platform & Logistics bei Zalando Technology (2018). Vom Start-up zum Marktführer – Führungskultur uns IT-Architektur bei Zalando.

Handscomb, Christopher, Jaenicke, Allan, Kaur, Khushpreet, Vasquez-McCall, Belkis & Zaidi, Ahmad (2018). How to mess up your agile transformation in seven easy (mis) steps. McKinsey.

Hart, Jamie (2015) im News Blog der Firma William Hill. The changing culture at William Hill. https://www.williamhillplc.com/newsmedia/newsroom, abgerufen am 13. August 2018.

Hersey, P. (1985). The situational leader. Warner Books.

Hersey, P. and Blanchard, K. H. (1977). Management of Organizational Behavior: Utilizing Human Resources. Prentice Hall.

Hogan, Robert & Hogan, Joyce (1997). Hogan development survey (HDS) manual. Tulsa, OK: HAS.

Holski, Larissa (2018). Die Vermessung der Mitarbeiter. Rubrik: Zukunft der Arbeit. Süddeutsche Zeitung online, am 17.04.2018. www.sueddeutsche.de/karriere/zukunft-der-arbeit-die-vermessung-der-mitarbeiter-1.3953434!amp?xing_share=news, abgerufen am 9. August 2018.

Hönle, Stephan (2017). Agilität gefragt: Innovation und Entwicklung in der Industrie. In: Dokumentation des 13. Innovationsforums der Daimler und Benz Stiftung »Disruptive Innovation – Digitalisierung und der Umbruch in der Wirtschaft«.

Hornung, Stefanie (2018). Von Glücksgefühlen und Transformationsschmerzen. Haufe, 03. Mai 2018.

Hornung, Stefanie (2018). Augenhöhe ist eine Frage der Haltung. Haufe, 23. April 2018.

Johnston, Kevin & Gill, Grandon (2017). Standard Bank: The Agile Transformation. MumaCaseReview, 2 (7).

Kearns, Jeff (2015). Satellite Images Show Economies Growing and Shrinking in Real Time. Cheap orbiting cameras and bis-data software reveal hidden secrets of life down below. Bloomberg Businessweek, 09. Juli 2015. https://www.bloomberg.

com/news/features/2015-07-08/satellite-images-show-economies-growing-and-shrinking-in-real-time, abgerufen am 9. August 2018.

Kienbaumstudie (2018). Bis 2022 ist Plan-Build-Run abgeschafft. https://www.cio.de/a/bis-2022-ist-plan-build-run-abgeschafft,3573367, abgerufen am 9. August 2018.

Laloux, Frédéric (2014). Reinventing Organizations: A Guide to Creating Organizations Inspired by the Nex Stage of Human Consciousness. Belgien: Nelson Parker.

Lee, Felix (2015). China plant die totale Überwachung. Zeit Online. https://blog.zeit.de/china/2015/10/09/china-plant-die-totale-uberwachung, abgerufen am 9. August 2018.

Lorenz, Christian (2018). DGFP Interview. »Überall poppen Teams hoch, die Dinge ausprobieren und anders machen.« Ein Gespräch mit Dr. Robert Harms Siemens Power & Gas in Berlin. https://www.xing.com/news/insiders/articles/uberall-poppen-teams-hoch-die-dinge-ausprobieren-und-anders-machen-1343371, abgerufen am 9. August 2018.

Mc Gregor, Douglas Murray, (1960). The Human Side of Enterprice. McGrawHill Bildung Europa.

McKinsey Digital Survey, 2016. https://www.mckinsey.com/business-functions/digital-mckinsey/our-insights/culture-for-a-digital-age?cid=other-eml-ttn-mkq-mck-oth-1712, abgerufen am 9. August 2018.

McLeod, Scott & Fisch, Karl, Shift Happens, https://shifthappens.wikispaces.com.

Precht, Richard D. (2017). Vortrag im Rahmen des 4. Langen Literaturwochenendes in Sylt, November 2017.

Precht, Richard D. (2018). Jäger, Hirten, Kritiker. Eine Utopie für die digitale Gesellschaft. München: Goldmann Verlag.

Ramge, Thomas (2015). Nicht Fragen. Machen. brand eins: https://www.brandeins.de/magazine/brand-eins-wirtschaftsmagazin/2015/fuehrung/nicht-fragen-machen, abgerufen am 9. August 2018.

Riby, Darell K., Sutherland, Jeff & Noble, Andy (2018). Agile at Scale. Harvard Business Review, Mai-June 2018 Issue.

Rigby, Darell K., Sutherland, Jeff & Takeuchi, Hirotaka (Mai 2016). Embracing Agile. Harvard Business Review.

Rodenstock, Randofl. Focus Money Online (2014). Von einer guten Führungskultur profitieren alle. https://www.focus.de/finanzen/experten/randolf_rodenstock/mitarbeiter-richtig-fuehren-von-einer-guten-fuehrungskultur-profitieren-alle_id_4046900.html, abgerufen am 9. August 2018.

Sarges, Werner (2005). Wünschenswerte Trends aus Sicht der Management-Diagnostik: Wohin sollte die Audit-Praxis gehen? In K. Wübbelmann (Hrsg.), Managementaudit – Praxis und Perspektiven (1. Aufl., S. 249-263). Göttingen: Hogrefe.

Scaled Agile, Fallstudie: AstraZeneca, Agile at AstraZeneca: Expediting Time-to-Value Delivery. https://www.scaledagile.com/case-study/astrazeneca, abgerufen am 9. August 2018.

Specht, J., Egloff, B. & Schmukle, S. C. (2011). Stability and change of personality across the life course: The impact of age and major life events on mean-level and rank-order stability of the Big Five. Journal of Personality and Social Psychology, 101(4), 862-882.

Sudahl, Michael. Focus Money Online (2016). Frische Führungskultur: Motivieren Sie Ihre Mitarbeiter richtig – dann ziehen alle mit.

The Entrepreneurial Organization at Scale – Report of the SD Learning Consortium, 2016.

Transformation Beats, Interview mit Christian Kaiser, Chief Digital Officer, MAN Truck & Bus. 2018. https://www.transformationbeats.com/en/transformation-en/man-truck-bus-in-the-digital-fast-lane, abgerufen am 9. August 2018.

Tuckman, Bruce W.: Developmental sequence in small groups. In: Psychological Bulletin. 63, 1965, S. 384–399.

Umfrage ARAG Trend (2017). Digitalisierung. https://www.it-finanzmagazin.de/arag-keine-angst-vor-digitalisierung-55545, abgerufen am 9. August 2018.

Umoh, Ruth (2018). 6000 dogs »working« at Amazon and they get access to these cool perks. CNBC. https://www.cnbc.com/2018/04/13/meet-some-of-the-6000-dogs-working-at-amazon.html, abgerufen am 9. August 2018.

Vereinte Dienstleistungsgesellschaft (ver.di). Presseinformation. Zalando, aber fair! Gewerkschafter_innen befragen Zalando-Beschäftigte. Mai, 2014.

Tuckman W., Bruce; Jensen, Mary Ann (1977). Stages of small-group development revisited. In: Group and Organization Studies. 2, 4, Dez 1977, S. 419–426.

Wade, Michael; Loucks, Jeff & Macaulay, James (2016). The Digital Vortex. DBT Center Press.

Zalando Geschäftsbericht 2016. Frauke V. Polier, Senior Vice President People & Organisation. Unsere Talente sind unser bestes Argument. https://geschaeftsbericht.zalando.de/2016/magazin/unsere-talente-sind-unser-bestes-argument, abgerufen am 9. August 2018.

Agile Unternehmen

Valentin Nowotny
Agile Unternehmen
Nur was sich bewegt, kann sich verbessern
4. Auflage 2018

396 Seiten; Broschur; 24,80 Euro
ISBN 978-3-86980-330-2; Art.-Nr.: 985

Dauerhaft werden nur agile Unternehmen erfolgreich sein – Unternehmen, die fokussiert, schnell und flexibel neue Geschäftsfelder entdecken und entwickeln und bereit sind, traditionelle Kontexte zu verlassen. Doch was ist eigentlich »Agilität«? Welche Voraussetzungen müssen agile Unternehmen mitbringen? Und welche Konsequenzen hat das für Management, Führungskräfte und Mitarbeiter(-innen)? Antworten darauf liefert dieses Buch.

Der Diplom-Psychologe und langjährige Projektmanager Valentin Nowotny zeigt in seinem neuen Buch, wie Unternehmen die Kraft agilen Denkens und Handelns erfolgreich nutzen. Anschaulich und fundiert erklärt er die psychologischen Grundprinzipien agiler Methoden wie zum Beispiel Scrum, Kanban oder Design Thinking. Nowotny beschreibt die agilen Werte, Prinzipien und Rituale, die passende Unternehmenskultur sowie mögliche Wege einer Transformation unterschiedlicher Bereiche, Abteilungen und Arbeitsgruppen.

Schritt für Schritt zeigt er, wie der erforderliche Prozess gestaltet werden muss, um alle Hierarchieebenen eines Unternehmens in ein agiles System einzubinden. Reduziert auf die wesentlichen Denk- und Handlungsprinzipien agiler Systeme zeigt dieses Buch anschaulich, wie der Erfolg von zeitgemäßen, digital aufgestellten Unternehmen, zum Beispiel Apple, Facebook, Google und Spotify, für Unternehmen jeder Größenordnung und Branche versteh- und nutzbar wird.

Agile Teams

Jörg Bahlow, Gerhard Kullmann
Agile Teams
Neue Herausforderungen fokussiert meistern
1. Auflage 2017

232 Seiten; Broschur; 24,95 Euro
ISBN 978-3-86980-369-2; Art.-Nr.: 1013

Schnell, beweglich und effizient – agil müssen Unternehmen heute sein, um dauerhaft Erfolg zu haben. Der wichtigste Rohstoff für agile Unternehmen sind dabei motivierte Mitarbeiter und agile Teams.

Was macht aber ein agiles Team aus, das schnell reagiert und außergewöhnliche Leistungen erbringt? Wie lassen sich agile Teams gezielt entwickeln? Und wie werden diese Teams möglichst wirksam im Unternehmen eingesetzt?

Antworten darauf liefern Jörg Bahlow und Gerhard Kullmann in ihrem neuen Buch. Sie zeigen, wie die Balance zwischen Führung, eigenverantwortlichem Handeln und effizienter Selbststeuerung im Team gelingt. Denn wesentliche Voraussetzungen für agile Teamarbeit sind Verbindlichkeit und Fokussierung. Und die entstehen nur auf der Grundlage von Vertrauen und Kommunikation.

Schritt für Schritt zeigen die Autoren, wie agile Teamkonzepte auch über die Softwareentwicklung hinaus realisiert werden. Reduziert auf die wesentlichen Denk- und Handlungsmuster, zeigt dieses Buch anschaulich, wie agile Teams in Unternehmen jeder Größe und Branche einsetzbar sind.

Agil moderieren

Michaela Stach
Agil moderieren
Konkrete Ergebnisse statt endloser Diskussion
1. Auflage 2016

254 Seiten; Broschur; 24,80 Euro
ISBN 978-3-86980-332-6; Art.-Nr.: 984

Diskussionsrunden, Meetings oder Projektbesprechungen produzieren oftmals nur frustrierte Teilnehmer und keine verwertbaren Erkenntnisse. Die Ergebnisse liegen meist nicht im Einflussbereich der Teilnehmer, es wird aneinander vorbeigeredet, Konkretes wird vermieden und die Gespräche drehen sich im Kreis – eben typische Alibimoderationen, die das eigentliche Ziel verfehlen.

Gleichzeitig sind Fragestellungen komplex und oftmals interdisziplinär. Vom Zeit- und Erfolgsdruck ganz zu schweigen. Tragfähige Lösungen können aber nur dann entstehen, wenn der Kopf kühl bleibt und die verschiedenen Perspektiven und Expertisen integriert und genutzt werden. Und genau hier setzt die Aufgabe des agilen Moderierens an.

Michaela Stach zeigt in ihrem neuen Buch, wie man mit Offenheit, Wertschätzung und gesunder Multiperspektivität ganz neue Akzente setzt. Basierend auf den Erfahrungen und Praxiserfolgen der systemischen Moderation wird illustriert, wie ein Moderationsprozess entwickelt wird, die Teilnehmer durch gezielte Fragen aktiviert und einbezogen werden und wie aus Ideen und Erkenntnissen umsetzbare Ergebnisse und Commitment entstehen ...

Die intelligente Organisation

Mark Lambertz
Die intelligente Organisation
Das Playbook für organisatorische Komplexität
1. Auflage 2018

192 Seiten; Broschur; 24,95 Euro
ISBN 978-3-86980-409-5; Art-Nr.: 1036

In Zeiten zunehmender Dynamik erkennen immer mehr Unternehmen, dass das tayloristische Command & Control nicht mehr funktioniert. Auch die Reduktion auf Teal Organisations oder Holokratie und andere Kochrezepte bringen keineswegs die erhofften Erfolge. Wir müssen erkennen, dass wir in komplexen Systemen agieren, nicht alles wissen und nicht alles in unserem Sinn steuern können.

Doch wie können wir den Herausforderungen komplexer Systeme dann begegnen? Wie entwickeln wir ein Gesamtkonstrukt, das es erlaubt, das große Ganze zu sehen und uns nicht in punktuellen Einzelmaßnahmen zu verlieren? Lambertz' neues Buch gibt Antworten auf genau diese Fragen. Es liefert eine vollkommen neue Sichtweise auf Organisationen, die es ermöglicht, Normen, Strategie, Taktiken und Wertschöpfung im Zusammenhang zu verstehen. Denn erst daraus lassen sich die Fähigkeiten des Unternehmens identifizieren und bestmöglich entfalten: Die Symbiose von notwendiger Selbstorganisation mit ebenso notwendiger Führung.

Lambertz' Neuinterpretation des Viable System Model lädt in Form eines Playbooks zum Mitdenken und Experimentieren ein und zeigt an vielen Praxisbeispielen, wie man sein eigenes Modell für die jeweilige konkrete Situation erstellt.

Das Denkwerkzeug für die Organisationsentwicklung.

www.BusinessVillage.de

Nils Bäumer
**Mit strukturierter Agilität
zu außergewöhnlichen Ideen**
Wenn aus Scrum murcS wird
1. Auflage 2018

160 Seiten; Broschur; 9,95 Euro
ISBN 978-3-86980-416-3; Art-Nr.: 1052

Agil, innovativ, kreativ: Das sind die Schlüsselkompetenzen, um in einer sich immer schneller verändernden Welt zu überleben. Bewährte Prozesse und Methoden reichen bei Weitem nicht mehr aus. Als Reaktion darauf wird auf agile Methoden gesetzt. So soll beispielsweise Scrum den notwendigen Schwung für zukünftige Herausforderungen verleihen. Dabei wird übersehen, dass Scrum keine Allzweckwaffe gegen Ideenlosigkeit und Veränderungsresistenz ist.

Bäumers Buch erklärt einen neuen Ansatz. Denn bei agilen Methoden wie Scrum bleiben Kreativität und Ideenfindung oftmals auf der Strecke. Darum wird aus Scrum jetzt murcS. Ein Ansatz, mit dem in agilen Strukturen Kreativität und Ideengenerierung Platz finden und gefördert werden. murcS ist für alle Gruppen und Teams anwendbar, die sich den Herausforderungen der agilen Arbeitswelt stellen wollen. Denn Agilität braucht Struktur und Kreativität.